L'ÉPREUVE

Les preuves

Roland DUMAS

L'ÉPREUVE
Les preuves

Michel LAFON

DU MÊME AUTEUR

J'ai vu vivre la Chine,
éditions Fayard, 1960

Les Avocats,
éditions Grasset, 1977

Le Droit de l'information,
éditions PUF, 1981

Plaidoyer pour Roger Gilbert-Lecomte,
Le Cristal dans l'éclair,
avec Serge Sautreau, éditions Gallimard, 1985

La Propriété littéraire et artistique,
éditions PUF, 1987

Le Peuple assemblé,
éditions Flammarion, 1989

Le Fil et la Pelote : Mémoires,
éditions Plon, 1996

7-13, boulevard Paul-Émile Victor - Île de la Jatte
92521 Neuilly-sur-Seine Cedex

Je dédie ce livre
aux amis magistrats
et journalistes
qui m'ont soutenu.

« *Le contraire des bruits qui courent*
des affaires ou des personnes est souvent la vérité. »

Jean de LA BRUYÈRE, *Les Caractères.*

PRÉFACE

J'ai décidé d'entamer ce livre pour le deuxième anniversaire de « l'événement », entendez les premières perquisitions dans mes domiciles parisiens et girondin qui allaient braquer sur moi les projecteurs de l'opprobre. Une manière comme une autre de sortir de ce long cauchemar qui allait durer encore trois ans, d'exorciser le mal qui s'était glissé en moi, de comprendre les tenants et les aboutissants de ce gâchis qui a obscurci une fin de vie : la mienne. Je voulais dire aussi ma vérité – cette partie de moi-même qui a traversé les tempêtes – et raconter l'enchaînement des trahisons, la richesse des soutiens et des marques de confiance, comment une « affaire Elf » est devenue « l'affaire Dumas », essayer de montrer ce qu'a été ma résistance, mon recul, puis, après quatorze mois de lutte – inutile peut-être –, la façon dont j'ai déposé les armes. Une manière d'écrire, aussi, comment j'ai vu fonctionner la justice à partir d'un autre poste d'observation que celui que j'ai occupé toute ma vie, et ce que me suggère cette expérience pour toutes celles et tous ceux qui l'affronteront à l'avenir. Faire le récit de l'utilisation et de la manipulation consciente ou inconsciente de deux magistrats dans le contexte médiatique d'aujourd'hui. Bref un livre qui n'est qu'un récit.

Peut-être penserez-vous que j'ai tardé à l'écrire. On m'en a fait le reproche. Thème : « Vous avez été passif, presque sans réaction. Vous auriez mieux fait de taper du poing sur la table plus tôt. » J'ai pu donner cette impression. À cela deux raisons. Je gardais malgré tout un certain respect pour l'institution judiciaire, acquis au fil des ans, et j'ai cru – sottement peut-être – que les choses iraient d'elles-mêmes, portées par un courant favorable vers la « mer de la sérénité » et les confins de la vérité.

De plus, comme j'ai encore présidé effectivement pendant toute l'année 1998 (l'année terrible) le Conseil constitutionnel, la discrétion s'imposait à moi par respect de mes collègues qui en étaient membres et qui n'auraient pas aimé que l'institution fût mêlée – même indirectement – à une telle empoignade, d'autant que les faits remontaient à une époque où j'étais ministre des Affaires étrangères et que cela n'avait rien à voir avec la période de ma présence à la tête du Conseil constitutionnel.

Voilà. Mais il n'est jamais trop tard.

– I –

PERQUISITION CHEZ CAMILLE CLAUDEL ET CHEZ LA MARQUISE DE BRINVILLIERS

Depuis plusieurs mois des bruits me revenaient, qui laissaient entendre que l'on me « cherchait », comme on dit. Il est bien connu qu'en pareille circonstance l'intéressé est toujours le plus mal informé sur la réalité des choses, l'ampleur de la campagne dont il est l'épicentre.

Pompidou avait été dans ce cas, m'a-t-on rapporté, pendant l'affaire Markovic [1] dont Paris bruissait. Il savait sans savoir. François Mitterrand lui aussi, qui faisait surveiller de tous côtés par le GIGN [2], la police ordinaire, la police « politique » et les services d'écoutes l'écrivain polémiste Jean-Edern Hallier, ignorant où ce dernier en était de ses élucubrations et de son pamphlet intitulé *L'Honneur perdu de François Mitterrand.* Dans les dîners en ville il n'était

1. Garde du corps d'Alain Delon, dont le corps a été retrouvé près d'Élancourt en 1968. Le nom du président Pompidou a été mêlé à cette affaire de droit commun.

2. Groupe d'intervention de la gendarmerie nationale.

question que de cela, de l'existence de Mazarine, des écrits de Jean-Edern Hallier qui allait « tout révéler... sur les turpitudes du président de la République et ses basses œuvres ».

Un jour, n'écoutant que mon amitié et prenant mon courage à deux mains, je décidai de parler à François Mitterrand. Je débarquai donc un soir tard au palais de l'Élysée avec le désir de le rencontrer en tête à tête et de lui faire part de ce que l'on racontait dans les fameuses soirées parisiennes, ces lieux anonymes où tout le monde se connaît sans se connaître, où chacun parle à qui mieux mieux de ce qu'il sait ou de ce qu'il ignore, où tout le monde fait l'intéressant et l'informé. Je dis tout de go à François Mitterrand, qui m'avait reçu dans les appartements privés de la présidence, ce que le microcosme parisien racontait. J'avais apporté avec moi le manuscrit de Jean-Edern Hallier qu'il n'avait jamais lu. J'avais pu me le procurer, ou plutôt il m'était tombé entre les mains tout à fait par hasard. Il arrive des moments dans la vie où l'on dispose d'un peu de chance !

François Mitterrand prit le manuscrit, le retourna, le mit sur la table, chaussa ses lunettes, entreprit la lecture page par page, ligne après ligne, me laissant assis à ses côtés, silencieux. Il était concentré comme il savait l'être quand il voulait ne rien laisser passer d'une lecture. Il me remercia pour ce geste de confiance et de solidarité. Notre amitié s'en trouva renforcée. À la fin de notre entretien, il appela Danièle qui se trouvait dans une pièce voisine et lui dit simplement :

– Roland m'apporte un document. Nous allons devoir faire face. Je suis visé. Toi aussi.

Danièle regagna ses appartements sans rien dire. Elle

m'avoua bien plus tard qu'elle savait, de son côté, beaucoup de choses, notamment la double vie de « François » et l'existence de Mazarine. Mais elle ignorait tout de ce manuscrit. J'étais soulagé d'avoir fait ce que je devais faire. Mitterrand, pâle et ému, me remercia de nouveau, puis me raccompagna jusqu'à l'ascenseur privé.

Sans doute pensait-il à toutes les faiblesses qu'il avait eues pour cet individu peu reconnaissant et peu recommandable. Nous en avons reparlé quelquefois quand il me tenait au courant de ce qu'il avait entrepris pour le mettre hors d'état de nuire. Il lui arrivait de dire, exaspéré : « Il est des êtres qui ne méritent que de recevoir une balle dans la tête. » Je mettais cette réflexion sur le compte de sa colère, qui était visible.

J'ai connu le même drame avec Pierre Bérégovoy qui vivait dans l'ignorance de ce que les comploteurs avaient ourdi contre lui. J'ignorais tout aussi bien ce qui se tramait contre moi, si ce n'est qu'au début du mois de janvier 1997, un ami m'avait rapporté une conversation de bistrot à laquelle il avait assisté. Dans le XVIIe arrondissement, une poignée de policiers prenait un verre à l'occasion du départ d'un collègue. Tous parlaient à tour de rôle des dossiers dont ils s'occupaient. L'un d'eux lâcha :

– En ce moment, nous travaillons sur Roland Dumas.

L'ami m'informa. Puis la conversation partit dans une autre direction.

Pensant qu'il s'agissait d'une initiative individuelle, j'envisageai toutefois d'appeler le ministre de l'Intérieur pour m'étonner qu'il ait laissé passer une telle enquête sans m'en prévenir, alors que j'occupais depuis deux ans l'un des postes les plus en vue de la République – la présidence du Conseil constitutionnel –, et sans que j'en connaisse l'objet, dans l'hypothèse où il s'agirait d'autre chose que d'une manœuvre particulière contre moi. Mais je suis d'un tempérament négligent, par moments. Ce fut le cas. J'oubliai l'incident, la conversation, l'ami, et me remis à m'occuper de mon travail.

J'ai eu tort. Comme j'ai eu tort quelques mois plus tard, vraisemblablement à la fin de l'année 1997. J'étais intervenu, comme je l'ai fait des milliers de fois au cours de ma vie publique, pour un cadre licencié d'une grande multinationale française[1]. Or j'appris que le directeur des ressources humaines (DRH selon l'expression consacrée) avait fort mal accueilli ma démarche et rétorqué à ce monsieur :

– Que Dumas se mêle de ce qui le regarde. Dans deux mois, il sera en prison.

J'aurais dû m'inquiéter de savoir comment le directeur important d'une grande entreprise capitaliste privée avait une telle opinion de moi et comment cette rumeur était parvenue jusqu'à lui.

Autre signe. Mon ami d'enfance Jean-Pierre François, dont il sera question dans la suite de cet ouvrage, m'appela un jour des États-Unis pour me dire qu'il retenait d'une conversation avec des « gens de robe » que l'affaire Elf allait m'éclabousser. Lui si prudent et mesuré, qui avait traversé avec moi tant d'épreuves dans la vie, notamment pendant l'Occupation, lui qui savait combien les hommes publics sont vulnérables, prit un ton grave pour me dire :

1. BSN (Boussois-Souchon-Neuvesel). René Antoine était le directeur de la branche expertise du groupe Danone, qui avait racheté BSN. Il avait environ mille cent salariés sous ses ordres.

– Je n'aime pas cela du tout. On t'en veut énormément. Tu devrais faire très attention.

Pour la première fois je fus impressionné, mais la vie ordinaire reprend toujours le dessus. Et puis comment réagir ? L'ennemi était invisible. La menace existait, certes, mais par quel bout la prendre ? « Faire attention », comme le recommandait mon ami. Mais à quoi ? Ministre des Affaires étrangères dans une période aussi troublée que les années 1983 à 1993, j'avais approché tant de personnes, examiné tant de problèmes et tant de questions, j'avais suivi tellement de dossiers qu'il m'était difficile de cerner la bête.

À propos d'Elf, je savais que Christine Deviers était arrêtée depuis le mois de novembre 1997 et que son nom serait mêlé au mien en raison de notre liaison. Mais je n'avais rien à craindre, du moins le pensais-je... Où se trouvait l'adversaire ? Comment le débusquer ? Je songeais à l'air célèbre de la calomnie du *Barbier de Séville*. Tout commence par la rumeur et puis « on voit le pauvre diable menacé comme un coupable... ».

Dans le courant de l'affaire, quand elle connut l'ampleur que je vais décrire, j'allais repenser plus tard à tous ces signes qui venaient d'on ne sait où et qui avaient peut-être une origine commune. Le feu couvait sans que je m'en rende compte. La mèche brûlait. Mais je me répétais qu'ayant la conscience tranquille, je pouvais continuer de vivre. Je le fis en effet, inconscient du danger, jusqu'à ce matin du 27 janvier 1998 où tout bascula.

Le Palais de justice devait avoir sa couleur du petit jour. Quelques lumières laiteuses brillaient dans les étages. La « Tour Pointue » était plus noire et plus imposante que jamais. Il faisait froid, un temps de saison. Le bureau 301 situé dans la partie réservée aux juges d'instruction de la galerie financière était sans doute particulièrement agité, mais je l'ignorais...

⁂

Je dormais profondément quand la sonnette retentit à 7 h 30. Je n'avais aucune idée de la raison de ce coup de sonnette. Je me précipitai à l'œilleton... et pris très vite conscience des choses. Curieusement, une pensée traversa mon esprit. Me revenait en mémoire le mot de Georges Bidault : « Dans une démocratie, quand on sonne chez vous à 7 heures du matin, on ne peut pas penser qu'il s'agit de quelqu'un d'autre que du laitier... » Ce n'était pas le laitier. Ce service a disparu de Paris depuis longtemps. La capitale se déshumanise. J'ai su plus tard que le concierge, homme serviable, d'origine portugaise, avait été sorti de son lit pour ouvrir la porte cochère.

Quinze personnes étaient là. J'interrogeai derrière la porte. Une voix masculine répondit :

– Police judiciaire. Ouvrez.

J'ouvris donc. Repliée, comme protégée par cette petite troupe, j'aperçus au fond, dans la pénombre – et je la voyais pour la première fois –, Mme Eva Joly. Le capitaine Durand, de la brigade financière de la préfecture de police (je sus son nom par la suite), se manifesta le premier. J'ouvris la porte, la petite troupe s'engouffra. En revanche, je ne vis pas immédiatement le deuxième juge d'instruction, Mme Vichnievsky. Je n'ai noté son air sévère que lorsqu'elle fut dans l'appartement.

J'invitai tout le monde à entrer, du geste et de la parole. Je ne pense pas m'être troublé. Le trouble ne naîtra que par la suite. Le juge me signifia son intention de perquisitionner. Je lui dis que tout était à sa disposition. Je lui montrai le secrétariat.

Les policiers commencèrent à fouiller, remuer, ouvrir les tiroirs sans souffler. Ils s'interpellaient, se parlaient, se montrant des papiers : « Oui ? », « Non ? », « Demande au juge... ».

Je m'étais couché très tard. J'avais travaillé sur le dossier de Camille Claudel dont j'ai toujours l'intention d'écrire la vie depuis que je sais que j'occupe son appartement. Voulant être aimable, je signalai cette particularité historique à Mme Eva Joly, une manière de dire quelque chose dans des circonstances inhabituelles.

– Oui. Camille Claudel habita ici jusqu'en 1913. Elle ne quitta cet appartement que pour rejoindre l'asile dont elle n'est jamais revenue. Elle y est morte. J'espère que ce sort ne me sera pas réservé.

La plaisanterie tomba à plat. Je n'eus même pas droit à un sourire.

Nous nous trouvions dans la pièce même où Camille avait mis la dernière main à l'une de ses sculptures les plus célèbres : *Persée et la Gorgone*. Le masque de la Gorgone n'est autre que le visage de l'artiste qui, à l'époque de cette œuvre, avait perdu de sa jeunesse et de sa fraîcheur. Camille Claudel est à l'âge mûr et difficile. Une photographie que je possède la représente travaillant le plâtre et ne laisse aucun doute sur l'emplacement où elle s'installa pour assurer la finition de cette « figure sinistre », selon l'expression de son frère Paul dans la préface qu'il écrivit en 1951 pour une rétrospective des œuvres de Camille : « J'en arrive à cette figure sinistre qui se dresse comme la conclusion d'une carrière douloureuse, avant que s'ouvrent les ténèbres définitives : Persée, celui qui tue sans regarder. Quelle est cette tête à la chevelure sanglante qu'il élève derrière lui sinon celle de la folie ? Mais pourquoi n'y verrais-je pas plutôt une image du remords ? Ce visage au bout de ce bras levé, oui, il me semble bien en reconnaître les traits décomposés. »

Je gardai pour moi cette allusion à celui qui tue sans regarder, la considérant comme désobligeante dans le contexte de cette matinée, et je fis mienne la conclusion de Claudel : « Le reste est silence. » Sage conseil.

Je m'éclipsai quelques minutes pour m'habiller et je remarquai que j'étais suivi par un policier qui, avec discrétion certes, assista à l'opération. Quand je voulus me rendre aux toilettes un peu plus tard, j'eus droit au même scénario. L'accompagnateur me suivit une nouvelle fois. Les choses étaient faites avec rigueur. Je n'en croyais pas mes yeux.

Le petit appartement de l'île Saint-Louis dont j'avais repris possession après avoir abandonné la rue de Bièvre était envahi. La fouille se poursuivait dans tous les sens. Je regagnai mon bureau. Je regardais les allées et venues. J'assistais à la saisie de mes agendas, de mes répertoires téléphoniques, de mes carnets de notes, de mes relevés de comptes en banque, de mes livres de toutes sortes, de mes lettres, bref, une perquisition en règle. Elle dura jusqu'aux environs de 13 heures.

À un certain moment, je me risquai à dire un mot au chef de la délégation, le juge d'instruction, que j'interpellai dans un coin de mon bureau.

– Je tiens à ce que vous sachiez, madame, les yeux dans les yeux, que vous faites fausse route, et vous vous en apercevrez.

C'est alors qu'elle me répondit :

– C'est peut-être vrai mais il faudra que vous expliquiez les sommes d'argent liquide qui ont été mises sur votre compte en banque.

Je m'en tins là, persuadé que tout ce petit monde allait se casser le nez, je ne réagis pas sur l'instant autrement que par un certain mépris. J'aurais pourtant dû remarquer que déjà le code de procédure pénale et les grands principes de notre droit étaient bafoués et comptaient pour peu. Le juge venait de m'annoncer ce qui allait se passer par la suite, c'est-à-dire que ce serait à moi d'apporter une preuve négative et non à l'accusation de faire la preuve des faits que l'on pouvait me reprocher. Je ne manque pourtant pas d'expérience mais, dès qu'il s'agit de soi, les réflexes ne sont plus les mêmes. Hélas ! Je n'insistai pas davantage, si ce n'est que j'ajoutai :

– Je n'ai qu'un désir, madame, c'est que vous retrouviez très vite l'argent qui a été détourné dans cette affaire.

Elle ne me répondit pas. Il faudra quatorze mois et bien des péripéties pour que mon souhait se réalise. Pour l'heure, j'ai précisé :

– C'est la seule façon pour moi d'être totalement innocenté.

Puis je m'enfermai dans un silence à peine poli, et laissai faire...

Des notes éparses sur mon bureau me rappelaient le chapitre que j'avais entamé sur Camille Claudel quelques heures auparavant. Je m'étais plongé dans son existence à l'occasion de la pose d'une plaque commémorative sur la façade de notre immeuble. Dix ans déjà ! C'était le

5 décembre 1988... Je présidais la cérémonie, sous une pluie battante et glacée – en présence des descendants de la famille Claudel – en souvenir de Camille qui avait travaillé ici même jusqu'à son internement à Ville-Évrard, en mars 1913, quelques jours à peine après le décès de son père et sur la décision de sa mère qui ne l'avait jamais aimée. Celle-ci avait agi avec le concours du Dr Michaux, dont le certificat médical sur l'état de santé de la malade avait permis l'internement. Innombrables sont les touristes – un guide à la main ou munis d'un appareil photographique –, les passants, les érudits preneurs de notes, des gens de tous âges, des photographes amateurs ou professionnels qui s'arrêtent toute la journée pour lire le beau texte gravé sur cette plaque émouvante.

Le Dr Michaux habitait ce même immeuble, au troisième étage de la partie noble du bâtiment. Il était en quelque sorte le voisin immédiat de Camille. Il s'était plaint, comme d'autres occupants du « 19 », de son désordre mental. La plaque commémorative ne mentionne pas le nom du médecin mais l'Histoire l'a retenu.

Invité par Roger Gouze, frère de Danièle Mitterrand et animateur de l'association « La Mémoire des lieux », j'étais là à la fois en qualité de membre du gouvernement d'alors, me substituant au ministre de la Culture absent, et comme propriétaire de l'atelier-appartement où s'était installée Camille Claudel en 1899.

Les discours prononcés sur le quai de Bourbon dans le froid, pendant que les flocons de neige frappaient nos visages, parurent longs. Quand tout fut dit, j'invitai les membres de la famille à visiter les lieux, inconnus pour la plupart d'entre eux.

C'est par une lettre adressée à son mécène et collectionneur Fenaille [1] que nous connaissons la date exacte de l'installation de Camille Claudel dans l'île : « Je viens de vous dire que je vais changer d'adresse. Je serai à partir du mois de janvier [*1899*] quai de Bourbon. » Tiens ! Janvier précisément, me dis-je ; à un an près, cela fait un siècle... Autour de moi se poursuivait le va-et-vient des cartons que l'on traînait, des téléphones sonnant, des conversations hachées, de l'agitation générale.

Le petit appartement que j'occupe est situé au rez-de-chaussée de l'hôtel Nicolas-de-Jassaud, à droite en entrant, sous le porche principal. Je l'ai acheté en 1956, ignorant quelle avait été l'illustre et malheureuse propriétaire avant moi. Élu député de la Haute-Vienne le 2 janvier de cette même année, j'avais fait l'acquisition de ce pied-à-terre à Paris. Il me sera d'autant plus facile, en me rappelant la date de cet achat, de dire plus tard au juge qu'il n'avait pas été effectué avec l'argent que j'aurais reçu d'Elf, ce que d'aucuns laissaient entendre. Je recherchais simplement à l'époque une résidence parisienne plus adaptée à mes nouvelles responsabilités que le modeste appartement de trois pièces que la Ville de Paris m'avait attribué à l'autre bout de la capitale, à la porte Dorée.

Je me suis donc transporté avec armes et code civil au cœur de la capitale, dans ce lieu dont je ne devais jamais me défaire, éprouvant je ne sais quel attachement pour cet endroit à la sobre beauté qui fleurait bon les odeurs de papiers peints superposés par des générations et les senteurs de vieux bois.

1. Lettre à M. Fenaille, archives Paul Claudel.

Plus tard, j'ai déplacé mon cabinet professionnel dans d'autres arrondissements de Paris, mais pour rien au monde je n'aurais voulu revendre cet appartement. J'y suis revenu pour y travailler et j'y mourrai sans doute. Mais ce jour de janvier 1998, je m'y retrouvais dans une étrange compagnie, pour une étrange cérémonie. L'ombre de Camille Claudel ne m'avait pas protégé de cette intrusion matinale.

Je laissais faire... Soucieux d'être agréable, pensant encore qu'il y avait quelque chose à gagner du côté de la courtoisie, je proposai à mes « envahisseurs » de leur préparer un café. Ils acceptèrent. Je le leur servis, puis je repris mes réflexions, n'ayant rien à faire en réalité, condamné à être là pour justifier de ma présence, une représentation inintelligente en quelque sorte.

Un curieux incident marqua cette matinée. Au milieu des sous-entendus, des regards jetés à la dérobée, soupçonneux, des prélèvements faits dans le petit bureau où se tient d'ordinaire une secrétaire, les policiers affichaient la froideur, les juges le soupçon. Parmi les documents qui traînaient en vrac sur les tables, il existait un dossier : celui de la vente par la France de frégates à la république de Taïwan. Je ne disposais bien évidemment d'aucun original mais de quelques références et photocopies qui pouvaient être utiles à une saine compréhension des choses. J'avais reconstitué ce dossier six mois plus tôt, quand avait paru le premier article du *Monde* sur le sujet. Je le montrai aux juges enquêtrices. Celles-ci, d'un revers de main, l'écartèrent. Cela n'avait pas l'air d'être leur problème ou plutôt, c'était bien leur problème, à savoir ne pas prêter le flanc...

à une incompétence manifeste en saisissant ces documents : l'aube se levait et, avec elle, la menace d'un dessaisissement au profit de la Cour de justice.

Je comprendrai plus tard qu'il ne s'agissait pas seulement d'un contournement d'obstacle mais d'une recherche plus subtile : laisser de côté tout ce qui pouvait intéresser le fond des affaires Elf et Thomson et s'en prendre simplement à moi pour ce que je représentais et continuais de représenter, en vrai ou en faux, dans l'esprit de certaines gens. Une procédure à grand spectacle peut en cacher d'autres. Je l'apprendrai à mes dépens.

Le petit ballet des cartons vides que l'on remplit de multiples papiers, la cire apposée sur les scellés qui empoisonne l'atmosphère, les procès-verbaux que l'on tape, tout cela occupa la matinée. Les personnes de mon entourage arrivaient les unes après les autres pour prendre leur travail. Elles furent renvoyées dans leurs foyers et invitées à revenir un autre jour : le concierge qui apportait le courrier, ma gouvernante, ma secrétaire, la femme de ménage. Ma gouvernante aujourd'hui disparue, qui travaillait pour moi depuis plus de trente années, sera l'objet par la suite de dénonciations par lettres anonymes venimeuses, déshonorantes pour ceux qui les ont rédigées et ont accompli le geste de les jeter dans une boîte. Une vengeance parmi d'autres, qui voulait faire d'elle ma complice en turpitude, bien sûr. Ces missives indignes ne furent pas les seules du genre, comme on le verra par la suite.

Tout ce petit monde continua à gratter dans mes livres, espérant découvrir « des choses ». Je dirai, à la fin de la matinée :

– Mesdames, avez-vous trouvé ce que vous cherchiez ?

– Absolument.

– J'en suis heureux et j'espère que je pourrai ainsi vous aider dans votre tâche.

J'affirme aujourd'hui qu'il n'y avait aucune ironie dans ce propos, tout au plus un peu d'illusions et beaucoup de politesse.

Le représentant du procureur de la République ne dit rien. Le représentant du bâtonnier mentionna les réserves et protestations que je lui demandai de signaler : saisie illégale, incompétence, viol du secret professionnel, etc. J'en passe.

Mais je ne m'étais pas encore rendu compte que la machine de guerre était lancée contre moi et qu'elle allait bien au-delà de ces banales constatations et de ces saisies : j'étais l'homme à abattre. Je voulais croire qu'il s'agissait d'une méprise ou d'une opération de routine et que cela s'arrangerait très vite. Je n'ai jamais imaginé que mon rang social, la notoriété dont je croyais jouir, ma situation professionnelle ou politique me protégeraient, mais j'étais sûr que la vérité serait le meilleur rempart – aussi fort que la muraille de Chine – face à la détermination des investigateurs.

Je n'apprendrai en réalité que quelques jours plus tard ce qu'avait été le cérémonial du départ du Palais de justice et quelles étaient les intentions de ces gens qui avaient envahi mon appartement dès potron-minet.

Les juges qui travaillaient depuis longtemps sur ce dossier et la brigade financière qui ne comptait pas sa peine non plus s'étaient réunis la veille au soir. Toute la troupe qui devait participer à cette expédition était là : le représentant du procureur, les fonctionnaires de la brigade financière. Rendez-vous fut pris pour le lendemain à 7 heures au même endroit, mais la veille au soir rien ne fut révélé du lieu de la visite. En principe tout devait être tenu secret. C'était l'exigence des juges et des magistrates qui se prévaudront de cette précaution pour affirmer par la suite qu'elles n'étaient bien entendu pour rien dans les déchaînements médiatiques qui constituaient pour elles, à les en croire, une véritable « contrariété » (sic).

Le lendemain, à l'heure dite, comme des militaires, ils étaient tous là, claquant des talons. Le chef de la troupe aussi, véritable sergent Garcia parti à l'assaut de Zapata. Le chef de mission déclara avec solennité :

– Je peux maintenant vous dire que nous allons chez le cinquième personnage de l'État.

C'était moi. Et je gage que chacun ajoutait dans sa tête : « Le dernier haut personnage de la Mitterranderie, encore en place dans la République, resté fidèle à la mémoire du président disparu. »

Personne n'était prévenu, mais tout le monde savait.

J'en eus le cœur net quand, à la fin de la perquisition, aux environs de 13 heures, je mis le pied sur le trottoir du 19, quai de Bourbon. Les flashes crépitèrent, les photographes s'en donnèrent à cœur joie, les caméras de télévision firent entendre leur ronflement dans une bousculade incroyable. Sur la photo ou à l'écran, on m'aperçoit entre les deux juges comme un larron entre deux gendarmes. Je fus pris au dépourvu et ces premiers clichés firent mon malheur. Ils furent répandus à satiété.

De la même façon, quand les juges montèrent avec moi dans la voiture officielle du Conseil constitutionnel (comme si j'étais déjà en état d'arrestation) après m'avoir averti que nous allions nous rendre rue de Bièvre, mon deuxième domicile et mon cabinet, les crépitements redoublèrent. Je ne me rendis pas compte que je commettais ma première erreur. J'aurais dû exiger de sortir par la deuxième porte. L'hôtel Nicolas-de-Jassaud dispose en effet de deux sorties, l'une sur le quai, l'autre sur la rue Le Regrattier. J'aurais dû, de même, exiger de monter seul dans ma voiture et partir en cortège, mais rien de tout cela n'effleura mon esprit. Le piège était bien tendu et les images allaient faire le reste. Mes amis, mes conseils, mes confrères, ma famille me le reprocheront par la suite. Mais comment avoir le réflexe qu'il faut en pareil moment ? On ne songe qu'à ce qui vous arrive et l'on ne mesure pas ce qui va en sortir par la suite...

Dès lors, à chaque émission de télévision où l'affaire sera évoquée, c'est cette image qui passera et repassera sans cesse, « en boucle » comme on dit aujourd'hui. C'est aussi l'image qui sera publiée à chaque occasion dans la presse écrite. Et c'est sur cette image que s'est terminée la première visite quai de Bourbon. Celle qui devait avoir lieu rue de Bièvre allait commencer dans la foulée.

Ce déploiement de voitures de radio et ce grand nombre de photographes en place ont attiré depuis mon attention. Il m'est difficile de croire qu'il n'y a pas eu préméditation. Cette multitude de journalistes installés d'un bout à l'autre du quai de Bourbon, dont quelques-uns avaient annoncé la veille qu'une perquisition aurait lieu chez moi, donnait l'impression que l'on avait rameuté ces paparazzi. Le fait est là.

J'en eus confirmation lorsque, quelques jours après cette visite, Me Joé Nordmann, qui habite l'étage au-dessus du mien, me révéla qu'il avait été réveillé par un ballet de voitures important, bien avant l'arrivée des magistrats et des policiers. Il s'était levé, avait ouvert ses rideaux et regardé par la fenêtre pour voir ce qui se passait. Le quai était littéralement envahi ! Il eût été cependant facile de bloquer la circulation à l'une des extrémités de ce quai, qui est à sens unique. Il suffisait de le prévoir. Mais n'est-ce pas l'inverse que l'on avait prévu ? L'objectif n'était pas la discrétion mais au contraire la publicité. Il m'est difficile d'incriminer telle ou telle personne, tel ou tel service plutôt qu'un autre. Mais je m'interroge encore aujourd'hui. Qui pouvait profiter de cette mise en scène ? Qui sollicite sans cesse les médias ? Qui se complaît à poser devant les photographes ? Mon raisonnement n'en vaut-il pas un autre ?

*
**

« Nous allons rue de Bièvre », m'avaient dit en chœur les deux juges d'instruction. Elles étaient accompagnées des policiers de la brigade financière qui les avaient assistées pendant la matinée. Vers 12 h 45, le cortège s'est présenté à l'entrée de la petite rue devenue célèbre en 1981, quand la France a découvert que c'était là qu'habitait le nouveau président de la République, François Mitterrand. Elle l'avait été aussi au XVIIe siècle, car c'est là également que la marquise de Brinvilliers rencontrait son amant, le chevalier de Sainte-Croix, qui l'initiait à la fabrication des poisons.

J'avais acquis le « 28, rue de Bièvre » dans des conditions plutôt amusantes, dans le courant de l'année 1974. Je disposais alors d'un cabinet groupé, confortable et spacieux, dans le quartier de l'Étoile. Mais il présentait l'inconvénient d'être loin du Palais de justice, principal centre de mes activités. Un intermédiaire immobilier, averti de ma recherche que j'avais limitée à quelques encablures du Palais, me proposa un petit immeuble, peuplé de quelques bandes de rats, objet d'un arrêté de péril, en ajoutant : « Vous n'avez rien contre la rue de Bièvre ? » Je répondis en riant : « Non. »

L'immeuble était situé à deux numéros de celui que François Mitterrand avait acheté lui-même dans les années soixante. Je connaissais d'autant mieux l'endroit que j'avais participé à cet achat avec le futur président de la République qui, ne disposant pas de fonds suffisants, avait fait appel à moi pour prendre en charge la moitié de cette acquisition. Ce que je fis volontiers, avant de lui revendre cette moitié quand les circonstances lui permirent de me la racheter. Nous avons donc été pendant quelques années copropriétaires avant de devenir, à quinze ans de distance, voisins immédiats. Mais le hasard n'existe pas, pour les incrédules ! La légende a voulu que nous habitions quasiment ensemble, et que j'avais tout fait pour rejoindre un « mentor » dans Paris. J'aurais même fait dégager un passage souterrain, datant du Moyen Âge, qui reliait nos deux immeubles. Sottises que tout cela.

Les choses furent plus simples. Je fis exécuter des travaux importants dans mon appartement et m'installai là pour y exercer mon métier pendant deux bonnes décennies.

Puis vint le temps de penser à autre chose : cette autre chose était la retraite. Quand survinrent les événements qui allaient assombrir mes jours, j'avais commencé, selon l'expression qui m'est familière, à « réduire la voilure » de mon bateau et j'avais déjà rejoint mon habitation ancienne du quai de Bourbon, pensant à la revente de l'immeuble de la rue de Bièvre dont je n'avais plus l'usage, mais qui reste malgré tout dans ma mémoire comme chargé d'histoire, bien que ce fût celle d'une marquise empoisonneuse. J'avais d'ailleurs émis l'idée de refaire la plaidoirie des défenseurs de la marquise de Brinvilliers, que j'avais trouvée insuffisante. Les circonstances m'ont fait changer d'avis et le destin m'a orienté autrement.

Sur le plan professionnel, je ne gardais que quelques dossiers, dont celui d'Alberto Giacometti et de sa veuve, devenue mon amie et qui avait fait de moi son exécuteur testamentaire.

Des hommes en uniforme, m'a-t-on dit par la suite, gardaient l'entrée de l'immeuble dès avant 8 heures du matin.

Les spécialistes de la brigade financière ont commencé par les dossiers qui se trouvaient dans les placards du premier étage, prêts à partir, sans toutefois ouvrir les cartons. Ils ont perquisitionné dans le bureau de mon assistante, puis ils ont parlé de se rendre au Conseil constitutionnel. J'ai expressément refusé. Les juges ont alors accepté que les policiers accompagnent ma secrétaire pour rapporter de là-bas mes dossiers personnels, afin qu'ils soient examinés ailleurs que dans les bureaux aux boiseries dorées du Palais-Royal.

Fabienne Lacquement, fidèle secrétaire, partit accompagnée du commissaire de Ricolfis et du capitaine Mazerolles. Ils revinrent peu après. La perquisition s'est poursuivie rue de Bièvre, selon le même rituel que celui du quai de Bourbon.

Mes deux collaboratrices allaient être convoquées par la suite à la brigade financière. Là, le ton monta d'une octave. Hurlements dans les oreilles, menaces, intimidations pour faire avouer que je recevais de l'argent. De qui ? Apporté par qui ? Elles avaient affaire à de vrais pitbulls. Ils étaient accrochés à deux frêles jeunes femmes qui ne comprenaient rien à ce qui se passait si ce n'était qu'on voulait ma perte. Ma collaboratrice avocate sut faire face, l'autre s'effondra. « C'est du blanchiment d'argent sale » : la phrase revint à plusieurs reprises aux oreilles des deux malheureuses innocentes qui aujourd'hui encore ne sont pas remises de cette épreuve et ne peuvent s'empêcher de pleurer lorsqu'elles évoquent leur audition.

Pendant les opérations de la rue de Bièvre, tout le monde put remarquer un incident, le deuxième de la matinée, apparemment insignifiant mais lourd de sous-entendus : Mme Joly, examinant avec soin le cabinet dans lequel j'avais l'habitude de travailler, s'empara avec curiosité d'un sulfure posé sur mon bureau représentant des emblèmes maçonniques. Il s'agissait d'un cadeau, qui me servait de presse-papiers. Elle promena d'une main à l'autre cet objet qui n'avait aucune valeur artistique particulière mais qui était riche de son symbole. Elle le retourna dans tous les sens, le regarda, me regarda et, finalement, avec un petit sourire au coin des lèvres, le reposa sans rien dire. Je jugeai la situation amusante.

Je devais déchanter quelques semaines plus tard. En effet, à quelque temps de là, au cours d'un échange assez vif avec l'un de mes avocats, le juge en question se laissa aller – ce qui était très rare – à lui dire « alors vous êtes, vous aussi, franc-maçon ? » sur un air indigné. Il démentit avec le sourire et le calme qui le caractérisent. Les choses en restèrent là. Je n'oublierai ni l'incident, ni le commentaire. Je m'étais simplement mépris sur l'échange silencieux qui avait eu lieu rue de Bièvre, à propos du sulfure...

*
**

Avant de quitter le quai de Bourbon, les deux juges d'instruction m'avaient annoncé qu'une perquisition avait lieu en même temps dans ma maison de campagne, du côté de chez Montesquieu, à Labrède. Elles m'avaient demandé de désigner une personne qui assisterait à cette perquisition. J'avais donné le nom d'une fidèle amie qui s'occupe de la maison en notre absence. Mais ma femme étant revenue assez tôt d'une visite, c'est elle qui assura la présence exigée par le code de procédure pénale.

Elle vit arriver une petite troupe analogue à celle de Paris et conduite également par deux femmes. Cela faisait nombre... La commission rogatoire avait été transmise par fax au doyen des juges d'instruction sur place, qui s'était fait accompagner de la brigade financière locale. Les consignes avaient été données par téléphone. Les portables sonnaient entre Paris et Saint-Selve, et vice versa : « Cherchez là. Relevez tout ce qui concerne les années de 1990 à 1993. Nous n'avons pas besoin des comptes en banque car nous les avons déjà. »

Tout fut passé au peigne fin sous le contrôle, là aussi, de deux dames – aussi différentes l'une de l'autre que le jour et la nuit, l'eau et le feu, la rondeur et la sveltesse, l'ironie et la lourdeur – connues toutes deux des milieux bordelais, judiciaire et mondain. Quand elles partaient en expédition, on avait coutume de dire : « *Pretty woman* accompagne Mimi Cracra. » La doyenne, modestement vêtue, ne faisait pas dans le genre chic. Elle collait avec beaucoup de précaution, et en boucles, des cheveux huilés, alors que le chef de la brigade financière était une femme élégante aux lunettes Hermès et au foulard de marque retenu autour d'un cou grêle par une broche de valeur.

Elles ont commencé par se précipiter dans le local où sont entassées les archives professionnelles qui traduisent cinquante ans d'activité au barreau. Dans une autre pièce étaient amassés mes souvenirs politiques ou le matériel de mes campagnes électorales, les archives de ma famille, les pièces concernant mes parents, mes grands-parents, mes cousins, des proches et des plus lointains, des dossiers complets sur les deux guerres que fit mon père, celles de 1914-1918 et 1939-1944, et surtout sur la Résistance, y compris le dossier de l'exécution de mon père par la Gestapo.

Pendant cette visite, à ce que l'on m'en a dit, l'ironie était de mise. On échangeait des sourires en contemplant les photographies dans l'une des annexes où j'ai l'habitude de travailler. Celle où l'on me voit très proche du pape passait de main en main, avec des commentaires dont je peux deviner ce qu'ils comportaient. Tour à tour, des photos des grands de ce monde dédicacées, celles du Président des États-Unis ou de Gorbatchev en ma compagnie, faisaient l'objet d'apartés. Une conversation avec Mme Thatcher, de nombreuses photos avec François Mitterrand, une belle dédicace de Pierre Bérégovoy, tout cela donnait lieu à des petites phrases chuchotées. Rien ne fut épargné, en dehors de mes archives professionnelles, autant grâce au bâtonnier qui s'était déplacé en personne et fit preuve d'autorité qu'au découragement des enquêtrices devant le nombre de dossiers. « Nous y sommes pour huit jours », déclarèrent-elles.

En revanche, mes agendas furent saisis. Les deux mandataires n'hésitèrent pas à s'emparer des petits carnets sur lesquels j'avais pris des notes tout au long de mes activités ministérielles. Tout fut mis sous scellés.

J'ai émis des protestations à ce sujet. Mme Joly me déclara :

– Je vous les rendrai.

Je lui ai rappelé à plusieurs reprises sa promesse. J'attends toujours. Il a été très gênant pour moi de ne pas pouvoir consulter ces carnets quand j'ai eu besoin de faire des recherches pour la rédaction de mes mémoires. Je protestai, rien n'y fit. Mais je sais depuis cet épisode que l'on s'est complu, dans les services de la brigade financière, à souligner quelques passages où j'avais noté des réflexions, quelquefois sévères, sur le personnel politique de droite ou de gauche ou sur l'intérêt que je portais à Christine Deviers.

Triste épisode que cette manifestation, dans cette bourgade de Saint-Selve si paisible et si agréable à vivre. Le village en a été agité et en a parlé pendant plusieurs semaines. Le journal *Sud Ouest* en a fait dcs gorges chaudes.

La doyenne, décidément en verve, communiqua le résultat de sa visite aux juges mandants qui se trouvaient encore quai de Bourbon. J'entendis sur le téléphone portable : « Nous avons fini. Nous n'avons rien trouvé. Le ménage a été fait. » La sotte ! Comment imaginer que j'aurais laissé tout ce qu'elles ont trouvé sur place si j'avais dû faire le ménage ! Tout était là, y compris mes carnets de rendez-vous depuis mes débuts d'avocat, mes agendas, mes propres comptes depuis l'époque où j'étais stagiaire. Je peux donner encore aujourd'hui le tarif que je pratiquais pour un divorce ! Rien n'avait disparu. La suite le prouvera. Mais cela fait bien dans le dialogue, entre un magistrat de province et un magistrat de Paris, de placer ce genre de petite phrase.

En quittant le « 19 », j'avais eu à peine le temps de jeter un coup d'œil sur la plaque inaugurée dix ans plut tôt, et de relire cette phrase extraite d'une lettre de Camille Claudel : « Il y a toujours quelque chose d'absent qui me tourmente. »

*
**

À la fin de la perquisition rue de Bièvre, j'évoquai pour moi les premières lignes du plaidoyer (le *factum*) rédigé par Me Nivelle et remis à la cour du Parlement en faveur de la dame Marie-Marguerite d'Aubray, marquise de Brinvilliers [1]. Il y est dit que « les esprits des peuples se laissent entraîner aveuglément aux passions des accusateurs par cette corruption naturelle qui les porte à la calomnie et à la cruauté des supplices ». Me Nivelle, avocat de la marquise, ajoutait : « Néanmoins on doit espérer que les juges

1. Accusée de l'empoisonnement de son père (le marquis de Brinvilliers), de ses deux frères et de sa sœur.

n'ont que les sentiments de la vérité et de la justice et qu'ils sont au-dessus de ces chaleurs violentes et de ces mouvements populaires et ne jugeront point sur des soupçons et des preuves imparfaites... Mais que les preuves doivent être de la dernière force... »

Entre Camille Claudel internée à vie injustement et Marguerite, marquise de Brinvilliers, condamnée à la peine capitale, mon sort me paraissait peu enviable ; mais j'étais sans inquiétude. Je vis partir sans appréhension les cartons contenant les pièces à conviction dont aucune n'avait disparu et dont je n'attendais au fond de moi que deux choses : la justice et la vérité.

– II –

LA RENCONTRE

Comme le lierre qui s'accroche aux vieilles pierres, les événements se sont noués puis enroulés autour d'une rencontre que le destin m'avait réservée, en orientant mes pas vers ce coin de France où la terre est faite pour l'accueil : le Périgord.

Comment me suis-je retrouvé candidat aux élections législatives de mai 1988, dans la 4e circonscription de la Dordogne qui recouvre le Périgord noir, ainsi dénommé en dépit de la luminosité de son ciel ? À cause de Charles Pasqua ! À cause de lui j'allais me présenter dans cette région dont Sarlat est la capitale. Cette ville aux multiples toits de lauzes, aux petits palais Renaissance dont les façades changent de couleur avec les heures du jour, brille comme un diamant qui n'a rien perdu de son éclat avec le temps.

En 1986, la cohabitation devenue inévitable avait ramené au pouvoir une coalition de droite acceptée par François Mitterrand après les élections législatives perdues par la gauche. Cette coalition était conduite par Jacques Chirac, qui occupa de nouveau l'hôtel Matignon. Il y retrouvait les meubles qu'il y avait laissés après sa brouille avec Giscard d'Estaing dans les années soixante-dix. On se souvient. Une conférence de presse où il était apparu crispé, puis un bruit de porte que l'on claque, Jacques Chirac était parti pour mieux revenir un jour.

Charles Pasqua occupait le ministère de l'Intérieur. Son premier travail fut de proposer, pour les élections de 1988, le retour au scrutin d'arrondissement en modifiant la loi électorale qui reposait sur le scrutin de liste départementale et m'avait valu une élection assez facile en 1986. Petite cause, grands effets... ou grande cause, petits effets !

La décision de principe était accompagnée d'un découpage des circonscriptions, autant dire d'un véritable « saucissonnage ». La circonscription où j'avais été élu pour la première fois en Dordogne en 1981, et où je m'étais installé, se trouvait amputée d'un canton, celui précisément d'où je tenais mon élection. Le canton en question, Saint-Pierre-de-Chignac, basculait – dans le plan Pasqua – sur la circonscription voisine, celle de Sarlat. Cuisine électorale s'il en est ! Habituelle, direz-vous. Je n'en disconviens pas mais je n'étais pas obligé de la subir. Mon sang et mon instinct ne firent qu'un tour. Je décidai de suivre cette partie de l'électorat où je disposais d'une confortable majorité et j'annonçai ma décision d'être candidat dans cette portion du territoire où la beauté des paysages le dispute à la gentillesse des habitants : la circonscription de Sarlat. Je protestai, bien sûr, pour stigmatiser la manœuvre qui visait à m'éliminer et je fis, une fois encore, un superbe pied de nez à mes adversaires. Il ne me restait plus qu'à creuser de nouveau mon trou politique, à m'implanter et à me faire élire.

Mon choix s'est révélé être le bon. La fidélité en politique, quoi que l'on en pense, est toujours payante. La circonscription de Sarlat m'a préféré à mon adversaire, Jean-Jacques de Peretti, candidat aimable, sans plus, du RPR, mais surtout ancien mari de Christine Deviers et père de l'un de ses fils. La bataille électorale, à cause de ce détail, avait pris une tournure particulière. J'avais pu disposer assez rapidement de l'aide de la famille Deviers, que je ne connaissais pas avant d'avoir fait le choix de la circonscription de Sarlat, mais qui ne semblait pas vouloir assurer le succès de l'ex-époux de Christine. Je ne suis pas éloigné de penser que les membres de cette famille avaient vu dans le combat que je menais contre « ce gendre ingrat » une revanche dont je leur apportais la clef. Mon succès serait un peu le leur. Il les a remplis de joie.

Pour affirmer plus encore ma présence, je décidai de passer mes premières vacances post-électorales dans l'arrondissement que je venais de conquérir, au bord de la Vézère, séduisante rivière qui serpente paresseusement comme pour mieux profiter des paysages.

Au mois d'août, par une chaleur torride, je me rendis à Saint-Chaubrand, lieu de vie et de résidence depuis plusieurs générations de la famille Deviers. Curieusement d'ailleurs, le père et la mère de Christine portent le même nom bien que n'étant pas parents.

Après m'être égaré, avoir demandé mon chemin à plusieurs reprises, dérangé les participants d'une noce campagnarde, je traversai tous ces villages dont les noms se terminent en « ac » pour aboutir sur le plateau du Causse à Ladornac, petite commune de quelques centaines d'habitants. Son sénateur-maire, Lucien Delmas, avait téléphoné en 1981 à François Mitterrand pour lui offrir de me faire désigner comme candidat du PS dans la première circonscription de la Dordogne, celle que je venais d'abandonner par nécessité et où j'avais cependant réussi de belle manière, l'emportant sur le candidat RPR Yves Guéna que je devais retrouver quelques années plus tard au Conseil constitutionnel où nous allions inaugurer une cohabitation courtoise.

J'avais en effet commencé d'assurer mon implantation dans le département de la Dordogne dès 1981. L'écho de mon succès de cette époque était arrivé jusqu'à Saint-Chaubrand où ce jour-là, sept ans plus tard, la famille Deviers m'attendait. Le lieu-dit est situé en pleine campagne et ne comprend que quelques feux. La maison basse des Deviers comporte un corps de bâtiment en pierre, le reste est fait d'anciennes granges améliorées, voire transformées. Le tout a la forme d'un quadrilatère d'habitations distribuées autour d'un jardin rectangulaire.

Christine Deviers allait et venait dans ce jardin, un tuyau d'arrosage à la main, en tenue de circonstance pour résister à la chaleur d'un été brûlant. Mon arrivée ne parut pas la déranger le moins du monde. Elle poursuivit son arrosage. Le culte de l'eau n'a-t-il pas une signification particulière, d'après les psychologues ? Cette idée traversa mon esprit en même temps que ma mémoire fixait cette vision inattendue. Le tout dura une fraction de seconde.

Je passai une première soirée dans ce pays où la végétation est rare, faite de landes et de petits arbres rabougris qui puisent dans un sol aride une maigre pitance. Pays de chênes nains où poussent des champignons et des truffes, où l'on ramasse, à la saison, des châtaignes. On y gave des oies pour fabriquer du foie gras. Je ne connais personne qui ait résisté au charme de cette région pauvre mais envoûtante. La famille Dayan, qui m'avait fait connaître les Deviers, et en particulier Christine, y passait de courtes vacances et m'en avait vanté les charmes.

Je fus accueilli par la mère de Christine, femme forte, élégante et coquette qui ne paraissait pas son âge. Elle me manifesta spontanément beaucoup de sympathie. Je ne remarquai pas dès l'abord la force du lien qui attachait ces deux femmes. Elles formaient un vrai couple composé de deux êtres autoritaires, sortis du même moule.

Le père de Christine, séparé de son épouse, habitait à quelques kilomètres de Saint-Chaubrand, dans un petit village au nom très périgourdin d'Archignac. C'est là que je devais faire sa connaissance. Quelques jours après ma première visite, sa fille m'avait conduit auprès de lui. Je voulais le remercier du rôle qu'il avait joué pour moi dans le canton où il faisait figure de vieux sage, d'esprit libre et d'homme de gauche à tendance libertaire.

Comme pour s'excuser, Christine m'avait prévenu que j'allais me trouver en face d'un « vieil ours » solitaire, vivant au milieu de ses peintures et sculptures, dans une maison de célibataire où le souci du ménage n'était pas la préoccupation première. La description du lieu se révéla conforme à la réalité. Celle de l'homme, Marcel Deviers, beaucoup moins. Il m'accueillit sous le porche de sa demeure, devant le portail, vêtu d'un costume de velours côtelé. Il s'était fait coquet en l'honneur de sa fille et de son visiteur. Il se tenait droit. Je remarquai tout de suite qu'il avait perdu son avant-bras gauche, et sus bientôt que le drame avait eu lieu pendant la « drôle de guerre ». Sa crinière, d'un blanc éclatant, me frappa.

La maison était composée de plusieurs bâtiments, tous plus anciens les uns que les autres. On accédait dans les différentes parties de cette habitation, faite de dédales, par des escaliers moussus, en pierre patinée par le temps. Les bâtiments eux-mêmes étaient ouverts aux quatre vents. Je pensai à la maison de Cadet Roussel, ou de Blanche-Neige. Un coin perdu dans ce labyrinthe était censé servir de chambre à coucher. Derrière ses grosses lunettes d'écaille, le maître des lieux, ancien professeur de dessin devenu peintre, sculpteur et graphiste, avait décidé de se consacrer entièrement à l'art. Il parlait lentement, roulant les « r », paraissant détaché des choses du monde mais attentif à tout, à la politique comme à la culture.

Sa conversation était à son image : elle ne paraissait pas de son âge et traduisait les contradictions dont il était pétri. Il s'affichait athée mais avait réalisé un superbe chemin de croix pour l'église du village.

Je visitai cette église dont la clef était conservée par une vieille dame, une voisine de Marcel Deviers, qui la remit à Christine. Celle-ci m'y accompagna afin que je puisse admirer l'œuvre de son père dans la chapelle, bien entretenue, malgré la pauvreté de la commune. Le curé ne passait qu'une fois tous les quinze jours, comme cela se pratique désormais dans cette région qui se dépeuple. Je fus saisi par une bonne odeur de terre humide et laissai libre cours à mon admiration devant le chemin de croix, travail à la fois rustique et raffiné qui ne déparait pas le lieu.

Marcel Deviers aimait raconter qu'il avait commencé à dessiner jeune, qu'il avait demandé à sa mère de lui acheter du papier Canson, qu'elle affectait d'appeler « caleçon ». Cela le faisait rire, d'un rire éclatant. Mais sa taquinerie laissait passer de temps à autre des propos amers. Il aimait expliquer comment il était venu à la création par « le beau et l'immortalité des choses belles ». « Ma mère commentait mon travail de la façon suivante : "Cherche le beau, mon fils, c'est une approche de Dieu." » L'athée se faisait déiste.

Une centaine de tableaux étaient entassés chez lui, avec des dessins de sa main. Il m'en a offert à l'occasion de cette première rencontre. Nombre de sculptures couchaient à l'air pur et libre du Périgord, souvent recouvertes de mousse. Dans l'un de ses ateliers, les gravures destinées à des illustrations d'œuvres classiques telles que *Les Fleurs du Mal* ou d'œuvres régionales comme *Jacquou le Croquant* étaient éparpillées sur de vieilles tables brinquebalantes.

Marcel Deviers était connu bien au-delà d'Archignac. Pendant la campagne électorale, il m'avait ouvert, sans que je l'eusse rencontré, les portes des élus du canton et des communes. Il connaissait surtout des gens de gauche, particulièrement des membres du parti communiste qu'il s'était chargé d'entreprendre à mon sujet. Le parti communiste, qui avait perdu de son influence d'après la Libération, restait cependant très fort dans le département. Je m'étais occupé moi-même d'approcher les socialistes et les radicaux qui constituaient le fer de lance de ma campagne.

Dans la région, on aimait le caractère et le franc-parler de Marcel Deviers, son originalité aussi, et tout ce qui touchait à sa personne et à sa création. Une partie de sa notoriété tenait au fait qu'il avait peint des scènes de la vie périgourdine : de la ramasseuse de petit bois pour les cheminées aux scènes de paysans jouant aux cartes, ou encore du portrait de la mère coupant le pain, trempant la soupe, blanchissant les châtaignes, aux scènes d'intérieur rural devant l'âtre. Le faucheur au champ était l'un de ses thèmes favoris. « On s'attache », disait-il quand on évoquait avec lui ces sources d'inspiration ainsi que les traditions respectées dans cette région.

Sa technique, sa façon de peindre, intriguait tous ceux qui s'intéressaient à son art. « Je peins avec des produits naturels, expliquait-il, en les mélangeant aux tubes de peinture traditionnels. » Il ramassait de la terre et la faisait vibrer sur des toiles avec d'autres éléments. Il se plaisait à affirmer : « Je crois avoir réinventé la chose, car nous ignorons toujours avec quels éléments les artistes de Lascaux ont décoré les parois des grottes. Je présume qu'ils utilisaient eux aussi, entre autres, la terre du lieu comme je le fais moi-même. »

Et Deviers de raconter comment il parcourait les routes de la région et les bas-côtés des chemins sablonneux, visitait les carrières à chaux désaffectées pour arracher quelques pelletées de terre rouge dans les anfractuosités des parois et des sols. Il s'attardait sur ces moments de rapine et de liberté, avec fierté, se comparant à un voleur exposé aux dangers de toutes sortes, montrant par là qu'il n'était pas aussi détaché qu'il voulait le paraître de sa vie d'artiste, confiant dans sa création tout en se reniant, s'interrogeant, demandant à chaque interlocuteur ce que son travail pourrait signifier pour les générations futures. Marcel Deviers était habité par le doute, au fond de lui, comme le sont tous les créateurs, même les plus grands.

Cet homme sympathique et curieux m'attira. Je lui rendis visite à plusieurs reprises. Il m'invita à déjeuner. Nos conversations prirent un tour plus intime. Il a fini ses jours dans une maison de retraite, sans que j'aie pu savoir comment il avait vécu le grand déballage qui avait atteint sa fille unique [1].

Je pense à lui en écrivant ces lignes. Il m'avait raconté, sans que je me mêlasse de quoi que ce fût, les raisons de sa séparation d'avec son épouse. Il s'était remarié. Sa nouvelle femme, disait-il, s'occupait convenablement de lui.

*
**

C'est dans ce contexte de famille brisée que j'établis mon quartier général politique à Saint-Chaubrand, dans l'ancienne ferme qui avait été la demeure des Deviers depuis plusieurs générations et que nous prîmes l'habitude d'appeler, en guise de plaisanterie, « la demeure de la comtesse de Saint-Chaubrand », laquelle n'était autre que Mme Deviers mère.

La « comtesse » aménagea, pour que j'y installe ma permanence, la petite pièce située en bout de bâtiment. Cette pièce était l'ancienne habitation des arrière-grands-parents de Mme Deviers. Logis rural au charme authentique. Le pisé du sol fut refait à l'identique par un artisan du lieu avec les galets polis et arrondis par les eaux de la Dordogne. On améliora le tirage de la cheminée pour me permettre, la nuit venue, de m'installer dans le « cantou », entendez ce coin solitaire où la lumière du foyer fait

1. Il est décédé en octobre 2002.

bouger les ombres. La fenêtre à petits-bois de la porte qui donnait sur le jardin retrouva ses carreaux, la pierre de l'évier fut restaurée.

Ce lieu avait été arrangé avec un goût réel. J'y passais des heures à travailler, à regarder de temps à autre le soleil filtrant qui caressait les galets du sol. J'y avais pris des habitudes, rythmées par mes allées et venues. L'omelette aux truffes ou aux cèpes m'attendait souvent le soir, concoctée par la « comtesse » qui se mettait aux fourneaux de bonne grâce. Il nous arrivait de discuter de la meilleure espèce de cerises qui devait entrer dans la confection du clafoutis. Je retrouvais le calme de cet endroit après les inaugurations, les remises de décorations, les réunions publiques, les discussions dans les sections du parti socialiste.

Paulette Deviers, la « comtesse », était gaie. Elle avait animé pendant des années une petite troupe locale qui jouait des pièces du répertoire paysan. Nous parlions patois des heures durant et nous nous racontions des « gnioles [1] ». Elle prenait mes rendez-vous, répondait au téléphone, assurait l'acheminement du courrier. Il lui arrivait de recevoir ceux des électeurs qui ne pouvaient attendre mon passage.

Quelquefois, le matin, sa fille Christine m'accompagnait là où j'avais à faire. Nous empruntions l'une des deux routes conduisant dans la vallée. Je saluais d'un signe de la main l'ingénieur hydraulicien qui effectuait des gestes techniques précis dans une cabane isolée perdue au milieu

1. « Plaisanteries » en patois limousin, en langue d'oc.

d'un champ, ou quelques commerçants plantés sur le pas de leur porte.

En chemin la radio marchait à tue-tête. Je ne résistais pas – c'est l'un de mes défauts – à faire étalage de mes connaissances musicales, même si celles-ci se révèlent souvent incomplètes. Jouer les Pygmalion a toujours été mon point faible avec les femmes. Christine se vantait-elle de parler espagnol que j'en profitais pour susurrer quelques paroles d'un fandango de la région de Huelva. Je vérifiai à cette occasion qu'elle avait une bonne connaissance de la langue de Cervantès. Elle avait travaillé avec un républicain espagnol qui, après la défaite, s'était installé en Périgord. Elle parlait également l'anglais avec une apparente facilité, malgré la pauvreté de son vocabulaire.

Les jours où, rentrant tard, je décidais de ne pas regagner Paris, je disposais d'une chambre aménagée sous les combles. Christine avait la sienne à quelques mètres de là.

Une nuit d'été, je m'étais endormi la fenêtre ouverte. J'avais respiré à pleins poumons cet air si pur. Je pris le large grâce à un sommeil bien mérité. Je fus réveillé par la sensation d'un corps qui se glissait dans mon lit, contre moi. Christine avait franchi le pas...

*
**

J'avais retrouvé le Quai d'Orsay après l'élection de mai 1988 et, bientôt, le rythme des affaires internationales s'imposa à moi et absorba une grande partie de mon temps, laissant à la Dordogne une portion congrue : un week-end sur trois en moyenne. J'y retrouvais Christine. Nous traversions Sarlat, jetions un coup d'œil aux fenêtres à meneaux de la maison de La Boétie, ce bijou de la

Renaissance italienne. Bien évidemment, les citations pleuvaient : « Une tête bien faite vaut mieux qu'une tête bien pleine », etc. Nous parcourions les ruelles, les venelles, faisions halte devant le Présidial construit sous Henri II, à la fin du XVIe siècle, et qui avait servi pendant plus de cent ans de palais de justice. Le Présidial était doté d'une prison souterraine que je visitai à plusieurs reprises pour me persuader que tout n'était pas rose sous l'Ancien Régime. Je profitais de ces balades pour serrer quelques mains, bavarder avec les maires et les notables croisés dans la rue principale, dénommée « La Traverse » parce qu'elle coupe la cité en deux parties égales, comme les deux parties d'un fruit bien rond.

Je visitais les chefs-lieux de canton, les communes les unes après les autres, j'assistais aux foires, aux marchés, ces marchés qui affichent mille couleurs et, autant que je le pouvais, je regagnais mon antre de Saint-Chaubrand. J'accomplissais les gestes et provoquais les rencontres que tout élu se doit de faire s'il veut conserver la confiance des électeurs. Christine m'accompagnait parfois dans ces tournées « officielles », mais j'étais le plus souvent seul. Elle devait tenir compte de l'existence de son mari, néanmoins je sentais bien que les choses, entre eux, n'allaient plus comme avant. Après son divorce d'avec mon adversaire – Jean-Jacques de Peretti –, Christine avait épousé M. Joncour, que j'avais également rencontré et dont elle avait eu un autre fils.

M. Joncour travaillait dans l'industrie. C'est lui qui connaissait Loïk Le Floch-Prigent, lequel allait devenir le président d'Elf-Aquitaine.

Christine regagna bientôt la capitale où elle habita quelque temps encore avec lui, disposant toujours de son automobile personnelle, une Porsche, qu'elle remplaça ensuite par une voiture du même type. Elle ne quitta le confortable appartement que le couple occupait dans le XIVe arrondissement que plus tard.

*
**

Durant ses deux mariages, Christine Deviers avait créé deux sociétés de communication. Elle m'annonça un jour qu'Alfred Sirven, bras droit de Loïk Le Floch-Prigent, dont elle avait fait la connaissance, lui avait procuré un contrat de collaboration, en tant que chargée des relations publiques chez Elf, assorti d'un appartement dans un immeuble de la rue Robert-Estienne dont il occupait un autre étage. Elle était devenue libre, indépendante, plus joyeuse et manifestait son intérêt pour tout ce que la société lui proposait et que la vie lui promettait. Elle affichait de faire un travail intéressant et donnait à penser que sa situation matérielle s'était améliorée. Cela s'est traduit par un changement dans ses habitudes. Elle quitta l'appartement de la rue Robert-Estienne pour un appartement plus grand au 19, rue de Lille.

Elle s'efforçait également de prouver son désir de suivre mes choix, de s'adapter à mes goûts. M'étais-je remis au russe ? Elle entreprenait aussitôt de se lancer dans l'étude de l'alphabet cyrillique. Mon penchant pour l'opéra, qui ne datait pas de l'époque de notre rencontre, la conduisit à prendre des cours de chant. Elle s'exerça de la même façon au piano. Elle n'avait essayé jusque-là que l'accordéon ! Christine me donnait le sentiment qu'elle cherchait à me plaire, par tous les moyens, à me séduire, accompagnant ce souci de déclarations à mi-chemin entre la plaisanterie et le sérieux.

– Comment voulez-vous que je sois ce soir ? Femme du monde ? Mondaine ? Mutine ? Ou mâtine ?

Elle n'avait pas encore trouvé le titre racoleur de son futur livre...

J'ai vu s'élargir le cercle de ses amis : d'abord rue Robert-Estienne, ensuite au 19, rue de Lille. Écrivains, pianistes, artistes et chanteurs passaient par là. Elle en faisait profiter sa famille, en particulier son fils aîné qui se consacrait à la musique contemporaine, à grandes difficultés. Il composait sous le nom de Damien Veen. Sa mère et ses grands-parents lui avaient acheté et installé un matériel coûteux et sophistiqué. Mais le succès n'était pas au rendez-vous.

Le 19, rue de Lille n'était pas le salon de Madame Sabatier, mais cela pouvait en être une reproduction à l'échelle réduite. Je n'ai rencontré là ni Baudelaire, ni Théophile Gautier.

Il ne s'agissait d'ailleurs jamais de grandes réceptions. La plupart du temps, les invités se tenaient dans la cuisine, partageant un repas modeste. J'y apparaissais parfois, dans la mesure où l'activité diplomatique me laissait quelques heures de détente et de liberté.

Durant les années 1989-1990, en effet, les échéances furent lourdes, les loisirs rares. Jugez-en plutôt. Commémoration du bicentenaire de la Révolution, présidence française de la Communauté européenne, présidence des pays industrialisés (le G7) à Paris, fin de la guerre froide, début de l'unification allemande, effondrement du mur de Berlin, nombreuses et fréquentes rencontres avec Gorbatchev et Bush. À mes déplacements à l'étranger, surtout en Europe, s'ajoutaient les voyages du président de la République, que je devais accompagner selon la règle constitutionnelle.

Cependant, quel que fût l'endroit du monde où je me trouvais en début de semaine, ma présence était obligatoire à Paris le mercredi matin pour le Conseil des ministres. « Malgré vos voyages et vos obligations, je tiens à ce que vous y assistiez », avait dit François Mitterrand. Il avait ajouté : « Il faut donner l'exemple. » Je ne manquais à cet engagement qu'une fois par an, en septembre, pendant la semaine de l'assemblée générale des Nations unies qui me retenait à New York. La secrétaire d'État aux Affaires européennes, Mme Élisabeth Guigou, faisait ce jour-là l'exposé de politique internationale à ma place. Mes propres exposés me donnaient l'impression que j'intéressais mes collègues. Ils me passaient des petits mots pour me féliciter. Le président de la République, pris par quelque obligation et soucieux d'être à l'heure, me faisait, parfois, signe d'abréger.

Un jour je reçus de Lionel Jospin, ministre de l'Éducation nationale, un billet qui passa de main en main avant de m'arriver, et flatta mon ego.

Cher Rolland

Je crois ne te l'avoir jamais dit.

Mais sâches que j'apprécie vivement tes survols de la vie internationale chaque semaine au Conseil des ministres.

En outre je me sens presque toujours en communauté d'analyse ou de réaction.

Amicalement à toi,

Lionel Jospin

Le billet est daté du 20 septembre 1989[1].

1. Voir Annexes, p. 411.

*
**

À cette même époque, je commençai à ressentir les premiers signes d'une fatigue qui n'avait pas pour seule origine le surmenage dû à mes activités. Personne ne l'a su, hormis mes très proches. La première intervention sous anesthésie eut lieu en août 1989. Elle fut suivie de bien d'autres, accompagnées de longues et fatigantes séances de réanimation, consécutives à des problèmes qui me rapprochèrent du président Mitterrand, lequel partagea ces soucis avec moi, comme je partageais les siens.

Cette série d'hospitalisations m'imposa de réfléchir à mon sort. Je devais regarder la mort en face et m'interroger sur les mesures à prendre concernant mes enfants et mon épouse. En accord avec celle-ci, je décidai de réunir les fonds nécessaires à l'installation de nos enfants – deux d'entre eux venaient de se marier –, ma femme souhaitant être propriétaire de son appartement au cas où il « m'arriverait quelque chose », comme on dit. Je fis le nécessaire, ce qui éveilla plus tard les soupçons des juges d'instruction qui constatèrent (en 1997 !) l'inflation soudaine de mes comptes en banque due à des ventes et à l'utilisation d'espèces accumulées pendant près d'un demi-siècle d'activité professionnelle comme avocat. Mais les juges attribuèrent ce changement à une tout autre origine, surtout lorsque leur esprit fut orienté par la réception de lettres anonymes me concernant et sur lesquelles je reviendrai.

Après ma première opération, au cours de ma convalescence dans les Landes, Christine Deviers avait voulu me rejoindre. L'hôte charmant chez lequel je me reposais prit quelques photos. Elle en réclama « à titre de souvenir ». J'acceptai de les lui donner. Je retrouverai ces photos plus tard dans *Paris Match*. Cette publicité représentera pour moi, et pour les miens, un véritable choc. Le fameux « choc » des images, ainsi que l'annonce la publication en question. Cet épisode m'apprendra que rien ne résiste à l'argent, ni la pudeur, ni l'intimité, ni la confiance qui vient de beaux sentiments.

Je n'ai jamais habité rue Robert-Estienne, chez Christine Deviers, donc chez Elf qui la logeait. Pas plus que rue de Lille. J'y faisais des passages, parfois de quelques heures, parfois d'une nuit. La vie trépidante que je menais ne me permettait guère d'autres haltes. Et les voyages en tant que ministre des Affaires étrangères n'allaient pas se raréfier avec les années. Le seul relevé du service des avions du Glam [1] fait apparaître qu'en 1991 j'ai parcouru cinq cent vingt mille kilomètres, représentant cinq cents heures de vol, et séjourné deux cents jours à l'étranger. À cela s'ajoutaient les déplacements aériens effectués sur les avions de ligne. Il en fut ainsi jusqu'en 1993, date à laquelle j'ai quitté le Quai d'Orsay.

Mais d'autres raisons, à commencer par ma situation familiale, contribuèrent à me maintenir vis-à-vis de Christine dans cette situation d'instabilité qui, je dois l'avouer, ne me déplaisait pas. Chaque homme porte en lui, à son corps défendant, une once de cynisme plus ou moins conscient, dont l'existence lui fait adopter des comporte-

1. Groupe des liaisons aériennes ministérielles. Il s'agit des avions mis au service des membres du gouvernement.

ments différents des sentiments qu'il affiche. Les séducteurs, ou simplement les hommes qui cherchent à plaire, sont tous passés par là. Mais n'en était-il pas de même pour Christine ? N'était-ce pas le même cynisme qui la faisait jongler avec les sentiments des uns et des autres ?

J'avais bien noté chez elle quelques traits de caractère qui auraient dû m'inquiéter, ou me faire tenir sur mes gardes. Elle était changeante. Elle modifiait sans arrêt son jugement sur les gens. Untel lui apparaissait comme l'être le plus vrai, le plus authentique qui soit, le plus doué pour l'art, pour les affaires ou pour une activité quotidienne plus classique : à quelques jours de distance, la même personne pouvait devenir à ses yeux falote, sans rayonnement, sans envergure. Déclarer de quelqu'un qu'il est un grand artiste contribue à faire la gloire de celui qui le proclame. Le remettre à sa place, c'est-à-dire au rang des êtres ordinaires, ajoute aussi bien un zeste de perspicacité à celui qui l'encensait auparavant. Christine savait pratiquer cet art consommé du changement qui représentait pour chaque interlocuteur un attrait nouveau, le tout étant accompagné, quelle que soit l'opinion avancée, d'un accent de justesse et de totale sincérité.

De la même façon, elle savait escamoter les difficultés auxquelles elle se trouvait souvent confrontée, en projetant sur l'autre, soit l'interlocuteur, soit l'ami proche, la responsabilité de la situation dans laquelle elle s'était elle-même placée. Les erreurs commises n'étaient jamais les siennes. Elle en voulait particulièrement aux hommes avec lesquels elle avait vécu. Ils lui servaient de boucs émissaires, d'explication donc d'excuse. Elle passait aussi de la situation de responsable à celle de victime sans que l'on puisse trouver les mots, ou le raisonnement, qui lui feraient admettre le contraire. Elle accompagnait ses jugements de beaucoup d'innocence, ou de naïveté apparente, quelquefois de méchanceté.

Installée à Paris dans ses nouvelles fonctions, Christine entama une procédure de divorce d'avec M. Joncour, et conserva la garde de son dernier fils mineur, le fils de Jean-Jacques de Peretti vivant déjà avec elle.

D'autres hommes sont entrés dans sa vie mais deux d'entre eux, pour des raisons et à des titres différents, y jouèrent un rôle majeur, chacun dans son domaine. Alfred Sirven d'abord, bras droit de Loïk Le Floch-Prigent, le nouveau P-DG d'Elf, et Gilbert Miara, homme présentant bien, prototype du brasseur d'affaires séducteur. Avec ce dernier, Christine découvrit un autre genre d'existence. Il lui fit connaître le monde du spectacle, de l'immobilier, du business, comme on dit. Il s'était occupé quelque temps d'un restaurant à la mode sur les Champs-Élysées, fréquentait « l'Establishment », avait ses entrées dans des lieux dits « branchés » : bref une personnalité bien introduite dans le Tout-Paris.

Christine avait fait sa connaissance au cours d'un week-end en Sologne où elle s'était rendue avec des amis, sans moi. Elle m'avoua cette rencontre sur le ton de la banalité, un peu à la façon dont Célimène disait : « Peut-on les empêcher de me trouver aimable ? »

C'est avec Miara qu'elle choisit l'appartement du 19, rue de Lille, après en avoir visité plusieurs autres qui ne leur plaisaient pas. Disposant d'un commerce de meubles sur la rive gauche, Miara finança un mobilier convenable qui, sans être de grand prix, donna à cet appartement une allure bourgeoise. Il fit également profiter Christine de ses relations chez certains antiquaires pour acheter quelques tableaux d'une valeur relative, des peintures anciennes en général et aussi la célèbre tapisserie qui donna lieu à un long développement dans la procédure judiciaire.

Il l'emmena à plusieurs reprises en vacances – la plupart du temps en famille, avec sa mère, ses deux fils et quelques amis aficionados de poker et autres jeux d'argent –, au Maroc, dans l'hôtel à la mode où séjournent nombre de personnalités françaises, la Mamounia, ou bien encore en Méditerranée, sur le yacht de l'un de ses amis. Christine était flattée d'y croiser les représentants de la presse hebdomadaire. Elle ne s'étonna jamais de cette vie agréable et facile. Les juges d'instruction ne s'interrogèrent jamais sur ces séjours, pourtant avérés, préférant suivre un ragot concernant une présence (de quelques jours) en ma compagnie au Cap-Ferret, plus intéressant pour les médias, parce que le croustillant le disputait à l'imagination. N'aurais-je pas fait, à cette occasion, installer un piano dans les sables des dunes, face à l'océan, pour écouter de la musique au clair de lune, tel un empereur romain ?

Quoi qu'il en soit, ces deux hommes dans l'existence de Christine avaient en commun de n'être pas mes amis. Je les ai connus par elle, qui les présenta par ailleurs l'un à l'autre. Elle s'était prise d'admiration pour les deux. De Sirven, elle appréciait la gouaille insolente ; de Miara, l'entregent prometteur.

Pas plus Sirven que Gilbert Miara ne devinrent de mes familiers. Je n'ai reçu Alfred Sirven que dans mon bureau, à la demande de Christine. Elle les faisait travailler ensemble, je suppose. Lorsque le carnet de téléphone de Sirven fut publié par *Paris Match*, tout le monde, stupéfait, s'aperçut que mon nom n'y figurait pas.

C'est à cette époque que j'appris sa liaison avec Miara : « J'ai un homme dans ma vie. » Cet aveu me laissa indifférent. La vie – surtout la mienne – suivit son cours : les conférences internationales, la guerre, la paix, le désarmement, la fin de la guerre froide, l'Europe. Il y avait de quoi faire.

Miara était devenu le conseiller de Christine, son confident, occupant dans son existence une place privilégiée. Il était désormais son amant et vivait avec elle.

Quant à Alfred Sirven, ce fut une autre histoire !

– III –

ELF : UN ÉTAT DANS L'ÉTAT

C'est par hasard que j'ai fait la connaissance d'Elf. Fraîchement nommé ministre des Relations extérieures, j'avais effectué un voyage officiel en Norvège les 13 et 14 mai 1985. Mon but était d'intéresser ce pays du Nord, pour lequel je ressentais une sympathie toute naturelle en raison de l'ascendance normande, donc « viking », de ma mère, à notre projet européen de haute recherche technologique dénommé « Eurêka », projet essentiellement pacifique destiné à concurrencer la « Guerre des Étoiles » chère au Président Reagan, essentiellement militaire, quant à elle.

Je fus reçu avec tous les égards dus à mon rang et à ma fonction, amplifiés par un phénomène de curiosité. La presse norvégienne fut dithyrambique à mon sujet. Je trouvai le pays et les gens plutôt sympathiques. Je n'avais pas encore de raisons de penser autrement.

Le roi Olaf m'accorda audience, longuement, dans sa résidence personnelle. Le Premier ministre, M. Willoch, et mon homologue M. Svenn Stray firent en sorte que mon séjour fût des plus agréables, minimisant le seul sujet de discorde entre nos deux pays : la pêche.

Je visitai le prestigieux et historique musée Fram, du nom du navire qui permit au célèbre navigateur Nansen de démontrer le bien-fondé de ses théories sur les courants de l'océan Arctique. Le musée des bateaux vikings, lui, me fit découvrir la simplicité de ce peuple du Nord, en même temps que le courage et l'audace de mes ancêtres navigateurs venus s'installer sur les côtes de Normandie, qu'ils réussirent à atteindre en dépit de la fragilité de leurs drakkars.

Les journaux publièrent pendant mon séjour un bref communiqué : « Après sa visite à Oslo, M. Dumas et la délégation qui l'accompagne se rendront à Stavanger, pour une visite à Elf-Aquitaine-Norge. »

Mon cabinet, soucieux des intérêts de la France, avait estimé que cette visite s'imposait d'autant plus qu'Elf avait mis sur pied, en mon honneur, un colloque d'une journée où les cadres de l'entreprise devaient m'exposer la formidable organisation de ce fleuron de l'industrie française.

Je fis un discours en anglais dans cette entreprise pourtant française car j'avais été prévenu par un des dirigeants : « Si vous vous exprimez en français, personne ne vous comprendra. » Elf avait acquis en Norvège plusieurs blocs d'exploration off shore, à une époque où il était question d'inaugurer une politique de rechange avec l'Afrique dont les ressources s'épuisaient.

À l'occasion de cette visite, je fis la connaissance d'un homme jeune, plein d'humour : Thierry de Beaucé, détaché de l'administration française auprès d'Elf-Aquitaine en tant que responsable des relations internationales de la compagnie. Nous nous sommes liés d'amitié par la suite et j'ai proposé à François Mitterrand qu'il devienne mon secrétaire d'État, chargé des Affaires culturelles, en

1988. Sa nomination au gouvernement ne posa aucun problème. Elle ne fut pas retenue non plus comme un signe évident de ma complicité avec Elf. Au demeurant, à ce poste, Thierry de Beaucé apparut talentueux et imaginatif.

Pendant le séjour de 1985, et selon un usage bien établi, je reçus des cadeaux de mes hôtes. Parmi ceux-ci, je découvris un superbe livre d'art consacré au grand peintre national, adulé de ses compatriotes : Edvard Munch, sorte de Pablo Picasso qui aurait vu le jour sur les rives des fjords norvégiens. J'avais admiré son œuvre dans le musée qui porte son nom au cours de cette visite et je n'avais pas caché à mes accompagnateurs, qui connaissaient ma prédilection pour la peinture, mon engouement pour cet artiste, à mon avis l'un des plus grands de l'ère contemporaine. Une peinture difficile, mais riche en couleurs, diverse dans son inspiration.

Ce livre est toujours dans ma maison de campagne : les juges n'ont pas pensé qu'il s'agissait là d'une tentative de corruption de la part d'Elf...

Ces premières rencontres et ces découvertes successives me valurent d'être sollicité pour donner mon patronage à l'exposition de Paris intitulée : « Munch et la France ». Cette exposition connut un grand succès dans notre capitale, du 20 septembre 1991 au 21 avril 1992, avant de gagner Oslo puis Francfort. Mais là n'est pas l'originalité de cette manifestation. Elle se situe dans le fait que le catalogue portait la mention : « Exposition réalisée grâce au concours d'Elf ». La préface était signée de la société pétrolière. Mon collègue de l'époque, Stoltenberg, ministre norvégien des Affaires étrangères, et moi-même étions proclamés co-présidents du comité d'honneur.

« L'affaire Elf » commençait à poindre à l'horizon. Elle allait battre son plein à quelques mois de l'inauguration de cette exposition, mais aucun de ceux qui par la suite cherchèrent à « m'euthanasier » ne trouva à redire en me voyant en cette « compagnie ». Bien plus, les Parisiens et les Norvégiens de France étaient fiers de rappeler que Munch était né en Norvège et avait séjourné à deux reprises à Paris. Personne n'émit la moindre critique, ni sur le financement, ni sur le patronage de l'exposition.

En 1992 donc, pas plus qu'en 1985, à sept années d'intervalle, ni Elf ni la Norvège n'accaparèrent particulièrement mon attention, au milieu de mes multiples occupations. Je n'attache d'importance à ces souvenirs qu'en écrivant ces lignes, et à la lumière de tout ce qui suivit.

Dès mon retour au Quai d'Orsay, mes activités m'amenèrent à rencontrer à plusieurs reprises le président-directeur général d'Elf, polytechnicien d'origine, Michel Pecqueur, qui se trouvait en fin de mandat. Entre-temps, je m'occupais surtout de ma circonscription, de mon mandat de député qui avait été reconduit en 1986, sans me soucier du sort de la compagnie pétrolière. Ce n'est qu'en 1988 que commencèrent à circuler les noms des successeurs éventuels de Michel Pecqueur, parmi lesquels celui de Loïk Le Floch-Prigent, dont je ne savais pas grand-chose. Pendant la période de cohabitation, François Mitterrand, seul rescapé – constitutionnellement – de la défaite législative de 1986, toujours président de la République, avait effectué un voyage d'État à Moscou en 1987. Il avait invité dans sa délégation officielle M. Loïk Le

Floch-Prigent. Et j'étais du voyage. Nous avons bavardé en vol, pendant quelques minutes, sans plus.

Je fis sa connaissance plus amplement lorsque je fus convié par le couple Deviers-Joncour à dîner, le 13 juillet 1988, peu de temps après ma réélection dans la circonscription de Sarlat. M. Joncour avait été l'adjoint direct de Loïk Le Floch-Prigent, nommé en 1982 par le gouvernement de Pierre Mauroy à la tête de Rhône-Poulenc. Je n'étais pas membre de ce gouvernement[1].

Par la suite, en 1986, Loïk Le Floch-Prigent avait été la première victime de la droite de retour aux affaires. Mais François Mitterrand avait exigé du gouvernement Chirac qu'il fût mis « en réserve de la République », disons de la République de gauche, en lui confiant une mission d'étude sur la chimie française. Autant dire que Le Floch-Prigent était en position d'attente.

Ce soir-là, chez les Joncour, la conversation porta sur des généralités. Loïk Le Floch-Prigent se borna à regretter certaines décisions du nouveau gouvernement – celui de Jacques Chirac – notamment en matière de politique industrielle. Il était clair qu'il aspirait à retrouver un poste plein dans le secteur public. J'appris tout cela au cours de la soirée.

Loïk Le Floch-Prigent était venu accompagné de quelqu'un qui me fut présenté ce soir-là : Alfred Sirven. Ce dernier ne se manifesta que rarement. La cuisine périgourdine était bonne. La soirée fut courte. Il ne fut pas

1. Je n'entrerai au gouvernement qu'en décembre 1983, en qualité de ministre des Affaires européennes.

question d'Elf. J'avais à faire au ministère que je regagnai très vite.

Quelque temps après ce premier contact, je compris que cette rencontre avait été organisée pour que M. Joncour retrouve un jour un poste auprès de Loïk Le Floch-Prigent et que Mme Deviers-Joncour puisse bénéficier d'une partie du budget de communication de l'entreprise publique qui verrait arriver en son sein, pour la diriger, l'ancien P-DG de Rhône-Poulenc. Cette perspective était tout à fait envisageable, tant il était évident que M. Le Floch-Prigent jouissait de la confiance du chef de l'État. Quant à Christine Deviers-Joncour, cette éventualité ne pouvait que redorer le blason de sa « petite boîte de communication », qui vivotait avec de rares clients et des budgets de publicité peu élevés.

Les choses en restèrent là. Ma liaison avec Christine Deviers-Joncour perdurait. Elle continuait de vivre au domicile conjugal, mais tout allait changer à partir d'avril 1989. Sous la signature d'Éric Le Boucher, *Le Monde* annonçait alors le changement prochain de « quatre-vingts patrons » d'entreprises nationalisées ou appartenant au secteur public. Figuraient sur cette liste, entre autres, les noms de Michel Pecqueur, P-DG d'Elf en fin de mandat qui, en raison de son état de santé, ne pouvait aspirer à un renouvellement, et celui d'Alain Gomez, déjà président de Thomson qui, lui, se battait pour être maintenu là où il était.

Le journaliste faisait un pronostic pour chaque poste et ajoutait : « ... en dernier ressort, la décision dépendra de

François Mitterrand lui-même, dont il est difficile de connaître les pensées à l'avance... »

Le Sphinx restait fidèle à son image !

Et M. Le Boucher d'ajouter : « En tout cas, pour autant que nous le sachions, à ce jour, la liste des évincés se résume à Michel Pecqueur, d'Elf-Aquitaine, remplacé par Loïk Le Floch-Prigent, ancien patron socialiste de Rhône-Poulenc, débarqué sans gants par Jacques Chirac en 1986. Pour le reste, il semble bien qu'Alain Gomez ne soit en fait guère menacé... »

Il était clair à cette date que, dans l'esprit du *Monde*, les jeux étaient faits pour Loïk Le Floch-Prigent. Ce que la suite devait confirmer.

Un mois et demi plus tard, le même journal annonçait les décisions du Conseil des ministres qui mettaient fin à l'inquiétude des intéressés. Loïk Le Floch-Prigent devenait président d'Elf sur la « proposition du ministre de l'Industrie et de l'aménagement du territoire », disait le quotidien, ne faisant ainsi que reproduire les termes du *Journal Officiel* et le compte rendu du Conseil des ministres qui s'était tenu le 28 juin 1989. Le Floch-Prigent avait donc été proposé à ce poste par Michel Rocard et par le ministre compétent : celui de l'Industrie. Tout s'était passé dans les règles, comme le confirmait le journal du soir.

Aucun des quarante ministres présents à la délibération du conseil concernant cette nomination n'avait élevé la moindre remarque ni fait la moindre réserve. Cela arrivait rarement d'ailleurs, mais pouvait se produire. J'ai moi-même eu à m'en plaindre à propos de l'affectation d'un ambassadeur dont le nom fut retiré de l'ordre du jour en plein Conseil des ministres suite à une objection.

Je ne suis intervenu à aucun moment dans ce choix, ni

directement ni indirectement, pas plus qu'au moment de la décision finale. Je n'avais d'ailleurs aucune compétence pour me mêler de cela, connaissant mal le monde des ingénieurs, des commerciaux et des financiers. À la rigueur aurais-je pu être consulté sur la nomination des hauts magistrats, en raison de ma connaissance du milieu judiciaire due à une pratique d'un demi-siècle. S'il m'avait été demandé, par exemple, quelles qualités devait posséder un procureur de la République à Paris, j'aurais certainement avancé celles du courage, de l'honnêteté et de la rigueur, mais en ce cas précis... De toute façon, nous avons appris au cours du procès public concernant l'affaire Elf que les jeux étaient faits un an avant la délibération du Conseil des ministres. Loïk Le Floch-Prigent a en effet révélé au tribunal que François Mitterrand l'avait appelé à cette époque pour lui dire de se tenir prêt à prendre la direction d'Elf. Je n'étais pour rien dans ce choix. Le tribunal correctionnel dut en convenir. Le procureur en fut marri. Tout le travail des juges d'instruction avait consisté à démontrer que j'avais fait nommer à ce poste Loïk Le Floch pour en tirer des avantages matériels.

*
**

À compter du 28 juin 1989, donc, Loïk Le Floch-Prigent héritait d'un empire. Il aurait pu dire comme Charles Quint en son temps, « le soleil ne se couche jamais sur mes terres », tant l'empire en question est présent sur tous les continents, sur terre comme sur mer, de la Norvège à l'Afrique noire, de l'Amérique centrale au Proche et au Moyen-Orient, de l'Extrême-Orient à l'Europe. Elf-Aquitaine demeure en effet le fleuron de notre industrie avec ses multiples filiales, ses bilans prestigieux, ses cadres, ses ingénieurs, ses commerciaux, tout ce personnel qui dépasse cent mille âmes, avec sa capacité de concurrencer les plus grandes sociétés anglo-saxonnes. Philippe Jaffré, successeur de Loïk Le Floch-Prigent, présentant en 1999 les résultats de la société pour 1998, déclarait qu'en dépit de la baisse du prix du pétrole, le groupe avait manifesté sa bonne santé : « Le résultat net de 1998 sera compris entre sept et huit milliards de francs, en baisse de 21 à 23 % par rapport à 1997. » (sic !)

Dans la même communication, Philippe Jaffré a annoncé que grâce au rapprochement avec Total, son groupe allait devenir le quatrième « pétrolier mondial » et le cinquième « chimiste mondial », avec une croissance de son résultat de 30 % par an jusqu'en 2003 ! Ces résultats mériteront d'être revus à la hausse.

Il existe une autre façon d'aborder ces données chiffrées qui en dit long sur le patrimoine national que représente Elf-Aquitaine. En février 1994, la valeur de l'entreprise – encore dans le secteur public – était de l'ordre de cent sept milliards de francs. Elle passa à trois cent trente-huit milliards en septembre 1999 ! Elle avait triplé de valeur en cinq années. Personne ne pouvait dire mieux et plus ! Une telle performance et une aussi grande richesse inspirent le respect et justifient bien des égards !

M. Jaffré, pour sa part, indiquait en 1999 que le montant des détournements commis au préjudice d'Elf, entre 1989 et 1993, s'élevait à un milliard et demi de francs. La somme déjà rondelette s'est accrue depuis cette première déclaration et de plus récentes découvertes.

Au cours de cette même conférence de presse, le nouveau P-DG d'Elf me mettait totalement hors de cause.

Elf a toujours constitué un État dans l'État et ceci depuis sa création, c'est-à-dire depuis le général de Gaulle. Cela explique que l'on trouve dans son sillage bien des bénéficiaires d'avantages divers, mais aussi une foule glauque de courtisans, de barbouzes en tout genre, de transfuges des services secrets, de l'administration judiciaire ou policière en retraite ou sur le point de l'être mais restant acoquinés avec « les collègues » qui eux conservent leurs privilèges, leurs fiches, leur clavier d'ordinateur et en font profiter ceux qui ont franchi les portes du domaine privé. Un monde qui compte aussi dans ses rangs des fabricants de lettres anonymes, et des monteurs de « coups » dont on ne découvre jamais les mécanismes pas plus que les vrais auteurs qui vendent, sous-traitent, leurs compétences.

Chose curieuse, c'est quelquefois le couple – mari et femme – qui s'organise pour avoir un pied dans le public et l'autre dans le privé. Un microcosme peu reluisant et souvent multicarte, entendez par là qui se met au service de plusieurs grandes compagnies occupant, chez les uns et chez les autres, les mêmes emplois.

On annonce régulièrement l'adoption d'une loi qui mettra fin à ces mauvaises pratiques et interdira le passage du service public de la police ou de la justice au « privé ». Mais aucun gouvernement – fût-il de droite ou de gauche – n'a eu le courage de nettoyer les écuries d'Augias, et ce n'est pas la lettre que m'a adressée en son temps le ministre de l'Intérieur démissionnaire, Jean-Pierre Chevènement, confirmant ses bonnes intentions à ce sujet, qui suffit à me rendre optimiste, car j'ai découvert au travers de mes épreuves la capacité de « nuisance » et de « résistance » de cette armée de l'ombre, peu courageuse, qui n'agit que dans la nuit, fracturant des coffres, ouvrant les bureaux les plus protégés pour y soustraire les dossiers compromettants, et se mettant en quatre pour nuire à telle personnalité prise en grippe pour des raisons la plupart du temps inavouables.

Pour ma part, en tant que ministre des Affaires étrangères, je m'en suis tenu à la partie saine de « l'iceberg Elf », celle qui était visible, officielle, agissant en pleine lumière, comme je l'ai fait avec les autres grandes sociétés qui défendent dans le monde les intérêts économiques français et qui avaient besoin de l'appui de mes services. Rien de particulier par rapport aux autres secteurs économiques n'a été fait pour Elf, si ce n'est des procédures sortant de l'ordinaire en raison des circonstances et des enjeux.

Quant à mes voyages officiels sur tous les points chauds du globe – la Chine, l'URSS, le Proche-Orient, l'Extrême-Orient, l'Amérique latine, et j'en passe –, la liste serait longue de toutes celles et tous ceux qui y furent mes invités, les uns parce qu'ils souhaitaient profiter d'un déplacement officiel pour faire avancer leurs affaires, d'autres parce qu'ils souhaitaient être vus en compagnie d'un ministre influent de la République. Tous ces dirigeants n'ont jamais eu à se plaindre de mon hospitalité. Loïk Le Floch-Prigent en fut quelques fois. En revanche, il ne participa pas au voyage en Chine de la fin avril 1991 qui eut tant d'importance pour l'affaire des « frégates » alors que seize de ses confrères, P-DG ou directeurs titrés représentant la fine fleur de notre industrie, de la banque et du commerce international en étaient.

La liste des journalistes appartenant aux médias de radio, de télévision, d'agences de presse ou de presse écrite, invités à ce voyage, était aussi copieuse. On n'avait pas lésiné sur la couverture médiatique concernant ce périple dont les étapes nous conduisirent, après la Chine, au Koweït et en Iran. Trente-cinq membres éminents de cette corporation étaient là. *Le Monde*, en la personne de Jacques Amalric, n'avait pas été oublié. À l'époque, je n'avais pas de raison de mettre de côté ce journal.

À ma conférence de presse tenue le 1er mai au *China World Hotel*, à Pékin, tous ces représentants et ceux de la presse étrangère se disputèrent pour me poser des questions, comme à chacun des mes voyages. Les hommes d'affaires y assistèrent en partie.

L'hôtel était somptueux, riche, un peu à l'occidentale, doté en sous-sol d'un marché *Duty free* immense. Il contrastait avec l'hôtel ancien, triste, tout en boiseries intérieures de couleur marron où j'avais séjourné, dans la même ville, avec Pierre Mendès France en 1958 lors de mon premier voyage en Chine [1]. Le rapprochement des dates et des lieux me ramenait loin dans le temps et me fit prendre conscience du changement intervenu pendant cette période de quarante années.

Loïk Le Floch-Prigent n'était donc pas du voyage. Il fut en revanche de celui qui eut lieu quelques jours plus tard, organisé par l'Élysée et le président de la République les 12 et 14 juin 1991 en direction de Prague, la belle et voluptueuse capitale de la Tchécoslovaquie où devait être

1. Voir *J'ai vu vivre la Chine*, du même auteur, éditions Fayard, 1960.

lancé le projet de Confédération européenne cher à François Mitterrand.

*
**

Il m'arrivait assez souvent de répondre, à Paris même, aux invitations des grands décideurs économiques dont le dessein était de faire coïncider l'action diplomatique de la France et les activités de leurs entreprises. Je me souviens d'une rencontre utile qui eut lieu le 11 mars 1991 chez mon camarade de guerre Jean de Lipkowski, ancien ministre du général de Gaulle, nommé député en mission par le gouvernement de la République, rencontre au cours de laquelle cinq des dirigeants les plus influents de l'industrie lourde française me firent part de leurs problèmes.

Je n'ai jamais refusé l'accès de mon bureau à celles ou ceux qui, dans ce monde rude des affaires internationales, sollicitaient mon avis ou mon appui. Il en fut d'Elf comme des autres entreprises et j'imagine que mes prédécesseurs avaient agi de cette façon et que mes successeurs font de même.

Je traitais chacun de la même manière, mais les dirigeants d'Elf ont pu peut-être penser que j'étais plus accessible pour eux que pour d'autres car ils avaient trouvé dans la personne de Christine Deviers-Joncour un intermédiaire qui me parlait directement.

Après la nomination de Loïk Le Floch-Prigent, Christine n'avait pas obtenu satisfaction pour son budget de communication, et son mari avait vu renvoyer à des jours meilleurs son intégration dans l'organigramme de Sanofi, filiale d'Elf. Tout le monde en concevait un certain dépit, quand survint M. Sirven. Ce dernier appela Christine

Deviers-Joncour un matin du début de l'année 1990, lui proposant de travailler aux relations publiques du groupe.

Elle me fit part de ce projet. Je l'encourageai à accepter. C'était un emploi après tout honorable, utile. Je n'ai rien su des détails de cette embauche, quant au contrat, au salaire, aux avantages divers qui l'accompagnaient. Une Carte bleue ? Sans doute. Mais peut-on imaginer que je sollicitais des détails ? Évidemment non !

Une fois entrée à Elf, Christine Deviers-Joncour ne tarda pas à se manifester. Le groupe disposait de services importants, de spécialistes des relations internationales, de directeurs qui travaillaient avec les ambassades et les directions du ministère en fonction des pays où des problèmes pouvaient se poser. Certains fonctionnaires étaient même détachés auprès de la société. Mais tous ceux qui connaissent le fonctionnement de l'État, les relations avec les services publics, savent qu'il est préférable quelquefois de s'adresser plutôt au Bon Dieu qu'à ses saints, surtout quand il s'agit de situations délicates ou difficiles. Un coup de pouce du ministre lui-même pouvait être souhaitable, pour Elf comme pour d'autres.

Le processus des interventions était toujours le même. Mandatée par Elf, Christine Deviers-Joncour faisait déposer, quand elle ne les apportait pas elle-même, des notes accompagnées de quelques commentaires sur les sujets qui touchaient à la politique pétrolière de la France dont je veux aujourd'hui révéler quelques dessous, tenants et aboutissants, dussé-je lever les secrets divers qui l'ont jusqu'ici protégée, dès lors qu'ont été mis en doute la réalité de mes interventions et le détachement dont je fis preuve en toutes ces occasions.

Fallait-il ignorer ces précisions, y compris celles que

m'apporta Alfred Sirven qui plus tard allait sentir le soufre, alors qu'il était reçu dans le Tout-Paris à l'époque ? Je n'ai pas à rougir des visites de ce dernier, d'autant que ses passages se faisaient discrets et que j'avais affaire à son patron plus souvent qu'à lui, ou bien encore à Christine Deviers-Joncour que je n'avais pas de raison d'évincer des contacts qu'elle avait avec moi pour les besoins de sa société, entre autres. Ajoutons qu'assez souvent aussi, la démarche empruntait le canal d'un de mes collaborateurs ou de mes fonctionnaires, l'essentiel étant de parvenir jusqu'à moi.

La suite des événements a prouvé que j'aurais eu tort de ne pas écouter ce que chacun avait à me dire. Le service de l'État comporte des obligations et bien malin celui qui pourrait prétendre qu'il eût fallu agir autrement ! La Libye apparaissait-elle dans le panorama ? J'ouvrais les oreilles, prêt à agir. Avec l'Irak le problème était de taille, la difficulté immense, délicate en tout cas en raison de la situation internationale et surtout de l'agression inqualifiable dont ce pays s'était rendu coupable à l'égard du Koweït. La France appliquait scrupuleusement la résolution des Nations unies qui avait décrété un embargo total des relations avec Bagdad : pas d'achats de pétrole, pas d'échanges commerciaux, pas de visites au niveau ministériel et politique, d'autant que nous avions rappelé nos ambassadeurs. Loïk Le Floch-Prigent vint me trouver, à des dates qui figurent dans mes agendas, pour me confier, sous le sceau du secret, ce que je savais par ailleurs du comportement des sociétés américaines. Ce ne fut pas pour moi une surprise.

Les États-Unis d'Amérique, tout en respectant la forme des décisions prises par les Nations unies, fermaient les yeux sur les approches, les démarches de plusieurs compagnies américaines qui avaient ouvert des bureaux en Jordanie – pays voisin de l'Irak –, pour nouer des contacts avec les dirigeants de Bagdad en vue de la reprise des « affaires », du renouveau des relations avec ce pays, afin d'hériter d'une place privilégiée sur le marché du pétrole irakien.

Au cours d'un entretien, fin 1991, Loïk Le Floch-Prigent me demanda l'autorisation d'envoyer des émissaires en Irak pour préparer lui aussi l'avenir. Il tenait à ne pas être battu sur le fil par les Américains.

Je ne pouvais acquiescer à cette demande dans les formes où elle m'était présentée, c'est-à-dire comme une demande d'autorisation « officielle ». J'avais tout de même fait voter le blocus des relations avec l'Irak, vu l'agression perpétrée par ce pays à l'égard du Koweït. Il m'était difficile de me dédire. Néanmoins, il était clair aussi que la France n'avait pas intérêt à voir ses affaires économiques mises à mal par les pratiques américaines et perdre ainsi toute place sur le marché du pétrole en Irak. Face à des rivaux, fussent-ils pacifiques, il faut utiliser leurs armes.

Après m'en être entretenu avec le président de la République et m'être mis d'accord avec lui, j'autorisai donc l'envoi d'une mission secrète. Mais j'ajoutai : « Si l'affaire est éventée, je démentirai avoir donné mon accord, et je désavouerai cette mission. » Et pour être mieux compris, je rédigeai devant Loïk Le Floch-Prigent le communiqué qui existe toujours dans les dossiers du Quai d'Orsay et qui a de ce fait date certaine : le 3 mars 1992. Ce communiqué aurait été publié si la chose avait été découverte.

Heureusement, nous n'avons pas eu à nous en servir ! Mais c'est en effet le 3 mars 1992 que, après mûre réflexion avec le chef de l'État, je donnai le feu vert pour cette mission irakienne à l'émissaire « couleur de muraille » de Loïk Le Floch-Prigent.

La même politique d'anticipation prévalait dans l'esprit des dirigeants d'Elf, en particulier chez Loïk Le Floch-Prigent, à l'égard de l'Iran. Chacun savait en France et dans le monde que notre pays avait changé d'attitude, se rapprochant de ce grand pays depuis mon retour au Quai d'Orsay. Ce changement avait été mûrement réfléchi de ma part et j'en avais exposé les raisons à plusieurs reprises. Raisons stratégiques, vu la position de ce pays dans les conflits du Proche-Orient, et raisons économiques, nos intérêts ayant été très « négligés » là-bas depuis l'attitude hostile des gouvernements précédents.

Les Anglo-Saxons, qui conduisaient à l'inverse une politique d'ostracisme et de boycott à l'égard du régime des mollahs, désapprouvèrent cette orientation. Cela me valut bien des intrigues de coulisses.

C'est dans ce contexte qu'au mois de mars 1990, Loïk Le Floch-Prigent m'avait demandé audience pour me parler de la situation d'Elf en Iran et des perspectives qui pouvaient s'ouvrir à sa société lorsque les choses reprendraient un cours plus normal.

Téhéran était alors au ban de la société internationale. D'aucuns considéraient ce pays comme un État terroriste, donc peu fréquentable. Les États-Unis d'Amérique en rajoutaient et jetaient de l'huile sur le feu. Nous avions pour notre part de sérieux contentieux et même un différend financier avec l'Iran. Aussi longtemps que ces différends ne seraient pas réglés, j'estimais qu'il fallait agir avec prudence.

Loïk Le Floch-Prigent me fit part de son désir de placer des jalons dans l'ancienne Perse, afin qu'Elf soit parmi les premiers sur le terrain le jour où tout redeviendrait comme autrefois. Je l'écoutai. Je m'en suis ouvert au président de la République en appuyant l'idée, en soutenant ce projet dont je mesurais cependant le risque. François Mitterrand, qui avait défendu ma politique de rapprochement avec l'Iran, me laissa carte blanche sur ce point précis, sans trop s'engager lui-même. Si une catastrophe devait se produire, elle serait pour moi. Cela était clair.

Ce désir d'Iran de la part d'Elf coïncidait tout à fait avec ma politique. Je voyais d'un bon œil l'idée que la France ne soit pas exclue d'un retour en force de l'Occident dans l'ancien empire du shah devenu la République islamique d'Iran. Je continuais de dire ce que je pensais du régime mais aussi ce que j'en attendais. Les excès de la religion sur place, l'existence des tribunaux islamiques ne me paraissaient pas suffisants pour condamner la France à rester derrière la porte si, comme je le pensais, l'Iran en venait un jour à présenter un autre visage.

Bousculant les usages diplomatiques, j'organisai donc dans mon bureau une rencontre entre Loïk Le Floch-Prigent et le Dr Velayati, ministre des Affaires étrangères d'Iran, devenu mon ami. L'entretien eut lieu pendant une bonne heure, à l'abri des oreilles indiscrètes.

La manœuvre de rapprochement ainsi esquissée, les réflexions qui devaient précéder toutes décisions, les préparatifs de l'entrevue avec mon homologue iranien durèrent du 14 mars 1990 au mois d'octobre 1990. Tout ce dispositif donna lieu à des visites répétées de Loïk Le Floch-Prigent et de ses « bras droits ». Puis le Dr Velayati me suggéra l'envoi d'un émissaire spécial et de haut rang de la société Elf en Iran.

Le 23 octobre 1990, Sirven faisait connaître à mon secrétariat le nom de cet envoyé spécial d'Elf. Il s'agissait de M. Halfon, que je n'ai jamais rencontré. Je ne tenais d'ailleurs pas à le faire, limitant mon action à ce qui était mon domaine, la diplomatie. Pour des raisons de sécurité, je ne souhaitais pas non plus élargir le cercle de ceux qui étaient au courant de ce voyage à haut risque. Je transmis la nouvelle à Téhéran. Le voyage eut lieu. La suite ne m'appartenait plus.

Mais Elf était désormais en mesure d'attendre des jours meilleurs et d'en escompter un bénéfice.

Avais-je eu tort ? Ai-je eu raison ? La suite a prouvé que si la démarche était audacieuse, elle méritait d'être tentée dans le secret et le respect des engagements pris. Serait-il inconvenant d'écrire aujourd'hui qu'il en allait – et qu'il en va toujours – de la politique pétrolière de notre pays comme il en allait de la politique de la France dont le général de Gaulle avait dit, avec justesse, qu'elle ne se faisait pas « à la corbeille » ? Serait-il exagéré d'ajouter, aujourd'hui, qu'elle peut aussi difficilement se faire, ou s'apprécier, dans les antichambres des cabinets d'instruction... même avec quelques années de recul ?

À défaut d'y être faite, du moins pourrait-on imaginer qu'elle y soit comprise ! Encore faudrait-il se donner la peine d'y réfléchir...

Peut-on ignorer qu'une politique aussi délicate, souvent risquée, eût été possible, dans sa conception et sa mise en œuvre, sans que l'arbitre suprême de la chose publique

– je veux parler du président de la République – ne fût au courant ? Sans qu'il l'ait approuvée, quelle que soit la région du monde, qu'il s'agisse du Proche ou du Moyen-Orient, de l'Afrique, bref de toutes ces régions où chaque pas fait, chaque décision prise, chaque pion avancé dans ces domaines sensibles a des effets sur les relations d'État à État ?

Ces quelques idées simples et fortes, que seuls les sots ne paraissent pas comprendre, ni admettre, trouvèrent une application et une illustration éclatante avec l'Arabie Saoudite.

Dès son arrivée à l'Élysée, en 1981, François Mitterrand avait considéré que le royaume d'Arabie Saoudite serait un jour un partenaire privilégié pour la France, alors que ce pays avait plutôt orienté sa politique en direction des États-Unis d'Amérique. Les événements de la fin du siècle lui donnèrent raison.

François Mitterrand a toujours pensé par ailleurs qu'Elf-Aquitaine devait être le « fer de lance » de notre politique pétrolière, dans cette région particulièrement. Les présidents de la République qui l'avaient précédé n'avaient pas agi différemment.

Le jeudi 2 août 1990, l'Irak a envahi le Koweït. L'émir du Koweït a fui son pays et s'est réfugié en Arabie Saoudite où la peur gagnait chaque jour du terrain, les Saoudiens craignant pour leur sécurité devant la menace grandissante d'invasion par l'Irak. La famille royale songeait à s'exiler. En Occident, nous avons cru sérieusement au risque de guerre mondiale.

Le conflit était devenu inévitable dans le Golfe. J'en

étais persuadé depuis le premier jour. Jean-Pierre Chevènement, ministre de la Défense nationale, n'était pas de cet avis mais il était surtout soucieux de ménager l'Irak, pour des raisons que l'Histoire éclaircira peut-être un jour.

Ministre des Affaires étrangères, je considérais qu'il fallait intervenir. Le ministre de la Défense pensait le contraire. Nous nous trouvions à front renversé. Le président de la République arbitra en ma faveur. La France est intervenue, elle s'est montrée solidaire de ses alliés, a participé aux opérations militaires. Celles-ci prirent fin le 28 février 1991. La guerre du Golfe a duré quarante-deux jours. La France s'y est montrée active, très présente sur le terrain. Cela n'a pas été sans conséquences sur nos relations avec une partie du monde arabe divisé sur l'opportunité de ce conflit...

C'est alors que l'Arabie Saoudite voulut manifester sa reconnaissance envers la France. J'avais reçu dès décembre 1990 – en pleine crise – le ministre du pétrole de ce pays, le cheikh Hisham Nazer. Le président de la République le reçut également. Le ministre était porteur de propositions, nouvelles et inattendues pour nous. L'Arabie nous offrait de participer à l'extraction de son pétrole. Elle demandait en contrepartie la possibilité d'entrer dans les circuits commerciaux de Total, qu'elle estimait mieux placé qu'Elf. Elle nous offrait en quelque sorte une garantie d'approvisionnement contre une garantie d'écoulement. C'était une révolution, au sens fort du mot, dans les relations avec ce pays.

Or le 12 décembre 1990 – donc à la même date – une note *secrète* de la Direction des hydrocarbures du ministère de l'Industrie, relayée par mon cabinet, m'indiquait : « La présidence de la République aurait fait savoir à M. Le

Floch-Prigent que c'était à Elf de jouer un rôle "d'avant-garde" dans cette affaire. » Cette décision régalienne allait se confirmer rapidement.

Au début de l'année 1991 le prince Saoud, mon collègue ministre des Affaires étrangères de l'Arabie Saoudite, proche parent du roi, vint à Paris. Il me confirma la volonté du royaume saoudien de trouver un compromis sur la politique de coopération avec la France dans le sens indiqué précédemment.

Puis vint l'offre officielle. Par une lettre personnelle – restée secrète à ce jour – adressée à François Mitterrand et datée du 24 septembre 1991 [1], le souverain saoudien demandait au président de la République de désigner « l'institution ou l'organisme » qui serait chargé de cette tâche. J'ai assisté dans le bureau du président à cet entretien au cours duquel cette lettre lui fut remise officiellement.

Sans hésiter une seconde, François Mitterrand désigna devant moi la société Elf comme devant remplir cette mission, me chargeant d'en suivre l'exécution et la réalisation.

Et le 23 octobre 1991 [2], François Mitterrand répondait personnellement au roi d'Arabie Saoudite. Le style employé traduit bien la solennité de la relation. Le président de la République s'adressait « à Sa Majesté le Gardien des Lieux Saints Fahd Bin Abdulaziz Al Saud, roi du royaume d'Arabie saoudite ». Et François Mitterrand écrivait : « J'ai donc prié le président de la société nationale

1. Voir Annexes, p. 373.
2. Voir Annexes, p. 376.

Elf-Aquitaine de prendre contact avec le ministre du Pétrole et des ressources minérales du royaume d'Arabie Saoudite afin de poursuivre avec lui les négociations dans le respect des politiques pétrolières menées par chacun de nos deux pays. »

Le président de la République avait tranché. Ce serait Elf. Il avait écarté Total pourtant sur les rangs depuis plusieurs mois et qui avait non sans talent avancé sa négociation par ses propres moyens [1].

Le lendemain de l'envoi de cette mission, le chef de l'État me faisait transmettre par Anne Lauvergeon, secrétaire générale de la présidence de la République, l'échange de correspondance ainsi intervenu avec le roi, me confiant le soin de mener à bien cette délicate et difficile opération.

Je m'y employai de mon mieux. Notre pays entrait par la grande porte dans le pays le plus riche du monde en pétrole, et le premier exportateur de la planète. C'était pour la France une aubaine. J'ignorais la masse de difficultés qui m'attendait.

Car Total n'avait pas dit son dernier mot, ni tout à fait renoncé à ses avantages, en dépit de l'arbitrage présidentiel. Je dus inviter son président à me rendre visite pour lui faire comprendre que cette concurrence entre deux entreprises françaises n'était pas de mise. Bien qu'il fût le candidat du ministre du Pétrole saoudien – je lui fis comprendre que je le savais –, le président de Total s'inclina au nom de l'intérêt national, avec un certain panache, je dois dire.

Les Américains, via Aramco, la grande société d'exploi-

1. Les documents existent aux Archives du Quai d'Orsay.

tation pétrolière américano-saoudienne, n'avaient pas désarmé non plus. Je dus multiplier les efforts pour éviter que leurs affidés sur place ne fassent revenir les autorités saoudiennes sur leur décision. « N'oubliez pas que le roi c'est le roi, mais moi je suis le ministre du Pétrole », avait l'habitude de dire le cheikh Nazer.

Finalement Elf se vit attribuer une concession. Par une ruse inattendue, le choix s'était porté sur une zone située à la limite du Sud-Yémen, donc dans une région objet d'un contentieux tumultueux entre ce pays et l'immense royaume d'Arabie Saoudite. Les complications n'étaient pas simplement régionales, elles devenaient internationales et la France s'y trouvait mêlée malgré elle. Je dus convoquer à plusieurs reprises Loïk Le Floch-Prigent pour le stimuler, le convertir, lui montrer que les problèmes n'étaient pas insolubles. Pendant la seule année 1992, au milieu des voyages, des difficultés et des événements qui m'accaparaient – ce fut l'année du référendum sur Maastricht entre autres – je reçus Loïk Le Floch-Prigent une bonne dizaine de fois, toujours en tête à tête. Cette fréquence intriguera par la suite les enquêteurs de la brigade financière, dont la compréhension des choses semble se limiter à leur petit monde... Quoi de plus normal cependant que d'avoir des réunions de travail avec le principal responsable de la société française directement concernée par des accords d'État ? Au demeurant, tout cela restait secret et n'avait pas à être porté sur la place publique : quoi de plus compréhensible ?

Personne ne trouvait d'ailleurs à redire à mon action, à l'époque. Pendant les années 1990, 1991 et 1992, Elf me sollicita, tout comme le firent d'autres entreprises françaises en mal de soutien diplomatique. Mais l'essentiel de mon activité demeurait, précisément, mon *action* diplomatique dans le monde.

Bien que cela ne soit pas un critère essentiel, ni une référence absolue, mes déplacements témoignent de cette présence sur tous les fronts.

Je considérai comme une obligation normale de remettre mes plans de voyage au chef de l'État qui avait en main la responsabilité de la politique étrangère. Ces plans me revenaient régulièrement après approbation avec cependant, de temps en temps, un rappel à l'ordre – ou un appel – formulé de la façon suivante : « Attention à ne pas être trop absent de Paris ». Recommandation vaine, sauf que – comme je l'ai déjà précisé – je m'astreignais, en dépit de la fatigue, à assister à tous les conseils des ministres, le mercredi matin, à l'Élysée. Il m'est arrivé souvent de regagner la capitale tard dans la nuit, vers 3 ou 4 heures du matin après un long déplacement à l'étranger, de prendre une douche puis un café tout en signant le courrier en attente, et de me retrouver le premier des ministres à l'entrée de la salle des Maréchaux où se tient le conseil.

*
**

Je quittai le gouvernement en mars 1993 après l'échec électoral de la gauche en même temps que ceux qui, avec moi, constituaient le gouvernement de Pierre Bérégovoy. Je décrirai plus loin ce que fut ce dernier Conseil des ministres où la tristesse se lisait sur tous les visages. L'ordre du jour n'intéressait personne, pas davantage mon exposé sur la situation internationale. Il m'était difficile, dans cette atmosphère d'après Waterloo, de capter l'attention avec la ratification du « traité d'entente, d'amitié, et de coopération entre la République française et la République de Lituanie », pas plus qu'avec l'exposé sur les motifs du décret fixant « les modalités de calcul des émoluments des personnels et des établissement publics de l'État à caractère administratif en service à l'étranger ». C'était pourtant une mesure sociale à laquelle je tenais beaucoup. Mais l'intérêt était ailleurs. Quelques nominations, l'agrément de deux ambassadeurs – dont une femme pour le Cameroun – puis les interventions des autres ministres.

Nous nous sommes séparés après une séance dans la pièce voisine où François Mitterrand est venu saluer chacun de nous.

De mes actions ministérielles pour Elf je n'entendis pas parler pendant des années. J'avais pourtant eu connaissance, en octobre 1992, d'un avertissement sur lequel je reviendrai et au cours duquel M. Jacques Fournet, directeur de la DST[1], prévenait mon directeur de cabinet que quelques journalistes commençaient à faire courir le bruit qu'Elf m'avait offert un appartement. J'avais accueilli cette rumeur avec mépris. Sans doute ai-je eu tort.

Une nouvelle équipe se mettait en place. La cohabitation s'installait cette fois avec M. Balladur à Matignon. Mais François Mitterrand était toujours là. Le « vieux

1. Direction de la surveillance du territoire (contre-espionnage).

lion » malade rugissait de temps à autre. Ceux qui l'approchaient, dont j'étais, les amis, les adversaires, quelques journalistes observaient le progrès du mal. Mais tout le monde se tenait coi. Sait-on jamais ? La statue du commandeur pouvait se mettre à bouger. Un bon mot du président rapporté par l'un ou par l'autre traversait l'épaisseur du silence. J'en colportais pour ma part un qui ne me déplaisait pas. Il me permettait d'imaginer la tête de quelques personnalités du monde politique lorsqu'elles l'entendraient.

François Mitterrand allongé, un livre sur les genoux ouvert à la dernière page de sa lecture, et l'œil ironique comme par le passé, se mettait à me parler de la prochaine élection présidentielle, celle de 1995. Après quelques considérations sur les uns et sur les autres, il reprit son souffle, s'arrêta et me dit : « Quel dommage que je sois malade, j'aurais été capable de les battre une troisième fois... » Cette seule idée le fit sourire, je vis sur cette face jaunie et ridée passer comme une lueur de jubilation...

C'est à cette époque que le Premier ministre exigea le départ de Loïk Le Floch-Prigent. Son successeur, Philippe Jaffré, s'inquiéta très vite de la gestion de son prédécesseur. J'appris, à ce moment-là, à la fois qu'il y avait une raffinerie de pétrole à Leuna en Allemagne de l'Est, qu'Elf avait décidé le rachat de cette raffinerie mais que cette décision était remise en question.

C'est Hans-Dietrich Genscher, ministre des Affaires étrangères, mon homologue outre-Rhin, qui m'en informa en premier, se montrant ému car cette raffinerie était située dans son fief électoral et ce changement de pied de la part des Français pouvait avoir des conséquences politiques pour l'avenir de la bonne entente entre l'Allemagne et notre pays. Sans plus.

François Mitterrand exigea du nouveau gouvernement que son protégé Loïk Le Floch-Prigent fût, comme il disait, « convenablement traité ». Il le fut en effet car il prit en main les destinées de la SNCF où ses qualités humaines lui permirent de s'imposer très vite.

De mars 1993 à la fin de 1997, personne n'évoqua, en quelques termes que ce soit, mon activité au Quai d'Orsay, pour les petites comme pour les grandes choses. Rien ne laissait penser qu'il allait en être autrement par la suite. Aucune plainte n'a été déposée contre moi. Le procureur de la République ne fut jamais saisi d'un grief quelconque. Philippe Jaffré, qui ne se montra pas tendre avec son prédécesseur, me mit rapidement – je l'ai dit – hors de cause. C'est lui qui avait ouvert les hostilités contre Loïk Le Floch-Prigent et commencé à tirer à boulets rouges sur les anciens gestionnaires d'Elf. À mon sujet, il fit ce simple commentaire : « L'ancien ministre des Affaires étrangères avait un problème avec son entourage mais le délit d'amitié n'est pas encore condamnable. » Puis, évoquant les détournements dont Elf avait été la victime, il ajouta qu'à sa connaissance « il n'existait aucun élément dans le dossier de M. Dumas allant dans le sens d'une éventuelle complicité ».

L'enquête avait cependant avancé sur Christine Deviers-Joncour, Loïk Le Floch-Prigent et bien d'autres personnes de l'entourage de la société nationale. M. Jaffré n'est pas un enfant de chœur. Il avait accès à tout, chez lui dans l'entreprise, chez les juges, et dans beaucoup d'autres lieux. Il savait lire les chiffres et les bilans, il avait en charge les intérêts de sa société. Je ne le connaissais pas, je ne l'ai rencontré qu'une fois. Son opinion comptait d'autant plus pour moi que je ne l'avais pas sollicitée.

On savait très bien en haut lieu que j'avais consacré une grande partie de mon temps de l'année 1992 à ce dossier de l'Arabie Saoudite. Mon agenda par ailleurs le démontre. Et certes, à ce sujet, j'avais reçu Loïk Le Floch-Prigent en tête à tête dans mon bureau à plusieurs reprises. Personne ne laissait croire alors que nous avions parlé d'autre chose que de ce qui intéressait la société Elf, l'Arabie Saoudite, la France, les complications de ce dossier. J'eus donc droit à des années de tranquillité qui s'échelonnèrent de 1993, date de mon départ du gouvernement, à 1998, date à laquelle commencèrent les tracasseries qui prirent vite une ampleur imprévisible autant qu'injustifiée.

Pour des faits remontant à la gestion de Loïk Le Floch-Prigent, le nouveau patron d'Elf avait déposé plainte. L'affaire Elf/Loïk Le Floch-Prigent/Bidermann débutait. Elle allait plus tard changer de nom. L'ancien président fut placé en détention provisoire. On parlait de cette enquête, à l'époque, comme d'une banale affaire de droit commun, mais bien des gens redoutaient que les investigations n'en restent pas là et qu'elles permettent d'atteindre, à droite comme à gauche, beaucoup de monde.

Cette inquiétude se généralisait d'autant plus qu'Alfred Sirven faisait circuler à Paris, en France, et à l'étranger, un slogan qui revenait aux oreilles des uns et des autres : « J'ai de quoi faire sauter la République. »

Une diversion s'imposait.

C'est ainsi que fut élaboré un coup machiavélique, qui allait me placer au milieu du puzzle.

Le tout commença par un cambriolage nocturne et inimaginable, fut suivi de la fuite organisée du cerveau de toute l'affaire, entendez Alfred Sirven, puis de l'envoi de quelques lettres anonymes bien ciblées qui allaient diriger les feux sur ma modeste personne, laquelle accumulait les inconvénients d'avoir réussi dans sa vie, de s'être fait beaucoup d'envieux et d'ennemis et d'être resté le plus proche des fidèles de François Mitterrand.

*
**

Dans la nuit du 19 avril 1997, un cambriolage impensable eut lieu dans les locaux de la brigade financière de la préfecture de police, situés rue du Château-des-Rentiers. C'était le service chargé du dossier Elf. Les fonctionnaires de cette brigade avaient accumulé quelques preuves, placées sous scellés, concernant des protagonistes de l'affaire et déjà le personnage d'Alfred Sirven apparaissait en grand, en pied, en noir et en couleur. Son rôle également. Nombreux étaient ceux qui dans la République commençaient à trembler.

La brigade financière de la préfecture de police est placée sous haute sécurité en raison du caractère sensible des problèmes qui y sont traités. Portes blindées, codes multiples, chambres fortes, caméras surveillant les lieux, protections électroniques dans les couloirs et les bureaux, clés de sécurité pour chaque coffre... bref aussi imprenable que Fort-Knox, qui abrite l'or des États-Unis d'Amérique.

Les cambrioleurs n'eurent pas besoin de franchir quelque porte que ce soit : ils opérèrent pendant le week-end, en toute tranquillité, sans effraction. Il fut clair dès le premier jour qu'ils avaient bénéficié de complicités à l'intérieur du service, ou d'indications qui avaient pu leur être données par les membres anciens ou présents de ce service et leur avaient permis de réaliser l'opération. Un carton de scellés avait disparu : ces scellés avaient été soigneusement réalisés avec leur cachet de cire quelques heures avant les faits. L'inquiétude de certains fit place au soulagement.

Un juge fut nommé. Qui ne fit pas grand-chose. Quelques fonctionnaires furent mis en garde à vue, un point c'est tout.

Rien ne permettait d'avancer, disait-on. Mais très étrange fut l'attitude des pouvoirs publics, du préfet de police, du ministre de l'Intérieur, qui se contentèrent de constater l'impasse. Sans ordonner d'enquête administrative, sans révoquer le responsable du service qui n'a su donner aucune explication sur cette défaillance grave. On s'en tenait à la formule bien connue : « Circulez ! Il n'y a rien à voir. » Le pouvoir judiciaire baissait les bras, le pouvoir administratif se taisait, l'Inspection générale des services (IGS) était inactive. Tout le monde avouait son impuissance jusqu'à ce jour de septembre 2000 où une « barbouze » notoire décida de libérer sa conscience : il prétendait savoir les noms des commanditaires et des auteurs du cambriolage. Ce sbire avait été embauché jadis par Sirven.

La pelote commençait à se dévider, la vérité à montrer le bout de son nez, les personnes concernées se remirent à trembler. Le cambriolage avec ses conséquences trouvait sa place dans le paysage médiatique et judiciaire du début de l'année 1997.

Une autre « étrangeté » fut la fuite d'Alfred Sirven. Rocambolesque en diable, elle continue d'intriguer.

Dès le premier trimestre 1997, il était clair pour tout un chacun qu'Alfred Sirven avait été l'homme qui intervenait pour le compte de la société Elf dans différentes régions du monde et qui disposait d'un budget exorbitant dont il assumait seul la gestion. Ses récentes menaces de « faire sauter la République » étaient prises au sérieux. Dès lors, ne valait-il pas mieux l'éloigner au nez et à la barbe des magistrats censés l'appréhender, en l'aidant à disparaître ?

Cela donna lieu à une série de mesures digne d'une comédie de boulevard.

Tout laisse à penser, en effet, que Sirven n'avait pas, au départ de l'affaire, l'intention de fuir la France. Il était sûr de lui. Son pouvoir avait été immense pendant des années. Il avait assez d'argent à sa disposition, des relations puissantes, un appartement à Paris, un château près de Chinon en Indre-et-Loire, une famille avec pignon sur rue et, dans les mains, des grenades dégoupillées qu'il promenait sous le nez de ses anciens amis. Il avait installé dès 1993 son centre d'activités et ses comptes en Suisse : il y avait un logement secondaire et des bureaux où chacun pouvait lui rendre visite à sa guise. De quoi attendre de pied ferme... Il continua donc de séjourner en toute tranquillité en France, faisant des allers et retours entre Genève et Paris.

Après une convocation en août 1996 – les pouvoirs publics avaient l'obligation d'apparaître comme faisant quelque chose – à laquelle il avait refusé de se rendre, Alfred Sirven avait pris néanmoins quelques précautions, sans doute pour se conformer aux conseils qu'il avait reçus. Pour beaucoup, en effet, il devenait trop dangereux et son départ s'imposait.

Ce départ se fit sans encombre, et la « chasse à l'homme » qui suivit se révéla digne de magistrats et de policiers qui auraient été piqués par la mouche tsé-tsé. En avril 1997, le magistrat instructeur délivra enfin un mandat d'arrêt international.

Ce mandat mit un temps infini à aboutir dans les bons services, ce qui laissa le loisir à Alfred Sirven d'organiser, avec les complicités dont il disposait, sa fuite définitive.

On aurait pu penser que les poursuites iraient néanmoins bon train mais, à ce moment de l'affaire, le premier juge se déclara débordé et demanda le secours d'un deuxième magistrat. Ce qui lui fut accordé. Seulement le mandat demeura dans les tiroirs ! Alfred Sirven, qui avait refusé de rencontrer les limiers de la rue du Château-des-Rentiers, courait toujours.

Les services de recherche se livrèrent alors à une véritable partie de bonneteau. La diffusion du mandat d'arrêt demanda douze mois. Jamais la communication n'avait été aussi difficile entre Paris et les grandes capitales européennes !

Autre bizarrerie : c'est à l'époque où Sirven disparaissait de l'horizon le plus proche qu'arriva sur le bureau du juge une première lettre du « corbeau » me mettant en cause. Elle portait le cachet de la poste du 5 août 1997. Rédigée sur la page de garde de l'hebdomadaire *L'Express*, la lettre du corbeau avait tout pour laisser croire à une manifestation vulgaire et spontanée. Le rédacteur montrait cependant le bout de l'oreille en parlant d'une « société étrangère » propriétaire d'un appartement rue de Lille, ce que personne ne pouvait savoir en dehors de la police officielle ou barbouzarde.

Mais la lettre elle-même réservait encore bien des surprises[1] :

Si vous trouvez le nom de la société étrangère du 19 rue de Lille où vit Madame Deviers, vous trouverez « le trou suisse » de Elf puisqu'il appartient à la mafia des voleurs.

Madame le Juge, demandait lui (sic) *donc des comptes sur la maîtresse de Roland Dumas, Madame Christine Deviers-Joncour 19 rue de Lille, salariée à vie par Loïk Le Floch-Prigent, Madame Deviers-Joncour n'a jamais travaillé pour Elf. Choisir son P-DG ce qui a permit* (re-sic) *d'enrichir la parvenue. Le trou suisse c'est Madame Deviers-Joncour. Visitez son palais de la rue de Lille : tableaux, tapis, meubles. Vous serez édifiés. Le pauvre Edern Hallier, disparu, ne pourra plus sortir son nouveau livre qui vous aurait édifié.*

Le scanner de Sarlat acheté par Dumas à Joncour, ex-mari de Christine payé par Elf.

Deviers = porteuse de valises qui en a bien profité.

Dumas = escroc, voleur.

1. Voir Annexes, p. 378.

La lettre fut prise très au sérieux par la juge qui, le jour même, se constituait une saisine. Pour quelle raison, si ce n'est à cause de ce « corbeau » bienvenu, lequel, s'il écrivait dans le style du genre, semblait quand même savoir bien distiller les choses...

Quoi qu'il en soit, la juge délivra commission rogatoire à ses services. Il était clair que j'étais déjà visé, que cette lettre allait servir de guide-âne à la justice et à la police. Son contenu était pris pour argent comptant.

Plus surprenante encore, la découverte que l'on peut faire dans la rédaction de la mission donnée par le juge à la police. Ce juge, qui est censé ne disposer que des éléments de la lettre anonyme, ajoute cependant un détail dont on peut se demander comment elle en a eu connaissance, si ce n'est par une « intuition fulgurante », explication formellement avancée par la suite.

En effet, dans la mission donnée à la police, la juge parle expressément de la société *civile* de la rue de Lille alors que rien à l'époque où cette mission était donnée ne permettait de savoir que le 19, rue de Lille avait été constitué sous forme d'une société civile immobilière (SCI). Voilà qui trahit les auteurs de la lettre anonyme.

Étrange intuition, ou manipulation à dessein ? Le dispositif destiné à faire diversion et à m'abattre se mettait en place. Tout le monde y trouvait son compte, les policiers pouvaient se reposer, l'enquête sur le cambriolage s'enlisait, Alfred Sirven était à l'abri. La juge, comme les bons surfeurs qui attendent la belle vague, allait bénéficier d'un flux médiatique jamais égalé, qui lui vaudra plus tard une double page dans *Le Monde*, au soutien d'un livre au titre prometteur et prophétique. Ceux qui avaient perdu le sommeil pouvaient dormir sur leurs deux oreilles, l'affaire prenait une autre direction et une autre tournure. Cette fois, une vraie chasse à l'homme allait commencer. Et cet homme, c'était moi. Le rideau pouvait provisoirement tomber sur l'affaire Elf, et se relever sur l'affaire Dumas.

– IV –

DES « ÉCOUTES SAUVAGES » DE L'ÉLYSÉE AU DÉCLENCHEMENT DE LA CAMPAGNE DU *MONDE*

C'est par une coïncidence difficilement imaginable que j'ai découvert l'existence des écoutes téléphoniques de l'Élysée : je dois cette découverte à l'ex-maréchal Pétain. Oui ! Et tout, en réalité, est parti de là.

Pendant la campagne présidentielle de 1981, François Mitterrand avait eu le courage de se prononcer sur le transfert des cendres du vieux maréchal de France. Il l'avait fait avec prudence. Expression d'un certain opportunisme électoral pour glaner des voix en jachère, ou bien volonté d'amorcer une forme de réconciliation nationale près de quarante ans après la fin de la guerre, à la façon dont de Gaulle puis Georges Pompidou s'y étaient essayés sans y parvenir ? Sans doute les deux idées ont-elles joué. La réconciliation touche les cœurs en profondeur, elle est souvent souhaitée. Mais l'apaisement est tout autre chose. Il ne dépend pas de la seule volonté des politiques. Aux yeux de l'ancien président de la République, il était cependant nécessaire pour le rapprochement des générations, la survie d'un peuple déchiré, d'entreprendre l'une et l'autre.

Le message n'était pas sans noblesse. François Mitterrand ne s'était-il pas déjà préoccupé dès 1982 de la réconciliation des Français divisés à propos de l'Algérie en proposant l'amnistie des généraux qui avaient pris les armes contre la République ? Bien qu'ayant été l'avocat du FLN et de ceux de nos compatriotes qui avaient combattu à ses côtés, je l'avais suivi sur ce terrain, ce qui me valut à l'époque quelques difficultés avec le groupe parlementaire du PS. Pourquoi n'en aurait-il pas été de la sorte à propos de la guerre, de l'Occupation et donc du Maréchal ? J'avais appartenu à la Résistance, j'en avais connu les heures de gloire et les malheurs. Mais j'avais connu aussi ces empoignades sans fin entre Français. Tous les arguments avaient été entendus de part et d'autre. J'étais simplement disponible et j'avais l'esprit ouvert.

François Mitterrand, sollicité par « l'Association nationale Pétain-Verdun » en août 1981, répondit dans une lettre publique : « Le problème de l'éventuel transfert des cendres du maréchal Pétain est un élément du contentieux qui a opposé les gouvernements de la Ve République à des organisations d'anciens combattants et victimes. Je proposerai la réunion d'une “table ronde” composée de représentants des organisations d'anciens combattants, du Parlement et du gouvernement, chargés de proposer les solutions qu'appelle ce contentieux. »

Par divers canaux, pendant les années 1982-1983, Jacques Isorni, avocat de Philippe Pétain, rappela à François Mitterrand sa promesse. Le président de la République me chargea de prendre contact avec le défenseur du vieux Maréchal, me priant de lui dire que la promesse serait tenue mais qu'elle était subordonnée à la réunion d'une commission. Entre-temps, le garde des Sceaux avait accueilli, pour la première fois depuis 1945, une demande de révision du procès du Maréchal.

Je connaissais Isorni du Palais de justice. J'avais une certaine sympathie pour ce Don Quichotte courageux et fidèle à une cause qui n'était pas la mienne. Je lui savais gré de m'avoir aidé à démêler le complot qui avait failli abattre François Mitterrand avec « l'affaire de l'Observatoire ». J'avais accepté un temps de le défendre quand il avait eu lui-même des soucis judiciaires.

Or Isorni se faisait de plus en plus pressant. Mitterrand me dit alors :

– Voyez-le.

Je proposai à Isorni de le rencontrer au cours d'un déjeuner. Le rendez-vous fut fixé au mardi 6 mars 1984. Le petit hôtel particulier des Affaires européennes, annexe du Quai d'Orsay, devait être le lieu du rendez-vous. J'y étais installé depuis quelques semaines.

Le 6 mars, aux environs de midi – le déjeuner était prévu pour 13 heures – François Mitterrand m'appela :

– Vous avez un déjeuner important. Je veux vous voir sans faute avant cette rencontre. Je vous attends.

Je me rendis en toute hâte dans le bureau du président de la République à l'Élysée. Ce dernier me révéla que les « écoutes téléphoniques » lui avaient appris qu'Isorni s'était entretenu le matin même avec Jean-Edern Hallier, et que l'avocat du Maréchal avait parlé de notre rendez-vous. François Mitterrand, qui ignorait la date que j'avais fixée pour cet entretien, l'avait découverte à cette occasion. Il me révéla qu'Isorni avait affirmé à Jean-Edern Hallier qu'il allait me sommer d'obtenir du chef de l'État le transfert des cendres, que c'était sa dernière chance et que s'il ne faisait rien, alors qu'il l'avait promis, lui, Isorni, se rangerait derrière Jean-Edern Hallier et l'aiderait dans la campagne de dénigrement qu'il menait à un train d'enfer contre le président de la République.

Je venais d'arriver de l'avenue Kléber où je présidais une réunion sur l'Europe. J'étais un peu bousculé et il m'eût été difficile de remettre le rendez-vous. François Mitterrand me dit :

– Ne changez rien. Laissez parler Isorni mais prenez vos précautions. Ne vous engagez pas car vous risquez d'être trahi. Que ce déjeuner ait lieu mais ayez un témoin qui pourra attester de votre conversation ultérieurement.

J'invitai alors un vieil ami, Robert Boulay, ancien directeur du service politique de Radio-Luxembourg, qui se dégagea au dernier moment et accepta d'être le troisième homme. Isorni le connaissait.

Je demandai plus tard à Robert Boulay de me donner un témoignage écrit de cette rencontre, ce qu'il fit volontiers. Il m'écrivit : « Me Isorni est revenu plusieurs fois sur le double thème : un homme comme M. Mitterrand a l'autorité et se trouve dans la situation de pouvoir décider ainsi. M. Dumas, compte tenu de l'épreuve familiale qu'il a connue[1] et de la confiance dont il bénéficie auprès du président, est un homme qui doit comprendre qu'il peut transmettre cette demande à M. Mitterrand. Tout au long de ce déjeuner, M. Dumas est très peu intervenu. Il a

1. Mon père a été exécuté par les Allemands en mars 1944.

toutefois tenu à marquer qu'il pouvait comprendre la démarche de celui qui avait été le défenseur de Pétain et entendait perpétuer son souvenir. À la fin du repas, il a assuré Me Isorni qu'il transmettrait très certainement la demande qui avait été développée en rapportant avec précision les propos de Me Isorni. Isorni s'est éloigné après avoir prononcé ces dernières paroles : "Je compte sur vous, Dumas... Merci..." » Ainsi fut fait.

Devant mon étonnement lorsque j'avais découvert qu'il était au courant de la date de mon rendez-vous avec Isorni et devant les précisions de sa conversation avec Jean-Edern Hallier, François Mitterrand m'avait confirmé sur-le-champ, le matin de notre entrevue, que ce dernier était sous surveillance à chaque heure du jour, partout où il se rendait, quelle que soit la personne qu'il voyait. Isorni n'était pas du tout sur écoutes mais il avait commis l'imprudence de téléphoner à Jean-Edern Hallier. François Mitterrand ajouta :

– Edern Hallier est un fou et un maître chanteur. Il menace l'existence de ma fille. Il fréquente des groupes de terroristes qui envisagent son enlèvement. Que feriez-vous à ma place ? Ne défendriez-vous pas l'existence de votre enfant ?

François Mitterrand touchait là une corde sensible, il aimait beaucoup Delphine, ma seule fille, et me demandait régulièrement de ses nouvelles.

Le président ne me donna pas de détails sur les écoutes mais je compris dès cet instant qu'il s'agissait d'écoutes « particulières », car les services de renseignement et de contre-espionnage ne sont pas aussi rapides que ceux du président l'avaient été en la circonstance.

L'affaire des cendres du « vainqueur de Verdun » en resta là pendant quelque temps. À plusieurs reprises les « amis du Maréchal » revinrent à la charge en termes polis. Tour à tour François Lehideux, ancien ministre de Vichy, très courtois, puis le marquis de Saint-Périer – ami personnel de François Mitterrand –, très insistant, se manifestèrent dans le même sens.

L'offensive reprit en 1988 avec la réélection de François Mitterrand, à l'occasion du soixante-dixième anniversaire de l'armistice du 11 novembre 1918. Lehideux, s'abritant derrière la mémoire du colonel Arnould, écrivait au président Mitterrand : « Vous seul, Monsieur le Président, fort de votre haute autorité illustrée avec éclat par le nouveau mandat que le peuple français – répondant à votre appel à l'union – vient de vous conférer, vous seul pouvez prendre cette décision historique. » On ne pouvait mieux dire et en termes plus habiles.

En marge de la note du secrétaire général qui accompagnait cette nouvelle requête, François Mitterrand donna ses instructions : « Ne pas opposer un refus de principe mais attendre. » Signé : « F.M. » Isorni, avec sa maladresse « téléphonique », s'était mis hors circuit et Lehideux avait pris le relais. En 1991, il signala au président de la République que cette année-là lui paraissait la bonne pour agir : c'était le trentième anniversaire de la bataille de Verdun. « Voilà bien des raisons pour écrire une page de notre Histoire restée blanche. La réconciliation à l'appel d'un rassembleur. »

Jusqu'au 5 mai 1995, les thuriféraires du Maréchal ne se découragèrent pas. La réunion envisagée en 1981 n'eut pourtant jamais lieu, Pétain est toujours à l'île d'Yeu.

*
**

Pour l'heure, j'en restai là avec la seule indication qu'il existait bien un service spécial d'écoutes au profit de la présidence de la République en 1984-1985. Mais je n'avais aucune raison de chercher à approfondir le sujet.

Par la suite j'appris que les écoutes ne concernaient pas seulement Jean-Edern Hallier et par ricochet son avocat potentiel Isorni, mais aussi un autre avocat que je connaissais bien pour l'avoir rencontré de nombreuses fois et que je tenais en bonne estime, ainsi qu'un journaliste du *Monde*, Edwy Plenel.

Je fis part de mon étonnement au chef de l'État au sujet de ce dernier. Avec gravité et sérieux, François Mitterrand me répondit :

– J'ai la preuve qu'il s'agit d'un « agent » et que *Le Monde* est devenu un organe de déstabilisation de notre République et de notre société. J'ai rompu avec eux.

Il accompagna son propos d'une mimique et d'un geste de mépris.

Beaucoup plus tard, je revins à la charge. François Mitterrand me confirma qu'il tenait « certains journalistes » du *Monde* non seulement pour des adversaires politiques – ce qui peut s'admettre –, mais comme représentant une entreprise de subversion.

– Je vous le répète, ajouta-t-il pour clore la discussion.

Il ordonna la résiliation des abonnements souscrits pour les services de la présidence de la République. Il cessa de voir en tête à tête, comme le voulait un usage ancien, le directeur du journal qui ne fut admis qu'avec d'autres journalistes, tantôt aux déjeuners, tantôt aux petits déjeuners de presse. Bref, *Le Monde* fut tenu à distance.

J'ai suivi de très loin les péripéties judiciaires du journal, notamment sur les affaires d'écoutes. Je ne me considérais en aucune manière comme concerné, ayant toujours affiché mon peu de goût pour ce genre de viol de la vie des gens, qu'ils fussent des officiels ou non. Il me revient d'avoir refusé de donner un feu vert à mes services du Quai d'Orsay au sujet d'une proposition de mise sur écoutes d'un journaliste étranger dont les activités, l'entregent et les articles constituaient une offense faite à la politique de la France, particulièrement en Afrique.

Peu concerné, encore moins intéressé, occupé suffisamment par les affaires internationales, j'en restai là de cette querelle, notant toutefois que M. Plenel, directement visé, semblait en avoir fait une affaire personnelle, une sorte de règlement de comptes avec François Mitterrand (qui allait d'ailleurs perdurer après la mort de celui-ci). Ne s'est-il pas laissé aller un jour jusqu'à dire, au sujet du président : « Je le déteste[1] » ?

C'est en 1985 que tout avait commencé entre eux avec la publication par *Le Monde* de « révélations sur les activités d'un réseau d'espionnage soviétique en France[2] »,

1. Interview du 2 septembre 1997, sur LCI, avec Jean-François Rabilloud.

2. Voir *Le Monde* du 9 janvier 1999.

suite à l'affaire « Farewell [1] ». Le travail du contre-espionnage français avait été bien fait. L'affaire s'était dénouée au plus grand bénéfice de nos intérêts et le président de la République avait ordonné l'expulsion spectaculaire de quarante-sept diplomates appartenant à l'ambassade de l'URSS à Paris. Mais les révélations du *Monde*, racontant tout par le menu, allaient jeter un voile de suspicion sur l'ensemble de ce travail et affaiblir nos services de contre-espionnage. Qui avait pu informer ce journal ? Quel était l'intérêt de cette publication ? Le chef de l'État avait été jusqu'à soupçonner son entourage comme étant à l'origine de la fuite en direction d'Edwy Plenel, signataire de l'article. François Mitterrand, qui avait bonne mémoire, s'était cru revenu au temps de « l'affaire des fuites » de 1954, à l'époque où Pierre Mendès France, président du Conseil, fit sonder les murs des salles où se tenait le Conseil des ministres, ainsi que le Conseil de défense, pensant que les fuites venaient de là [2].

C'est alors que François Mitterrand prit la décision de faire mettre sur écoutes, le 16 avril 1985, l'auteur de l'article pour connaître ses sources. Le branchement fut maintenu pendant onze mois. On a maintenant le fin mot de l'histoire. Il s'agissait d'une petite « combine » entre le directeur de la Sécurité du territoire, pro-américain et anticommuniste notoire, et M. Plenel, en recherche de notoriété comme journaliste « d'investigation ». Le tout se

1. Nom de code d'un Russe qui, avant d'être démasqué puis éliminé par le KGB, évoluait à un très haut niveau de l'appareil d'État de l'URSS et avait choisi de renseigner la DST.

2. Voir *Le Fil et la Pelote : Mémoires*, de Roland Dumas, Éditions Plon, 1996.

résumait à une opération de déstabilisation sans doute venue de loin et à la découverte d'un « instrument » de cette opération. Le chef de l'État voulut avoir le cœur net sur le rôle de l'un et de l'autre.

Deux questions se posaient à son esprit. Le journaliste – était-ce bien lui – était-il complice ou simplement instrument ?

Les réponses ont été fournies et le doute n'est plus permis depuis que dans ses Mémoires le directeur de la DST, M. Yves Bonnet, avec lequel j'ai entretenu pendant tout le temps où j'étais au Quai d'Orsay des rapports courtois et normaux, a vendu la mèche sur la divulgation d'un secret touchant à la défense du pays et le montage qui avait été imaginé : « L'occasion est choisie, quasi idéale, d'utiliser un vecteur aussi prestigieux que *Le Monde* pour rappeler les Soviétiques à un respect plus étroit de notre intégrité. Je propose le marché à Edwy Plenel qui accepte en toute connaissance et nous bâtissons notre scénario. [...] En l'espèce, il ne s'agissait que de donner à des faits connus du seul service [*la DST*] un caractère public afin que leur révélation nuise à la cause adverse. Telle est mon intention et je construis avec Edwy Plenel une présentation de l'affaire "Farewell" qui me vaudra un départ prématuré de la DST[1]. »

Quoi qu'il en soit, avant ce départ, chacun des deux compères y trouva son compte : le directeur de la DST réussissait son coup, le journaliste forgeait sa réputation.

---

1. Voir pp. 50 et 141 de *La Liberté surveillée*, par Yves Bonnet, 1993, ainsi que *Contre-espionnage, Mémoires d'un patron de la DST*, Calmann-Lévy, 2000, du même auteur.

Quant au chef de l'État, pouvait-il agir autrement qu'en confiant à ses « mousquetaires » le soin de surveiller Plenel ? Pouvait-il envisager de confier à la sécurité du territoire cette mission ? C'eût été à l'évidence se jeter dans la gueule du loup.

Au-delà de cet épisode, comme il en existe dans tout ce qui gravite autour des services de renseignement, une réflexion politique s'imposa au chef de l'État : nous travaillions, moi le premier – et ceci depuis le début de l'année 1984 –, au rapprochement franco-soviétique dans le cadre de la nouvelle politique (Glasnost) inaugurée par Gorbatchev. Ce dernier avait décidé de réserver sa première visite en Occident à la France. Ce n'était pas fait pour plaire aux Américains qui souhaitaient, dans ce domaine comme dans d'autres, conserver le leadership de la politique à l'égard des pays de l'Est et voyaient d'un mauvais œil le « cavalier seul » de notre pays.

Cette révélation du journal *Le Monde* eut pour effet de jeter un froid entre Gorbatchev et nous. N'était-ce pas le but recherché ? Ce n'était pas la première fois que, devant toute tentative pour « individualiser la politique de la France dans ses rapports avec l'Est », surgissait un incident particulier visant, à l'évidence, à gêner cette orientation. Sans doute Yves Bonnet, dont la réputation d'être un ami proche des Américains ne s'est jamais démentie, s'est-il trouvé motivé à son insu, mais *quid* du journaliste et du « vecteur » ainsi choisi ? François Mitterrand s'était forgé une conviction.

Celle-ci se renforça avec l'affaire du *Rainbow Warrior* où les mêmes personnages et le même organe de presse n'eurent de cesse de faire « plonger » les responsables français, si l'on veut bien me pardonner ce mauvais jeu de mots.

Qui ne se souvient de la triste et ridicule affaire du bateau de Greenpeace[1] coulé dans le port d'Auckland et de la mort du photographe portugais qui se trouvait à son bord ?

Pendant les vacances d'été 1985, j'avais reçu en Gironde mon ami et collègue, le secrétaire d'État aux Affaires étrangères britanniques Geoffrey Howe. Il m'apporta la preuve que ses services d'espionnage et de contre-espionnage n'étaient pour rien dans l'aventure malheureuse de ce naufrage provoqué.

J'avais rapporté cette indication au président de la République au cours d'une réunion pathétique, tenue dans son bureau, avec Laurent Fabius et en présence de Charles Hernu qui nous avait mis sur cette piste d'un mauvais coup porté par la « perfide Albion ». Or désormais, la responsabilité de la France ne faisait plus de doute à mes yeux.

Je reçus comme instruction du président de la République de m'opposer avec vigueur à toute demande de négociation et d'arrangement de la part de la Nouvelle-Zélande. François Mitterrand me dit même d'envisager des mesures de représailles (économiques s'entend) si la Nouvelle-Zélande s'en prenait à la France sans ménagement.

Les premiers contacts eurent lieu avec les Néo-Zélan-

1. Le *Rainbow Warrior.*

dais pendant la session de septembre de l'ONU à New York. Mitterrand m'y appela à plusieurs reprises, renouvelant avec insistance ses recommandations :

– Vous ne cédez sur rien. Vous avez bien compris. Pas d'excuses. Pas de réparation. Pas de compromis. Vous devez être très dur.

François Mitterrand affectionnait particulièrement cette expression. Elle traduisait pour lui l'obligation de fermeté. Ma tâche n'était pas facile car je devais malgré tout parler, argumenter, défendre le point de vue de la France sans rien lâcher. J'avais établi un plan de représailles par le truchement de l'Europe, en m'opposant à l'achat des produits agricoles – notamment laitiers – néo-zélandais. Je m'étais procuré quelques alliés dans la place.

De retour aux affaires en 1988, il me fallut cependant prendre langue avec les Néo-Zélandais pour en finir avec le sort de nos agents – les faux époux Turenge. Le gouvernement de Jacques Chirac avait bien fait avancer les choses en obtenant leur libération sur parole. Mais hélas ! C'était compter sans le Premier ministre de la gauche renaissante [1]. Alors que nos deux agents secrets avaient quitté l'île Hao pour des raisons de santé, ce dernier leur fit savoir, le 19 juin 1988, que la Nouvelle-Zélande « exigeait que Mafart terminât son séjour à Hao ». Celui-ci aurait donc dû repartir sur l'île.

Je reçus Alain Mafart et Dominique Prieur le 31 août 1988. Fort des consignes de Mitterrand, je pris le contrepied du Premier ministre. Ce n'était pas la première fois, ce ne fut pas la dernière...

---

1. Michel Rocard.

À l'époque Edwy Plenel était toujours sur écoutes. Son journal, en publiant des « révélations » qui présentent sans aucun doute de l'intérêt pour l'Histoire, a apporté de l'eau au moulin de nos adversaires. Le quotidien se comportait en véritable « ennemi de l'intérieur » aux yeux du chef de l'État. Ces révélations ont eu pour effet de mettre hors de lui le président de la République. Il y vit comme la confirmation de l'entreprise qu'il avait dénoncée quelques mois auparavant avec l'affaire Farewell.

Mais la goutte d'eau qui fit déborder le vase fut la scandaleuse relation touchant à l'affaire de Panama. Une fois encore *Le Monde* se fit, sous prétexte d'informer, le « véhicule innocent » d'une campagne contre le parti socialiste, évoquant l'époque où il était dirigé par François Mitterrand.

Sous le prétexte d'un reportage fait par M. Plenel en Amérique latine « sur les traces de Christophe Colomb », le journal de la rue des Italiens publia, le 27 août 1991, un article intitulé « Un scandale à Panama », dans lequel l'auteur prétendait détenir la preuve écrite (portant le cachet de l'ambassade de France à Panama) établissant que le parti socialiste avait reçu de l'argent en provenance des services d'Antonio Noriega, « dictateur corrompu et trafiquant de drogue ».

La connotation historique complétait le tableau. Une aubaine ! Un passé de douloureuse mémoire, le scandale de Panama qui avait touché certains ministres de gauche à la fin du siècle dernier, se trouvait rajeuni par cet incident.

La fureur de François Mitterrand fut à son comble. Il

convoqua le premier secrétaire du parti, Pierre Mauroy, et le trésorier Emmanuelli, les enjoignant de déposer plainte contre *Le Monde*. Ce qui fut fait. Entre-temps, les diligences conduites par le garde des Sceaux et les services officiels établissaient que la prétendue « preuve écrite » était un faux. Le journal dut se démentir. Il le fit sous la signature de l'aimable Mme Anne Chemin, puis de M. Bruno Frappat, missionnés l'un et l'autre pour réparer l'incroyable charge menée contre François Mitterrand et le parti socialiste par leur confrère dont le nom était prudemment écarté des colonnes du journal. Edwy Plenel était aux abonnés absents.

Démentis, regrets, excuses : l'affaire n'en est pas moins restée dans les esprits et ne contribua pas pour peu à l'opinion que François Mitterrand eut par la suite sur quelques-uns des collaborateurs du quotidien du soir.

Pour ma part, absorbé au-delà du raisonnable par l'actualité internationale, préoccupé des problèmes de mon ministère, je n'attachai, jusqu'en 1993, qu'une importance relative à ces incidents qui opposaient l'Élysée et *Le Monde*. De rebondissement en rebondissement, de soubresaut en soubresaut, de péripétie en péripétie, je suivais de loin toutes ces affaires lorsque le 8 décembre 1994, celles-ci resurgirent à l'occasion de la remise de disquettes informatiques au juge d'instruction parisien Valat, qui avait été saisi de différentes plaintes. Il s'agissait des fameux comptes rendus d'écoutes téléphoniques pratiquées par la « cellule élyséenne », de 1982 à 1986. Le juge mit en examen le préfet Christian Prouteau, Gilles Ménage, et poursuivit son instruction ; et je fus bouleversé par le drame qui frappa l'un des membres de la « cellule », le capitaine de gendarmerie Pierre-Yves

Guézou[1], qui me ramenait soudain quelques années en arrière, à l'époque où j'avais connu l'épisode Jean-Edern Hallier-Isorni.

Rien de nouveau ne pouvait m'intéresser dans cette affaire jusqu'au début du mois de décembre 1997 où je reçus un coup de téléphone du vif et aimable Jacques Attali. Il me faisait part du souhait formulé par Edwy Plenel de me rencontrer et ajoutait :

– Je pense qu'il veut te parler des écoutes.

J'imaginai assez vite que ce dernier attendait de moi quelques précisions, du fait que je disposais désormais à l'Institut François-Mitterrand des archives personnelles de l'ancien président. Sa préoccupation me parut légitime. Connaître la vérité est toujours louable. Je m'interrogeai cependant sur cette demande insolite, étant donné qu'une instruction était en cours et que beaucoup de choses avaient été dites et actees.

Jacques Attali me fit comprendre qu'il me serait peut-être utile de mettre les choses au point avec le responsable du *Monde*, compte tenu de la campagne que le journal avait commencée contre moi à propos d'Elf, des frégates de Taïwan (dont nous parlerons plus loin) et d'autres affaires. J'acceptai donc. Le rendez-vous fut fixé au 12 décembre 1997 pour un petit déjeuner qui eut lieu dans le pigeonnier sympathique et confortable de Neuilly, demeure de l'ancien conseiller spécial du président François Mitterrand.

*
**

1. P.-Y. Guézou s'est suicidé.

J'étais à l'heure. Edwy Plenel ne l'était pas. Jacques Attali s'impatientait. Finalement notre troisième convive devait arriver avec soixante minutes de retard.

Jacques Attali allait, venait, téléphonait, s'inquiétait de l'absence de notre invité auprès de son secrétariat. Cette agitation me laissait le temps de réfléchir à ce que je voulais savoir et à la façon dont j'allais m'y prendre. Je connaissais peu et mal celui qui nous faisait attendre. Et j'avais tellement entendu de commentaires à son sujet que je m'efforçais de tout oublier. J'avais cependant présent à l'esprit cette première offensive engagée contre moi depuis quelques semaines dans le journal dont chacun admet que Plenel est le véritable maître.

Le Monde avait évoqué, depuis le début de l'année 1997 [1], par une suite d'articles objectifs, à la fois l'affaire Elf mais aussi l'entourage d'Omar Bongo, président du Gabon, la vente de frégates françaises à Taïwan, en faisant un détour par l'Allemagne de l'Est concernée par les opérations de la société pétrolière française numéro un. Je n'apparaissais alors que de très loin dans ces articles qui racontaient une histoire.

Mais à partir de novembre 1997, brutalement en première page et sur quatre colonnes en pages intérieures, mon nom fut associé à celui de Christine Deviers-Joncour, mise en détention provisoire. Il s'agissait de la prétendue découverte d'une intervention de ma part, en vue d'une remise fiscale en faveur d'une ancienne société animée par Christine Deviers, portant sur « plusieurs mil-

1. *Le Monde* des 18, 23 et 24 avril 1997.

lions de francs » (sic). Nouvelle inexacte, malveillante, mais qui dut faire sur les lecteurs l'effet escompté...

Vérification faite, la « découverte » était banale. Ma démarche l'était aussi. Elle roulait sur quelques milliers [1] de francs et non sur plusieurs millions. J'eus la plus grande peine à obtenir une rectification dans les numéros suivants du journal.

En même temps, *Le Monde* ouvrait un deuxième front à propos de la gestion du ministère des Affaires étrangères, avec de nouveau un titre sur quatre colonnes. Il s'agissait cette fois d'une anomalie de gestion, toute relative mais montée en épingle, qui correspondait à une habitude vieille d'un demi-siècle et à laquelle j'avais moi-même mis fin dès que j'en avais eu connaissance. Les fonctionnaires du Quai d'Orsay concernés furent blanchis par la Cour des comptes. J'eus le plus grand mal à faire mentionner leur relaxe par le journal. Cependant, mon nom apparaissait pour la deuxième fois, en gros caractères, comme pour préparer le terrain sur lequel allaient se dérouler les grandes manœuvres.

Cela ressemblait donc à un début d'offensive. Du reste, quelques jours avant le rendez-vous du matin chez Jacques Attali, la guerre avait déjà commencé. Toujours sur quatre colonnes (c'est le tarif qui me sera souvent réservé), avec un titre significatif : « Un lien est établi entre l'affaire Elf et la vente par Thomson de frégates à Taïwan. » Le sous-titre : « Une proche de Roland Dumas

---

1. La société en question dut payer le principal de l'impôt. La remise ne porta que sur les majorations de retard. Rien que de très banal, et qui ne pouvait justifier l'ampleur donnée à une nouvelle sans intérêt particulier.

aurait perçu 45 millions de francs en Suisse. » Nous entrions dans le vif de sujet, ce qui allait devenir « le gras » de l'affaire Dumas. Ce fait en soi n'était pas inexact mais rien – ni à ce moment-là, ni plus tard – ne permettait de m'impliquer.

Quand je fis observer à Edwy Plenel, enfin arrivé, que son journal avait exagéré, déformé les faits, grossi les titres, présenté les choses de façon malveillante en me mettant en cause avec délectation et sans raison, il en convint.

– Vous avez en effet un crédit sur nous, dit-il avec un petit sourire courtois.

Et la conversation bifurqua alors sur les archives de François Mitterrand et leur contenu.

J'avais présente à l'esprit la conclusion du livre de Plenel, *Les Mots volés*[1], à propos de ces archives : « Le secret d'État est devenu un secret de famille. » Cette simple phrase montrait bien la conviction du directeur de la rédaction du *Monde* : selon lui, l'Institut François-Mitterrand détenait les preuves qu'il cherchait.

Je donnai du fer à l'échange, laissant entendre que j'avais compris et que je ferais ce qu'il me serait possible de faire. Un « donnant-donnant » en quelque sorte. J'avais lu *Les Mots volés*, publiés quelques mois avant notre rencontre, et pouvais admettre dans une certaine mesure la soif de savoir de son auteur, en même temps que son indignation, celle que je connaîtrai moi-même plus tard devant les

1. Voir p. 114 du livre, Éditions Stock, 1997.

injustices du sort et la calomnie rampante du journal dont il assurait la direction. Je pouvais comprendre que Plenel s'inquiétât d'être sur écoutes au plus haut niveau de l'État, même si son attitude vis-à-vis des diverses affaires traitées par son journal ne laissait pas de me surprendre. Je voulais néanmoins, en l'occurrence, me montrer ouvert à ses doléances.

Le livre d'Edwy Plenel ne m'avait pas appris grand-chose sur les écoutes. J'y avais cependant trouvé, au milieu d'un fatras de comptes rendus, de surnoms, de codes, de conventions, de numéros de téléphone, une évocation que j'avais jugée intéressante. Il s'agissait d'un banal relevé de captation de conversations où figurait une fiche de renseignements concernant le père de celui qui était assis en face de moi, dégustant son croissant et son café crème. Ce père était mon contemporain. Nous appartenions à la génération sacrifiée de la classe 42. Il avait donc connu, lui aussi, la défaite et l'Occupation. Pourquoi n'en aurait-il pas souffert comme nous tous, et comme tous les autres enseignants en particulier ? Défenseur de bonnes et justes causes, notamment dans les Antilles, il avait été exposé, comme inspecteur d'Académie et vice-recteur, aux tracasseries d'une administration réactionnaire, colonialiste, et à quelques hobereaux imbus de leur pouvoir. Alors, me disais-je, « bon sang ne saurait mentir ! », ou mieux encore « tel père, tel fils ». Enfin tout ce qui peut traverser l'esprit lorsque celui-ci est libre d'aller et venir.

Mis en confiance, je m'efforçai ensuite d'expliquer par le détail l'histoire de la vente des frégates, ses hauts et ses bas, les refus, les accords, les négociations, les ordres et les contrordres, mes réserves à l'époque sur cette affaire hautement stratégique et diplomatiquement délicate. Jacques

Attali voulut bien confirmer la réalité. L'ambiance était agréable, de plain-pied. Edwy Plenel se montrait attentif, compréhensif même, sans doute un peu trop, mais je ne me suis pas méfié. Il ponctuait chacune de mes phrases de ce sourire inimitable et indéchiffrable, accompagné d'un clignement d'yeux sympathique et d'un mouvement de la tête qui a l'air de vous dire : « Je vous suis. Continuez ! » À moins qu'on ne le traduise par : « Continue, tu m'intéresses ! »

Quelque chose cependant dans cette attitude m'intriguait. Était-ce un rien de prévention à l'égard de ceux qui portent moustache drue ? Ou le fruit de conversations souvent répétées avec des psychanalystes ? Cela dura le temps d'un éclair, une impression comme cela, vite balayée, fugitive, sans que j'en tire de véritable conclusion.

– Revoyons-nous, dit-il, aimable, à la fin du petit déjeuner, mais avec celui qui est en charge du dossier, Hervé Gattegno.

– D'accord. Déjeunons chez moi en compagnie de Jacques Attali.

Je voulais rendre la politesse à Jacques, tout en le conservant comme témoin privilégié de ces échanges dont il avait pris l'initiative et dont je ne mesurais pas alors qu'ils seraient un piège. Attali ne l'avait pas deviné non plus, sans doute.

Le déjeuner projeté eut lieu dans les premiers jours de janvier[1]. Là, je m'expliquai de nouveau. Je fis un grand

1. Le lundi 5 janvier 1998, quai de Bourbon.

effort de persuasion pour démontrer que je n'avais eu aucun intérêt matériel dans cette affaire Elf-Taïwan. Je croyais avoir prononcé un discours sincère qui avait ébranlé mes interlocuteurs, assorti de serments qui provoquèrent immédiatement des signes d'approbation accompagnés de mouvements de tête. J'offris de fournir à Plenel les quelques éléments qui prouvaient ce que j'avançais.

Je pensais avoir gagné la partie, celle de la sincérité et de la vérité. Jacques Attali me rappela l'après-midi pour me dire : « Tu as été formidable. Je tiens à te le confirmer. » J'attendis plusieurs jours pendant lesquels je fis savoir que je ne disposais d'aucune information particulière extraite des archives de l'Institut François-Mitterrand, au-delà de ce qui était déjà connu.

Mais je n'eus pas à attendre longtemps. Le « nous vous devons une réparation » d'Edwy Plenel allait se traduire par un « article au sang », paru dans le numéro du 25-26 janvier 1998. Plenel avait dû bien s'amuser, un mois plus tôt, en me parlant de « réparation ».

***

Le début de l'année 1998 fut incroyablement bien organisé. La coordination entre la justice et le journal parfaite. L'information battit son plein, destinée à me faire craquer ou sombrer. Le recul me permet aujourd'hui d'en démonter les mécanismes et de mieux comprendre la machination à laquelle j'ai failli succomber, je dis bien succomber.

Christine Deviers-Joncour était incarcérée depuis deux mois et demi. Le parquet n'avait pas demandé cette mesure extrême. Les juges l'avaient décidée seules – en apparence. Sa requête de mise en liberté pour Noël avait été refusée ; la pression morale sur elle revêtait diverses formes : « Elle comparaîtra détenue devant le tribunal correctionnel » – « J'ai le moyen juridique de prolonger le délai de détention[1] ». Tout cela m'était rapporté directement ou indirectement, amplifié ou simplifié, et n'avait pas d'autre but que de « faire avouer » à Christine Deviers-Joncour qu'elle m'avait remis de l'argent. Il ne pouvait en être autrement puisque j'étais « présumé coupable ».

Il était facile d'imaginer que je n'étais pas indifférent à la solitude et à l'incarcération de cette mère de famille dont un des fils est gravement malade. Il ne fallait pas être grand philosophe ou psychologue non plus pour comprendre que cela contribuerait, selon l'expression des juges, à « attendrir la viande », entendez « affaiblir le moral ». Bref, à me faire entrer là où je refusais d'aller : dans la trappe.

C'est alors que survint *Le Monde* qui selon une vieille méthode avait préparé le terrain, comme on l'a vu, par quelques escarmouches. Usant du langage militaire tout à fait approprié, je dirais que ce journal dévoilait d'un seul coup ses batteries de canons et tirait en mettant la hausse à zéro. Dans son numéro du dimanche 25 janvier 1998, l'honorable quotidien me consacrait d'un seul coup deux pages entières, soit douze colonnes sous le titre en très gros caractères : « L'affaire d'État qui inquiète Monsieur Dumas ». Le sous-titre était plus explicite : « Entre diplomatie et escroquerie, notre enquête dévoile les secrets de ce dossier[2] ».

1. Propos repris de la déclaration de Me Lemaire, avocat de Christine Deviers-Joncour.

2. Voir Annexes, p. 381.

Je ne peux pas nier que j'étais inquiet. Non au sujet de l'affaire, car mieux que personne je savais que rien ne pouvait m'être reproché. Mais j'étais inquiet de voir un journal d'une telle envergure m'attaquer de la sorte en employant les grands moyens. J'étais surpris aussi, pour ne pas dire désemparé.

Deux caricatures couvrant l'une la première page, l'autre la page intérieure, enfonçaient le clou, soulignant le sens de l'article pour ceux qui ne l'auraient pas compris. Des caricatures explicites. En première page : face à une justice aveugle comme Homère, abritée par la silhouette de la République, une main se glisse dans la poche de la femme au bonnet phrygien et en retire un portefeuille dont il est clair qu'il est bourré de billets. C'est lourd, mais efficace ! Depuis longtemps, nous savons tous qu'un dessin vaut mieux qu'un long discours ou un long article.

Le dessin de la page intérieure me représente assis dans un fauteuil ministériel, un bras derrière le dossier tenant à la main une valise dont s'échappent des billets de banque ; une trace de rouge à lèvres macule ma joue gauche, cependant qu'un juge regarde à la loupe les traces des pas dans ma direction, les pas étant représentés par des lèvres féminines. C'était ignoble mais parlant.

Les deux caricatures donnaient du relief à l'écrit. Leur ampleur, leur place aussi, tout était fait pour guider l'esprit du lecteur. Ils montraient par le trait ce que les mots avaient laissé entendre. Je ne peux pas nier l'habileté de ce genre de montage. Certes, le dessinateur de la caricature intérieure, un certain Sergueï ou le personnage qui signe de ce nom d'emprunt, ne possède ni la touche de Matisse, ni la finesse de Daumier. Je doute qu'il passe à la postérité, de même que celui qui a sévi à la une. Mais là n'était pas le but. L'objectif était de faire comprendre ce que l'article n'avait pas dit explicitement, faute de preuves et par prudence juridique.

Une relecture à froid montre que cet article avait été préparé depuis longtemps, bien avant la rencontre chez Jacques Attali. Ce constat en dit long sur l'hypocrisie des propos qui avaient été tenus alors en ma présence et à mon égard. Cependant, après notre entrevue, l'auteur préposé à cette exécution en règle ne pouvait ignorer ce que je lui avais dit, ni les arguments que j'avais avancés. Il en tint donc compte. Là est bien la ruse et l'habitude consacrée par une longue pratique « mondeuse » : dire la chose en dénaturant son sens.

J'avais expliqué que dans cette affaire de Taïwan, je n'avais fait qu'obéir à la volonté du président de la République et à celle du Premier ministre, contre mon gré. Cette mention a donné dans l'article : « Mais ils [*les documents*] montrent aussi comment au printemps 1991, évoluant de l'opposition radicale vers l'approbation prudente, il ne fut pas pour rien dans la modération de l'obstruction chinoise. » En clair j'aurais fait avancer l'affaire[1]... Et lorsque l'auteur de l'article évoque le commentaire d'un de mes collaborateurs, à savoir « encore un succès de la diplomatie dumasienne ! », il juge avec le recul du temps cette formule ambiguë, ou du moins à double tranchant « si l'on songe à l'enquête judiciaire sur l'escroquerie aux frégates ». Si cela ne veut pas dire que j'aurais été complice

1. Cette affaire des frégates sera longuement développée – et expliquée – dans plusieurs chapitres de cet ouvrage. Je ne survole ici que la campagne de déstabilisation.

d'une manœuvre, les mots n'ont plus de sens. Mais ils ont un sens aveuglant si l'on se reporte à l'introduction de l'article lui-même, ainsi rédigée : « Cependant plusieurs documents confidentiels révélés par *Le Monde* montrent que les Affaires étrangères ont fini par évoluer. »

En résumé, textes et dessins revenaient à dire : les arguments présentés par M. Dumas ne prouvent rien, c'est notre thèse qui est la bonne, celle de sa complicité.

Je m'en veux de n'avoir pas compris, dès cette publication, son orientation. Il s'agissait d'une ouverture au sens où on le dit d'un opéra. Les premières mesures signent tout l'ouvrage. L'ouverture de *Carmen* n'évoque-t-elle pas la mort de l'héroïne ? Qui ne saisit pas, dès le début d'une œuvre, son sens et la manière dont se déroulera le drame, n'est pas un vrai musicien. Je confesse que ce fut mon cas ce jour-là.

L'article du 25 janvier n'était fait en réalité que pour amener la suite. Celle-ci n'a pas tardé à venir. Le journal se manifesta dès lors, quotidiennement, sur le même thème, répétant les mêmes choses, rappelant les mêmes arguments, reprenant les mêmes mots, négligeant tout ce qui allait à contre-courant du « mondeusement correct ».

Le 26 janvier, une balle empoisonnée de la même nature m'atteignit au flanc et me fit m'affaisser un peu plus. Par une singulière prémonition qui lui avait permis de percer le mur prétendument infranchissable du secret de l'instruction, le quotidien du soir annonçait des perquisitions imminentes. Ces perquisitions eurent bien lieu le 27 janvier 1998 (cf. chapitre I), quelques heures après la parution de l'article qui avait mis la rumeur sur rampe de lancement.

Et encore six colonnes de plus ! En pages intérieures

du *Monde* du 29 janvier, un véritable numéro spécial dont le titre ne manquera pas de frapper l'opinion : « Deux juges ébranlent le Conseil constitutionnel ». Aucun détail ne manquait, y compris celui qui concernait mes comptes bancaires de 1991 à 1995 « révélant » l'existence de versements en espèces de l'ordre de dix millions de francs. Le chiffre s'est révélé inexact, mais beaucoup de Français l'ont retenu.

Peu à peu, le cercle se refermait. Je ne cédais toujours pas, mais ma famille craquait. Quelques amis commençaient à douter. Je trouvais ma consolation et mon réconfort en me répétant le mot de François Mitterrand : « Quand des amis doutent de vous, cela prouve qu'ils n'étaient pas des amis. »

La campagne allait se développer pendant dix-huit mois, menée crescendo. Chaque jour, à 14 h 30, il me fallut affronter la mine allongée, attristée de celui qui m'apportait l'édition du jour, faire bonne figure malgré tout, cependant que ma gouvernante se penchait et d'une voix douce me disait :

– Allez ! Laissez-les dire et faire. Tout cela prendra fin. Vous en avez vu d'autres !

J'en avais vu d'autres en effet, mais jamais de cette ampleur, ni de cette injustice.

Si je parle de déferlantes pour évoquer les attaques qui suivirent, les marins me comprendront. Ceux qui ne le sont pas aussi quand ils sauront qu'une déferlante est une vague qui arrive par l'arrière de l'esquif et qui, en raison de son caractère sournois, est redoutée des barreurs parce qu'elle risque de faire chavirer l'embarcation. La première déferlante est fatigante, mais plus épuisante encore est l'attente de la suivante. Pendant des jours et des nuits, l'esprit ne trouve pas le repos ni le corps le sommeil. Les sursauts qui brisent un début d'assoupissement, les pas perdus dans un appartement silencieux, les lectures qui n'accrochent pas, dix-huit mois de ce régime !

Dix-huit mois représentant cent trente-huit articles consacrés par *Le Monde* à l'affaire Elf, et à ma personne « dans l'affaire Elf » pour cent dix-neuf d'entre eux. Dix-neuf articles seulement pour parler des détournements massifs inexpliqués, de la fuite organisée, pour ne pas dire voulue, d'Alfred Sirven, des arrangements de tous ordres de la société pétrolière et de ses dirigeants, des milliards de francs dilapidés, de la débauche d'argent et de comptes à l'étranger. Dix-neuf articles seulement pour le fond de l'affaire et cent dix-neuf pour une personnalité, certes importante, de la République (moi en la circonstance), à laquelle on reprochait une liaison amoureuse, une paire de chaussures – certes faites sur mesure – que j'avais remboursée à la dame venue la quérir mais dont le règlement fut un instant imaginé comme ayant été effectué par Elf. La réalité est apparue tout autre au fil des jours. Mais elle a servi de trame à cent dix-neuf articles – je le répète – importants, amorcés pour la plupart dès la première page du quotidien. Mon nom a été imprimé mille deux cents fois et placé quotidiennement devant les yeux des lecteurs du *Monde*. Qui connaît les règles de la presse comprendra que puisque ce journal tire à cinq cent mille exemplaires environ, c'est deux millions d'hommes et de femmes qui ont vu décliner mille deux cents fois, pendant cette période, le nom de « Dumas » associé à une formidable compromission[1].

J'insiste sur ce harcèlement car nul ne peut imaginer le désespoir dans lequel il vous plonge s'il ne l'a pas vécu. J'en tiens pour exemple le triste sort réservé à Roger Salengro.

La campagne contre Roger Salengro était de la « petite bière » faite au houblon du Nord mais servie dans des verres de cristal, ceux de *L'Action Française*, et dans les pipettes du laboratoire à poisons qui s'appelait *Gringoire*. Elle ne dura « que » quatre mois. Elle fut suffisante pour désespérer le ministre de Léon Blum au point de l'amener à se suicider.

L'Action Française d'abord, *Gringoire* ensuite accusaient Salengro d'avoir déserté en juin 1915 devant l'ennemi. Il avait été acquitté par la cour martiale – juridiction pourtant peu encline à la tendresse – en juin 1916 et lavé de tout soupçon. Mais la presse et les partis d'extrême droite déclenchèrent une nouvelle offensive le 20 juillet 1936. La publication de la décision d'acquittement en septembre de la même année n'y fit ni chaud, ni froid. La campagne reprit au contraire de plus belle et se développa. *Gringoire* tirait à l'époque à huit cent mille exemplaires. Son principal collaborateur, Henri Béraud, devait être condamné à mort à la Libération, puis grâcié après quelques années de prison.

---

1. Ce chiffre n'est pas exhaustif, car la campagne s'est développée (avec quelques périodes de répit) au-delà de dix-huit mois.

Malgré le soutien de ses amis politiques et de sa famille, en proie à un grand désespoir, Roger Salengro résolut de mettre fin à ses jours à Lille, le 18 novembre 1936, après avoir tenu tête à ses calomniateurs pendant quatre mois. Il avait résisté à la meute, mais il ne s'en retrouvait pas moins déchiqueté...

Un livre remarquable sur ce drame humain vient d'être publié sous le titre significatif de *Ils l'ont tué : l'affaire Salengro*. L'auteur n'est autre que M. Thomas Ferenczi – journaliste au *Monde*. Comme le temps passe ! Il est plus facile d'évoquer la turpitude des autres que la sienne. À l'époque, c'était *L'Action Française* et à sa suite *Gringoire* qui conduisaient le bal. *Le Monde* et *Libération* en sont bien aujourd'hui les dignes héritiers.

Et puis quoi ? De quoi puis-je me plaindre, je ne me suis pas suicidé !

La force du *Monde* est qu'il entraîne du monde. « C'est écrit dans le journal. » Les chansonniers, les caricaturistes, les meneurs de revue firent de leur mieux. Certains se surpassèrent même, quelquefois avec talent : les Ruquier, les Douglas, Bedos et j'en passe. Les lacets de ma paire de souliers devinrent aussi fameux que le cigare de Clinton. Je ne compte pas les reprises par les hebdomadaires qui m'ont fait l'honneur de publier ma photographie en page de garde, les radios, les émissions de télévision. Un acharnement sans pareil. Même *Le Canard Enchaîné*, dont je fus pendant des années le garde du corps judiciaire rapproché, finit par céder. Toutefois, il le fit à sa manière, narquoise mais sans méchanceté.

J'eus droit cependant à un article réparateur de l'hebdomadaire *Le Point* en juillet 1999. Le gros de la tempête était passé. Mais rien, décidément rien sur ce qui avait été une longue vie bien remplie, tant au barreau qu'au Parlement ou au gouvernement, n'apparaissait dans ces lignes.

Quant à *Libération*, cet indéfinissable journal et son péremptoire directeur en prirent à leur aise. Je ne devais pas attendre de ce quotidien, qui n'en finit pas de vouloir démontrer qu'il est de gauche, qu'il laisserait passer une aussi belle occasion de faire oublier les capitalistes qui assurent ses fins de mois. Il trouvait là le moyen de « se payer » un mitterrandiste qui a toujours pensé que la nouvelle gauche incarnée par ce journal était un trompe-l'œil et ses thuriféraires une troupe de « trompe-couillon ». Il fallait en rajouter, crier « haro sur le baudet » pour être cru.

Le journal de Serge July lâcha donc ses chiens. En tête de la meute le directeur lui-même. Après quatre-vingt-un articles consacrés à ma personne et soixante-sept titres articulés sur mon seul nom et couvrant plusieurs pages [1] pour bien attirer l'attention, July se fendit d'un éditorial intitulé : « L'honneur perdu de Roland Dumas » [2].

« L'honneur perdu » se terminait par ces mots : « Roland Dumas est un président en sursis qui avait un rendez-vous essentiel avec la morale politique. Il l'a manqué. » Les grands mots étaient lâchés.

Enfin *Libération* avait rattrapé le train lancé par *Le Monde*.

1. Voir notamment le numéro du 6 mars 1998 (quatre pages entières).

2. *Libération* du 17 novembre 1998.

*
**

Laurent Greilsamer, dans une belle biographie de Beuve-Méry, évoque la naissance du journal de la rue des Italiens en 1944. Il rappelle la grandeur de ses pionniers et la beauté de cette aventure. Il cite Péguy à cette occasion : « Dire la vérité, toute la vérité, rien que la vérité, dire bêtement la vérité, ennuyeusement la vérité ennuyeuse, tristement la vérité... » Cette évocation de sérieux du père fondateur me rappelle le mot qu'on lui prêtait quand il parlait à ses rédacteurs : « Faites chiant... »

Belle époque en vérité que celle où *Le Monde* était pauvre mais riche de rares vertus. Quel contraste avec ce billet du directeur actuel qui se vantait de publier un journal « en équilibre [1] » – préoccupation légitime – mais soulignait qu'il trouvait son indépendance dans l'augmentation des ventes. Vendre du papier ! N'est-ce pas ce qui explique bien des choses ? N'aurais-je pas droit à quelques jetons de reconnaissance au titre de ma « contribution forcée » pendant les années 1998 à 2001 ?

Mais fi de commentaires. *Le Monde* compte dans ses rangs des professionnels de grande qualité et d'une parfaite honnêteté. N'en déplaise au triumvirat qui le dirige aujourd'hui, c'est grâce à eux que ce journal demeure le grand quotidien qu'ont voulu créer les hommes de 1944 et qu'il est resté ce qu'ils espéraient. On ne peut qu'aimer ses grandes chroniques de l'été – l'histoire des croisades parue il y a quelques années était une pure merveille, les visites d'ateliers d'artistes également –, ses perspectives

1. *Le Monde* du jeudi 19 août 1999.

historiques, ses analyses de politique étrangère, ses critiques théâtrales, culturelles ou musicales, ses articles de fond sur tous les sujets, ses billets d'humeur et d'humour.

Et pour en revenir au sujet qui m'occupe, le temps n'est pas si lointain où la chronique judiciaire forçait l'admiration de tous. Son auteur, qui était devenu un ami, ne faisait pas de concessions à qui que ce soit au nom de l'amitié. Il est mort récemment. Ses obsèques ont été célébrées le 19 juin 2001 dans la petite église de Noisy-le-Grand, au cœur de la vieille ville, à l'écart des grandes tours qui défient le ciel. Il s'était retiré là depuis qu'il avait pris sa retraite après son ultime compte rendu : le procès de Barbie jugé par la cour d'assises du Rhône. Jean-Marc Théolleyre était entré dans la profession dès son retour de déportation, à l'époque de Rémy Roure, lui aussi déporté. Ceux qui étaient là, comme moi, debout dans les travées de l'église, revirent passer dans leur mémoire pendant quelques minutes la silhouette fragile, son éternelle serviette à la main : Jean-Marc Théolleyre, devant lequel ils inclinèrent leur chevelure, blanche pour la plupart d'entre eux.

Le directeur, M. Colombani, prononça un discours dans lequel il fit l'éloge du « grand journaliste vertueux, consciencieux et honnête qui nous quittait ». Oubli involontaire sans doute, il omit de mentionner qu'il avait reçu de Jean-Marc Théolleyre, depuis son lit d'hôpital, une lettre de protestation parce que « son » journal avait encensé Paul Morand, quelques jours auparavant, sans mentionner son antisémitisme.

Brave Jean-Marc Théolleyre. Les hommes et les femmes de son temps n'avaient pas laissé occuper *Le Monde* par des fanatiques et des marchands.

– V –

LES MOUTONS DE PANURGE ET LES AUTRES

Bill Clinton, mis en difficulté à cause de son aventure « chaude et salée » avec Mlle Lewinsky, a bénéficié d'un concours efficace, inattendu et bénévole : celui d'un certain Larry Flint.

On se souvient de l'offre originale de ce baron de la presse spécialisée dans le sexe, d'une somme d'un million de dollars à quiconque – homme ou femme – livrerait le récit et les preuves de ses secrets d'alcôve avec un sénateur, un membre du Congrès américain ou un haut fonctionnaire, au choix. On imagine la panique qui s'emparerait de la société française si pareille promesse était faite chez nous !

L'homme – Larry Flint – est aux yeux de certains peu recommandable. Il fleure bon le scandale, sent le soufre. On l'a surnommé « l'empereur du sexe », et sa fortune est évaluée à cent millions de dollars. Condamné à vingt-cinq années de prison pour ses activités coupables et pornographiques, il a été acquitté par la Cour suprême. Il existe des juges, aux États-Unis ! Un fanatique père la pudeur, vengeur de la bonne société puritaine américaine, l'avait blessé, faisant de lui, depuis 1978, un hémiplégique qui ne se déplace qu'en fauteuil roulant...

Les Français ont découvert son existence à l'annonce de son offre et mieux encore quand ils apprirent qu'un procès avait lieu à Paris en vue d'obtenir le retrait d'une affiche « scandaleuse » annonçant le film que Milos Forman, le talentueux réalisateur d'*Amadeus*, avait tourné sur sa vie. Les demandeurs au procès ont perdu. Forman retira pourtant son affiche en dépit de ce succès. *Libération* titra : « Les intégristes sont baisés »... Le procureur de la République, digne de son lointain prédécesseur le magistrat Pinard qui fit condamner Baudelaire, avait prononcé de grandes phrases et dénoncé le mécanisme de la perversion : « L'affiche montre ce qu'on ne voit pas et on voit ce qu'elle ne montre pas... » Ah !

Le Monde en profita pour se gauchir un peu, en écrivant que cela était contraire à la « tradition laïque de l'institution judiciaire ». On ne sait vraiment plus où donner de la tête !

Mme Frédérique Bredin, responsable de la culture au parti socialiste, exprima un point de vue courageux et raisonnable en regrettant que « la liberté d'expression artistique soit périodiquement remise en cause au nom d'une morale pudibonde et répressive ». Elle parlait pour la France, bien sûr.

Le débat était donc ouvert sur la liberté d'expression et l'offre d'un million de dollars qui constituait le contre-feu au rapport du non moins célèbre procureur Kenneth Starr, lequel, à l'instar des prêtres de l'Inquisition, ne reculait pas sur les détails de la vie privée du Président des États-Unis, fussent-ils les plus salaces. Transparence contre transparence, turpitude contre turpitude, révélations contre révélations.

L'effet de la promesse d'un million de dollars n'a pas tardé à se faire sentir dans un pays où l'on est très attaché à l'argent. Larry Flint, né pauvre dans l'austère Kentucky, avait promis, en se frottant les mains, de « faire parler les moquettes ». Tout cela au nom de la liberté d'expression et du premier amendement de la Constitution américaine qui dit : « Le Congrès ne fera aucune loi restreignant la liberté de parole ou de la presse. »

L'un des principaux accusateurs de Clinton, Bob Livingston, tout nouveau speaker de la Chambre des représentants, étoile montante du parti républicain, n'attendit pas longtemps avant de donner sa démission. Il a suffi que quatre femmes appellent pour dire qu'elles allaient révéler le détail de leurs relations avec le brillant et puissant membre du parti républicain pour que celui-ci annonce sur-le-champ qu'il disparaissait du premier rang de la vie publique américaine. D'autres noms étaient avancés. Ils ne furent pas connus tout de suite car l'affaire tourna court. Bill Clinton s'en sortit avec les honneurs de la guerre.

Je n'approuve ni la méthode, ni le secours apporté dans ces conditions au Président américain chancelant. Mais je me suis pris, pendant quelque temps, à regretter de n'avoir pas pu rencontrer un tel concours en France. Il aurait permis l'exécution de quelques beaux portraits d'hypocrites, sans qu'il soit forcément nécessaire de « faire parler les moquettes ». Simplement, au nom de la transparence qui doit être la même pour tous, de la liberté d'expression dont on invoque sans cesse l'usage et de la responsabilité individuelle, pourquoi ne pas savoir tout ce qu'il faut savoir sur ces professeurs de morale, ces donneurs de leçon, ces parangons de vertu, sans compter les tartufes ? Mais à la française ! Sans excès ! En mêlant tour à tour le ridicule, qui ne tue pas forcément, au sérieux qui « se cache derrière la plaisanterie », selon le célèbre mot de Kierkegaard. Bref, tout connaître sur l'appartenance religieuse, syndicale ou politique, sur le comportement des hommes et des femmes de haute vertu dans leur vie quotidienne et dans leur comportement habituel.

Telle héritière d'un grand nom de la Résistance qui s'en est donné à cœur joie sur mon compte se serait vengée, me dit-on, de quelques mots peu flatteurs que j'aurais prononcés à son sujet alors que je n'avais fait que rapporter un propos de François Mitterrand, selon lequel « elle faisait très mal l'amour ». Je le confesse : j'ai sans doute eu tort d'accréditer une opinion dont je n'avais pas vérifié le bien-fondé. Quant à cet éditorialiste qui sévissait dans un hebdomadaire avant d'en partir depuis cet exploit, il s'en est pris à moi en termes d'un racisme anti-limousin d'autant plus insupportable qu'il apparaît lui-même sur ce thème comme une proie facile et qu'il n'était pas regardant pour m'accompagner dans les voyages officiels du ministre des Affaires étrangères français. Je n'étais pas à l'époque le « rougeaud de la campagne limousine » qu'il décrit dans son article.

Et ce jeune parlementaire qui ne rêvait que de ressembler à Edgar Faure et à moi-même, en politique comme dans la profession d'avocat, et qui n'eut pas de mots assez durs pour rappeler aux devoirs du socialisme le vieux briscard que j'étais devenu à ses yeux ! Sans doute avait-il compris qu'en parlant mal de moi, il serait accueilli dans les meilleurs journaux et qu'il ferait ainsi parler de lui de façon élogieuse. Sans doute avait-il oublié mes bienfaits à son égard : un dossier plus que convenable à plaider concernant la succession Giacometti, la recommandation d'une cliente qui n'était autre que Christine Deviers et qui dut régler ses honoraires de consultation et d'intervention avec l'argent dont elle disposait à l'époque... Des honoraires supérieurs, bien sûr, au prix d'une paire de chaussures, fussent-elles sur mesure...

La liste ne serait pas longue de cette galerie de portraits, mais elle permettrait de situer chacun à la place qu'il mérite, du journaliste ombrageux, du politique oublieux, bref du compatriote haineux qui se venge. Chaque catégorie sociale y serait représentée, en excluant, pour le moment, les magistrats, catégorie à part, encore que...

Une poignée sans doute, mais suffisante. Quelques personnages qui ne pèsent pas lourd, heureusement, face à ceux qui se sont indignés de la succession des déferlantes qui m'assaillaient. Ces témoignages-ci émanaient de personnes connues ou inconnues, témoignages d'amitié et de soutien qui remplissent aujourd'hui plusieurs cartons de mes archives. Les manifestations publiques des uns et des autres ont contribué à mettre fin au calvaire que je subissais.

Mes amis politiques résistèrent assez bien au bout du compte, mais je trouvai encore plus de réconfort et de saine réaction parmi ceux qui, appartenant à un autre bord de la politique, s'indignèrent, le dirent et l'écrivirent.

Jean-Marc Varaut, avocat de droite, s'interrogeait dans

Le Figaro sur le véritable rôle des magistrats : « Juges ou inquisiteurs ? » Il écrivait : « Une lettre anonyme suffit à placer quiconque sur la sellette ou plutôt non pas un citoyen quelconque mais un homme politique, figure contemporaine d'une nouvelle classe dangereuse... On a rétabli, avant tout procès et même parfois avant toute poursuite, la peine de l'exposition au pilori. »

L'académicien Jean Dutourd, que je n'avais rencontré qu'une fois dans ma vie, prit position avec fermeté et courage dans un journal farouchement hostile, s'affichant contre les idées toutes faites diffusées par cet organe de presse.

Le coup décisif fut porté à cette campagne de dénigrement qui avait atteint son paroxysme lorsque le président-directeur du *Figaro*, M. de Chaisemartin, que je ne connaissais pas davantage que d'autres, décida d'engager son journal en signant un éditorial au titre évocateur : « Lynchage [1] ». Je ne me doutais de rien. Je ne devais rien ni à cet homme, ni à ce journal. Eux non plus. Mais l'honnêteté intellectuelle et le réconfort qui m'étaient apportés en cet instant m'ont ému au-delà de l'imaginable. Ma surprise a rejoint mon émotion [2].

Le Pr Maurice Duverger se lança à son tour dans la

1. Voir Annexes, p. 386.

2. M. de Chaisemartin signe très rarement un article dans le journal. Il n'en avait pas signé depuis plusieurs années. Il l'a fait également en réaction à l'attitude scandaleuse d'Alain Peyrefitte qui, profitant de sa qualité de président du comité éditorial du *Figaro*, avait formé le projet de donner un article désagréable contre moi dans les colonnes du quotidien du matin. Il en fut empêché par la rédaction, mais porta son article au *Monde*.

bataille. S'adressant à ses étudiants de l'École de journalisme de Lille qu'il qualifie lui-même de « meilleure école de France et probablement d'Europe », il donna son avis autorisé sur les problèmes de droit que posait ce dossier[1], rappelant à cette occasion ce qu'avait été *Le Monde* de Hubert Beuve-Méry comparé à celui de M. Jean-Marie Colombani : « *Le Monde* de Hubert Beuve-Méry disparut avec lui quand les principes imposés par son fondateur ont été abandonnés par ses successeurs. Ce que les illustrations de certains hebdomadaires font en passant de l'érotisme à la pornographie, les articles du quotidien qui a remplacé *Le Temps*, en 1944, le font en passant du scandale à la diffamation. »

Dans le même temps, divers quotidiens donnaient des nouvelles de l'affaire Elf et de son prolongement appendiculaire, « l'affaire Dumas ». *Le Figaro*, *La Croix*, *L'Humanité* informaient leurs lecteurs du déroulement, des recherches et des investigations, sans chercher à les conditionner, à orienter leur esprit. On conviendra que ces organes de presse ont des clientèles très différentes les unes des autres, couvrent des secteurs d'opinion qui ne sont pas les mêmes. Il leur est certes arrivé de faire des commentaires, mais dans le respect de la déontologie journalistique. Bref, ils informaient en toute objectivité.

Et pour en revenir au *Monde*, comme je l'ai déjà dit tous ses collaborateurs ne sont pas de la même eau, Dieu merci. L'un de ces anciens collaborateurs, dans un livre admirable, ne s'est pas privé, dès 1976, de mettre en cause l'objectivité toute relative de ce journal. Il fait une analyse

1. Voir Annexes, p. 387.

de la culture qui prévaut dans cet organe de presse en distinguant « L'objectivité d'intention et l'objectivité d'apparence [1] » : « Avant d'aller plus loin, le lecteur du *Monde* doit s'exercer à distinguer entre une véritable intention d'objectivité et une objectivité d'apparence. La première se propose d'abord de connaître les événements, les faits, les hommes, les idées, et ne porte qu'ensuite un jugement sur eux. La seconde comporte un jugement préétabli, mais se garde bien de le faire savoir : c'est presque sans avoir l'air d'y toucher qu'elle va soumettre les événements, les idées et les hommes. L'une a pour but d'éclairer les esprits, l'autre de les orienter. La frontière qui les sépare est de celles qui délimitent l'observation scientifique et le pseudo-scientisme, l'étude et le prosélytisme feutré. »

Ces lignes n'ont rien perdu de leur actualité. J'ai eu droit le 12 novembre 1998 à un numéro quasi complet pour moi seul. En tout sept articles bien disposés et équilibrés – selon la formule « mondeuse » – c'est-à-dire un article favorable, celui de Me Thierry Lévy qui me demandait de ne pas démissionner du Conseil constitutionnel, contre six autres articles qui étaient orientés dans le sens contraire. Un mauvais pâté fait d'un cheval et d'une alouette !

Comment peut-on expliquer cette poussée de température ? Par l'échec de l'impact d'un précédent papier aux allures de leçon de morale. Quelques jours plus tôt en effet [2], un article sur quatre colonnes en page une concernait « Le secret de l'affaire Dumas ». Cet éditorial non

1. Michel Legris, « *Le Monde » tel qu'il est*, éditions Plon, 1976.
2. Numéro daté du 30 octobre 1998.

signé n'avait d'autre but que de réclamer ma démission. Le titre en était impressionnant : « La vertu de la République ».

La malhonnêteté de cet éditorial était flagrante. Il suffit d'en relire le dernier paragraphe pour en être convaincu : « Le même homme est aujourd'hui président du Conseil constitutionnel, gardien de la loi fondamentale, en d'autres termes de la vertu républicaine. Peut-il le rester maintenant que la vérité est dite ? » Tout cela sous la haute direction et le magistère d'un homme dont l'histoire familiale n'est pas nécessairement un exemple de « vertu républicaine ».

Le K-O était proche dans l'esprit de ceux, connus ou inconnus, qui écrivirent cette saloperie. Il n'y a pas d'autre mot pour qualifier cet éditorial anonyme. « La vérité est dite » : quelle vérité ? Ce n'était pas encore la vérité judiciaire, loin d'être établie. La vérité dont on s'emparait là pour me stigmatiser n'était autre que celle contenue dans un livre de Christine Deviers-Joncour dont on sait depuis cette date quel en était le mobile, et où allaient les deniers de ses ventes juteuses.

À défaut de vérité judiciaire, avait-on enregistré un aveu de ma part ? Aucun. L'instruction n'était pas terminée, les commissions rogatoires étaient toujours en cours. La vérité invoquée ici était en réalité celle qui avait été construite par le journal. Il ne se souciait pas de « la » vérité, mais se posait, et posait, en défenseur de la vertu, donc de la morale.

Je n'ai pas laissé passer cette usurpation. J'ai poursuivi mon travail dans mon bureau du Palais-Royal et fait annoncer ma détermination par mes avocats. Le communiqué répliquait au quotidien du soir : « Prenant prétexte de la publication par Mme Deviers-Joncour d'un livre qui n'apporte aucun élément nouveau, le journal le *Monde* poursuit sa campagne de haine contre le président Roland Dumas. Cette campagne se situe très clairement dans le combat que, pour des raisons que chacun sait, le quotidien poursuit contre ceux qui restent fidèles à l'action et à la mémoire du président François Mitterrand. La contradiction qui existe entre le titre de l'article et son contenu souligne la malhonnêteté intellectuelle des responsables de ce journal et lui interdit de se poser en gardien des vertus de la République. Le président Roland Dumas répondra comme il l'a toujours fait jusqu'ici, dans le cadre de l'instruction en cours qui ne pourra se terminer que par un non-lieu. »

Dans *« Le Monde » tel qu'il est*, Michel Legris met ses lecteurs en garde. S'en prendre au *Monde*, c'est commettre à la fois un sacrilège et une imprudence, car *Le Monde* est très puissant : « Il a une influence énorme. » *Le Monde* fait peur : « On tient qu'il peut asseoir ou démolir une réputation à son gré ; on s'irrite de l'exercice arbitraire qu'il fait de ce pouvoir mais on s'en accommode, par crainte du mal qu'il pourrait causer à qui se permettrait de se rebeller. »

Je ne me rebelle pas, je m'indigne.

– VI –

LE CORBEAU, LE JUGE ET LE JOURNALISTE

J'ai toujours été atterré par le comportement des lâches qui accomplissent le geste de jeter un pli dans une boîte aux lettres d'une poste centrale (la rue du Louvre ou la gare Saint-Lazare servent le plus souvent à cet usage) pour dénoncer dans le plus pur anonymat qui un voisin, qui un passant, qui un adversaire. Est-ce un mal français ? On finit par le croire.

Des parlementaires ont essayé à plusieurs reprises de faire admettre le principe de la nullité de tous les actes de procédure entrepris à partir de dénonciations anonymes. Michel Charasse [1] a courageusement défendu ce point de vue au Sénat. Mais telle la chèvre de Monsieur Seguin, il dut abandonner et retirer son amendement à l'aube. Quel-

1. Voir *Journal officiel*, séance du Sénat du 17 juin 1999, au cours de laquelle le Sénat est revenu sur une position de principe qu'il avait adoptée plus tôt en rejetant l'amendement présenté par le sénateur socialiste du Puy-de-Dôme. Le Sénat a suivi cette fois le garde des Sceaux, Mme Élisabeth Guigou, et son prédécesseur, Me Robert Badinter.

ques parlementaires de gauche et de droite avaient partagé son avis l'espace d'une nuit et ce fut tout.

C'est moins le nombre que la nature de ces noires correspondances, leur origine, leur cadence et le sort qui leur est réservé par les destinataires plus encore que par les auteurs qui sont inquiétants. Il n'empêche que la lettre me concernant et reçue par le juge – qui l'a prise au sérieux – le 5 août 1997, fut la première d'une série impressionnante.

J'ai connu une époque (mes débuts au barreau) où les juges d'instruction avaient à cœur de mettre au panier, d'un geste noble et visible, les missives sans signature : « Voyez, mon cher maître, ce que je fais des lettres anonymes », disaient-ils. Et l'un d'eux d'ajouter, en les laissant tomber dans la poubelle : « Je leur assure un classement vertical ! »

Autre temps, autres mœurs ! L'Occupation fut la période où le procédé a été le plus utilisé, pas seulement contre les résistants patriotes mais aussi contre les simples citoyens qui écoutaient régulièrement la radio de Londres. Ceux-ci se montraient parfois imprudents, en en faisant profiter d'autres qu'eux-mêmes. La Gestapo était informée. J'en ai souffert et personne ne me retirera le droit d'en parler.

De tous les pays occupés, la France est réputée avoir été celui où la lettre anonyme a le plus fleuri. Pierre Mendès France m'a raconté qu'il avait connu des cas de vengeances privées assouvies par ce moyen (femme trompée, voisin grincheux, ou plus encore n'importe quel demandeur qui aurait perdu son procès...). Les chiffres qui ont été donnés à l'occasion des débats du Sénat sont impressionnants.

C'était le temps de la honte, dit-on ! Mais cette période ne fut pas la seule. Celle qui suivit la Libération ne fut pas plus reluisante du point de vue du comportement humain. Que dire de certains, voire de ces quelques magistrats qui incitèrent alors à la délation ! Un exemple ? Sacha Guitry, accusé de collaboration en raison de sa participation à des spectacles organisés pour les troupes d'occupation, avait refusé de quitter son domicile avant la libération de Paris. Mais le 23 août 1944, il fut arrêté. Il apparut alors « au pied de son immeuble en chemise à grands ramages colorés comme il les aimait, et en pantalon de tussor, un chapeau à large bord jeté sur son crâne, son veston accroché à l'épaule. Il avançait à pied ». La scène a été décrite dans plusieurs agences de presse et livres de l'époque. Sacha Guitry était encadré par cinq jeunes gens qui le faisaient avancer, leurs armes pointées sur lui. Curieusement, c'est moins la présence de cette « vedette connue » que l'aspect comédien de ses accompagnateurs qui laissa croire qu'on était en train de tourner un film.

Un comité de soutien se constitua. Sacha Guitry fit encore un bon mot : « La libération de Paris ? J'en ai été le premier prévenu ! » Mais l'accusation n'avait pas grand-chose contre lui, si ce n'était des amitiés coupables, trop d'Allemands dans son entourage. En dehors de cela elle n'était pas très étoffée.

C'est alors que le 18 octobre 1944 parut dans la presse à peine libérée une petite annonce : « Monsieur le juge Augeras attend que des dénonciations lui soient adressées concernant Monsieur Sacha Guitry. »

Malgré cette invitation, malgré la pression ambiante, Sacha Guitry fut mis en liberté provisoire le 23 octobre suivant, soit quelques jours après son arrestation. Mais le juge ne lâcha pas pour autant le morceau et se mit à rechercher les éléments qu'il n'avait pas. Un nouveau communiqué, paru le 2 décembre 1944 dans le journal *Front National,* disait ceci : « Le juge, M. Augeras, a demandé que les personnes qui auraient des reproches à formuler contre Sacha Guitry lui écrivent ou viennent le voir. » Encore ne les incitait-il pas à garder l'anonymat et s'agissait-il d'une période hautement troublée, anormale, révolutionnaire. La France était au bord de la guerre civile. On n'avait pas encore démantelé ni désarmé les milices communistes. Nombreux étaient ceux qui avaient souffert au point que l'esprit de vengeance pouvait conférer une apparence de légitimité à cette façon d'agir. La France était encore en guerre contre l'ennemi. On se battait aux frontières.

Mais aujourd'hui, nous sommes un « État de droit », du moins le répète-t-on à satiété et le prétend-on. La France de 1998 était en paix. On pouvait donc s'attendre à plus de rigueur dans le comportement des uns et des autres.

Or, au cours d'une séance d'instruction, alors que j'évoquais ce problème en insistant sur le fait que les lettres anonymes pouvaient servir les plus noirs desseins, quelle ne fut pas ma surprise de m'entendre répondre par l'une des juges que j'agaçais sans doute :

– Heureusement que nous avons les lettres anonymes. Cela nous permet d'avancer.

Cinq personnes ont entendu ce curieux propos dont je ne compris tout le sens que plus tard. Sur le coup, les bras m'en sont tombés.

Ce même juge a précisé sa pensée lors d'une interview concernant son livre, avec des mines de petite fille rougissante à l'idée de dire quelque chose de choquant : « Au début, je ne les lisais pas... J'ai fini par m'y mettre. » Reprenant son esprit pour se justifier, elle ne fut pas en reste en ajoutant : « Les politiques commettent des malhonnêtetés : il est souhaitable que les citoyens les dénoncent. »

À propos de ces torchons anonymes, un des policiers de la brigade financière, homme aimable ayant en main pour les examiner les nombreuses lettres dont l'étude lui avait été confiée par les juges, s'adressa au dernier de mes fils, qu'il interrogeait, en ces termes :

– Votre père a beaucoup d'ennemis.

Oh oui ! Mais toutes ces missives n'étaient pas faites de la même façon et ne provenaient pas du même tonneau. Cependant toutes ont fait l'objet d'enquêtes approfondies, de commissions rogatoires solennelles dont le texte était en temps utile donné aux journaux de manière à alimenter la suspicion générale, en vertu de ce vieux principe absurde que les sots se plaisent à répéter : « Il n'y a pas de fumée sans feu. »

Le dossier officiel de la justice contient une quinzaine de documents, de dénonciations, d'indications partiellement vraies ou totalement fausses, de précisions inventées[1]. Ils ont été expédiés, comme par hasard, sur une période courte d'environ cinq à six mois pendant laquelle l'affaire battait son plein avec une pointe en fin d'année 1997 et en début d'année 1998. Les lettres coïncident avec

1. Voir en Annexes, p. 388, la liste de ces dénonciations anonymes.

l'intensification de la campagne de presse comme si, par un effet mécanique, un événement entraînait l'autre.

Aucune des plaintes déposées par moi à leur sujet n'a permis d'identifier les auteurs de ces libelles, mais il n'est pas impossible d'en cerner les origines. Et ce qui est certain, c'est que nombre d'entre eux ont suffisamment intéressé les juges et la police pour mettre en cause – et à mal – des personnes parfaitement honorables et qui n'avaient rien à voir avec « mon » affaire.

Quelques-unes de ces lettres émanent à l'évidence de cercles familiers, de tierces personnes de mon entourage, et traduisent un besoin de vengeance locale. Une hôtesse de l'air proche de moi, parce qu'elle voyage beaucoup, comme moi (n'est-ce pas son métier ?) et par avion (n'est-ce pas normal ?) a été interrogée longuement. La simple lecture de la lettre de dénonciation qui évoque, en termes vengeurs, l'existence de sa mère – que je ne connaissais pas – suffit à montrer qu'il s'agissait d'une manifestation de caractère très « personnel ». Il en est sans aucun doute de même pour la lettre touchant la gouvernante à mon service depuis trente ans, lettre destinée à la blesser. Cette femme honorable y est présentée comme une éthylique notoire, recevant un homme à l'allure germanique, qui ouvrait devant elle des valises pleines de « deutsche Marks » (sic). Elle fut interrogée elle aussi sur cet aspect du dossier.

Autre exemple... Une amie de Christine Deviers-Joncour se trouvait en grande difficulté pour se loger et loger sa fille. Elle finit par obtenir par mon intermédiaire un appartement de la Ville de Paris, en location. Aucun passe-droit n'a eu lieu pour cette attribution. Mais cela était très suspect, n'est-ce pas ? La lettre anonyme fut « exploitée », pour utiliser le langage policier.

Plus cocasse encore est le cas de cette personne qui dénonce l'amant éventuel de la femme d'un notaire, que je ne connais ni de près ni de loin et qui fut un temps l'officier ministériel d'une des parties dans le procès... Tout est à l'avenant. Vengeance ! Petite vengeance et grande bassesse de la part de gens, nos compatriotes, jubilant à l'idée de faire du mal.

Plus habiles et plus caractéristiques sont les lettres dont le contrechamp politique est clair. C'est ainsi qu'une missive datée du 12 mars 1998 parvint au cabinet du juge. Son contenu était des plus surprenants :

Madame,

Dans le cadre de votre enquête sur l'affaire Dumas, une secrétaire pauvre de l'Élysée, Laurence Soudet, demeurant Chemin Fontaine-Basse, 84220 Gordes, a hérité d'un château de 39 millions de francs pour se taire – de la part de Dumas. Documents à votre disposition.

Ce château de sept appartements neufs – piscines. Vue imprenable.

À votre disposition.

Salutations respectueuses.

Ribière (?)

Écriture bâtarde, lettres pointues, acides même, comme l'auteur de l'envoi sans doute !

Laurence Soudet existe. Elle a travaillé à l'Élysée comme collaboratrice du président François Mitterrand.

Elle n'est pas pauvre. Elle possède un bien à Gordes, modeste. En général les maniaques, les malades de la lettre anonyme, n'inventent pas la totalité de leur message. Ils évoquent des points exacts pour donner du poids à leur dénonciation. Mais la lettre en question n'était pas faite pour cela. Le sensationnel réside dans le fait que le château de Gordes, qui ne passe certes pas inaperçu, lui aurait été offert par moi, aux dires du dénonciateur, pour « acheter son silence ».

Fallait-il vraiment remuer ciel et terre pour traiter un tel sujet ? À défaut du mépris dont j'ai parlé et qui conduit de telles missives à la corbeille à papier, il était facile d'en avoir le cœur net. Point n'était besoin d'auditions multiples, point n'était besoin de tapage. Il eût suffit de donner commission rogatoire à la gendarmerie locale pour qu'elle se rende au cadastre et relève le nom du propriétaire du château. On y aurait sans doute découvert l'existence d'une famille très honorable. Mais on se serait très vite aperçu que ce n'était pas Mme Soudet qui en était la propriétaire et que moi-même je n'étais pour rien dans l'acquisition de ce bien immobilier dont j'ignorais jusqu'à l'existence. L'affaire serait morte de sa belle mort.

Était-ce trop simple ou trop discret ? Le juge emprunta une autre voie, comme elle en avait légalement le pouvoir. Elle chargea la brigade financière d'une enquête approfondie qui présenta aussitôt un tout autre intérêt. Mme Soudet fut convoquée, entendue. Une fois qu'elle eut démenti être propriétaire de ce superbe château, elle fut interrogée longuement sur ses biens, sur sa petite propriété de Gordes, sur la composition de ses sociétés civiles immobilières, sur les amis qui en faisaient partie, sur la SCI qu'elle avait mise au point avec son mari... Et sur la

SCI voisine ! Celle-ci devenait très intéressante. Il fallait connaître le nom des partenaires. Les ragots étaient sans doute remontés jusque-là à cause du fait que dans cette deuxième maison, qui n'est pas le château, François Mitterrand était reçu.

Faire apparaître dans la procédure les noms de Mme Pingeot, de sa fille et des autres porteurs de parts, tous proches du président de la République, n'était-ce pas là le but ? Tout cela n'avait rien à voir avec la lettre anonyme et moins encore avec moi. Mais le détour par Gordes avait une autre signification.

La presse n'eut pas à attendre longtemps avant d'être avertie de ces investigations. Que penseront de notre justice les historiens qui examineront ce dossier dans le siècle prochain ? Songeront-ils à mentionner que depuis des semaines le bruit courait dans les couloirs du Palais de justice, qui de ce point de vue est une véritable ruche, que les sommes détournées au détriment d'Elf avaient fini par tomber dans l'escarcelle de Mazarine ? Ah le beau coup s'il avait réussi ! Mais il a raté parce qu'il n'était pas conforme à la réalité.

Plus étonnante encore quant à sa facture et à son contenu est la dénonciation prétendument anonyme du 21 janvier 1998 [1]. Ce n'est pas à proprement parler une lettre qui informait les juges, mais cela reste bel et bien une dénonciation. Le procès-verbal dit « de constatations » est révélateur. Il s'agit de la transcription d'une

1. Voir en Annexes, p. 391, le procès-verbal de constatations.

communication téléphonique : la conversation entre une personne qui désirait garder l'anonymat et le juge. Cet « honorable correspondant » donne les numéros exacts de mes comptes bancaires au Crédit lyonnais. Le secret professionnel est trahi car « il » (le correspondant) raconte qu'une demande de prêt a été formulée par moi à des fins familiales. Il donne le détail de mes versements en espèces pendant les années 1991 à 1992, fait état des réactions des employés de l'établissement. Il ne faut pas être très intuitif pour comprendre que le « délateur » tenait ses informations de la banque elle-même, ou qu'il en était membre en activité, ou l'un des responsables. À moins que les services officiels n'obtiennent, par un moyen ou par un autre, mais toujours inavouable, un accès direct et facile à ses livres.

Je comprends mieux le slogan publicitaire qui annonce que désormais le Crédit lyonnais serait « une nouvelle banque » ou, mieux, une « autre banque ». J'espère qu'elle se montrera à l'avenir plus respectueuse de ses obligations et ne trahira pas ses clients. J'ai retiré tous mes comptes de cet établissement en peau de lapin...

Ce n'est pas être grand clerc non plus que de deviner qui a commis cette indiscrétion à mon détriment. L'intention était lumineuse. Ce renseignement servit de prétexte aux déclenchement des opérations. Deux jours plus tard la perquisition avait lieu et la presse bien sûr en était prévenue, comme d'habitude, mais avant tout le monde... Toute la question est là : à qui profite la dénonciation ?

Je n'incrimine pas les juges, même si ces coïncidences sont plus que troublantes. Les versements en espèces sur mon compte n'avaient rien d'illégal. La seule interrogation était de se demander quelle pouvait être la provenance de ces fonds. Sur ce point, en dépit des préjugés, des enquêtes approfondies, des recherches en France et à l'étranger, rien n'a été découvert qui ressemblerait à un début de soupçon. Pas d'argent sale. Pas d'argent de la drogue. Pas d'argent d'Elf. On verra plus loin les travaux effectués par le juge suisse, qui n'ont donné aucun résultat significatif tel qu'attendu – pour ne pas dire souhaité – par les juges français.

Mais la machine était lancée ; les rumeurs allaient grandissant, insinuant au contraire que les choses allaient finalement faire surface et que les malversations allaient apparaître. Je n'oublie pas non plus le traditionnel billet sur mes comptes à l'étranger. Tout y était : les prétendus numéros et l'adresse de la banque. Le juge français et le juge suisse ne trouveront rien. L'honnête M. Perraudin, juge à Genève, signala à plusieurs reprises qu'aucun compte n'existait à mon nom, pas plus que sous un pseudonyme. Il le dit et l'écrivit. Il ne fut pas bien vu de ce fait.

Ce « vol de corbeaux » amplement exploité n'amènera aucune révélation mais contribuera à grossir la sarabande journalistique. Leurs prestations multiples et l'exploitation qui en fut faite dans les télévisions, les hebdomadaires et les radios me conduisent à poser une question : le code de procédure pénale a-t-il été modifié à notre insu ? Subrepticement, en quelque sorte. Tout bon étudiant en droit sait et vit sur l'idée que l'action pénale publique ne peut être engagée que par le procureur de la République qui ouvre une information et fait désigner un juge d'instruction ou par un simple citoyen qui dépose une plainte auprès du doyen des juges et se constitue partie civile. Je schématise à dessein. Mais tout le monde sait cela. Or, dans le cas qui m'occupe, le procureur de la République n'a pas ouvert d'information. Il n'a reçu de plainte de quiconque. Il n'a pas enregistré la moindre plainte de la société Elf qui ne s'est constituée partie civile à aucun moment contre moi pendant l'instruction. L'Agence France-Presse a publié un communiqué du président d'Elf[1] qui a déclaré qu'il me considérait comme étranger aux malversations qu'il déplorait légitimement par ailleurs. *Le Monde* n'en a pas parlé. Tiens !

La nouveauté, si nouveauté il y a, tiendrait au fait qu'à partir d'une lettre sans signature, un juge peut se saisir d'une affaire qui n'existait pas avant la dénonciation. Il va poursuivre l'instruction de son propre chef au prétexte qu'il est saisi d'une procédure beaucoup plus vaste, qui lui permet de ratisser large. La personne visée est étrangère à cette procédure mais elle entrera dans le bal sinistre par cette fente étroite du collimateur judiciaire.

Les juges d'instruction, forts de l'information qui leur avait été donnée concernant l'affaire Elf, ont élargi leur champ d'investigation et labouré à leur guise, créant ainsi une véritable et nouvelle jurisprudence.

Le procédé est facile, peu glorieux certes, mais efficace quant à la destruction physique et morale d'un simple citoyen qui se croit protégé par des institutions et des lois

1. Le président Jaffré.

et qui serait en droit d'attendre une meilleure application des textes.

Bref, prenons acte qu'une troisième voie existe désormais pour mettre en route la justice : la lettre anonyme. Vendeurs d'orviétan, imposteurs en tous genres, fabricants de saisine judiciaire : à vos téléphones, à vos plumes ! Vous avez encore de beaux jours devant vous. La route de la dénonciation sans risque vous est ouverte.

*
**

« Le corbeau, créature fantasque et incontrôlable, se tait. Content de lui ? Niché au cœur de l'appareil d'État, informé en temps réel de ce qui se trame au sommet de la justice comme au ministère de l'Intérieur, il peut se targuer d'avoir joué un rôle dans la vie politique du pays. Il a fait monter la pression. Il a contribué à désarçonner les nerfs des gouvernants. Il a semé le trouble et le soupçon. Il a été surtout adroit, surfant au bon moment sur la lente montée en puissance des juges au sein de la société française[1]. » Cette description de l'action du corbeau tapi dans les replis d'ombre qu'offre le pouvoir est complète et fine. Elle est extraite d'une histoire où la victime, cette fois, est un commissaire de police, une femme. La preuve est ainsi faite que ce genre d'activité peut atteindre n'importe qui, n'importe où. Le juge, comme le disait assez crûment un magistrat de ma connaissance, « s'en servait pour avancer... ».

---

1. Extrait du livre *La Commissaire et le Corbeau* (p. 198), d'Éric Merlen et Frédéric Ploquin, Éditions du Seuil, 1998.

Le Corbeau... Les Français ont découvert cet étrange animal, au plumage lisse et huilé, avec le film de Clouzot en 1943. Mais ce corbeau-là n'était qu'un amateur, un provincial, un villageois. Il a fait des progrès. Il a pignon sur rue, est admis dans les prétoires, sollicité par les autorités. Mais la société civile y trouve-t-elle son compte ? L'auteur de cette analyse poursuit : « La montée en puissance des juges, à son tour, est venue depuis une dizaine d'années doper le commerce occulte des notes blanches [1]... Le temps des affaires politico-judiciaires est venu, avec ses excès et ses dérapages. Et avec lui, le temps de la délation. Pour neutraliser le clan opposé on s'est mis à alimenter les juges. Et c'est là que la ruée vers les notes blanches a pris tout son sens. À chacun d'en conserver quelques-unes par-devers lui au cas où. »

Ce n'est toutefois pas une consolation de savoir que d'autres que vous-même subissent un sort identique, sont soumis au même pilori, exposés au regard inquisiteur du public avant même d'être jugés. Mais le fait est là, la France est entrée dans l'ère de l'alliance du juge et du corbeau.

*
**

Dans *La Commissaire et le Corbeau*, Éric Merlen et Frédéric Ploquin remarquent : « La place grandissante donnée, dans les colonnes des journaux, à l'investigation a offert à ces jeux une caisse de résonance inespérée. Ayant depuis longtemps cessé de régler ses comptes en

1. Notes anonymes rédigées par les Renseignements généraux.

famille, ayant pris les juges à témoin, on s'est enfin tourné vers l'opinion publique, sommée de juger avant les juges, sur la base des pièces que l'on voulait bien étaler devant elle. Avec le risque, pour le journaliste, par nature à l'affût de nouvelles informations, de se retrouver transformé en bras séculier de vendettas dont il ignore à peu près tout. »

Le corbeau qui alimente le juge est en effet relayé, bien souvent, par le journaliste dit « d'investigation ». Deux espèces qui sont loin d'être en voie de disparition.

Le monde des journalistes est divers, le meilleur y côtoie le pire. La grande majorité d'entre eux sont admirables de sérieux, d'honnêteté et de conscience professionnelle. J'y compte beaucoup d'amis. J'en ai défendu un grand nombre dans les moments les plus difficiles, généralement contre leurs employeurs publics ou privés.

J'ai moi-même fait mes débuts dans la vie en travaillant à l'Agence économique et financière puis à l'Information où j'assumais la traduction des télégrammes venus de l'étranger pour m'aider, après la guerre, à subvenir aux besoins de ma famille. J'ai eu la carte professionnelle et je bénéficie d'une retraite modeste. De cette époque pionnière je conserve de merveilleuses amitiés (voir *Le Fil et la Pelote*), de plus en plus rares en raison de l'âge et de la maladie. Les gens meurent trop tôt et trop vite. Les amis surtout. Quoi qu'il en soit, j'ai toujours séparé le bon grain de l'ivraie. Là plus encore qu'ailleurs.

Mais nous sommes aujourd'hui, me semble-t-il, en face d'un phénomène particulièrement sournois : l'apparition du journalisme dit « d'investigation ». La mode nous en est venue des États-Unis d'Amérique, comme beaucoup de choses en ce siècle. L'affaire du Watergate l'imposa à l'opinion. Deux journalistes du *Washington Post* eurent dans leur ligne de mire le Président des États-Unis – Richard Nixon – qui avait fait mettre sur écoutes l'immeuble de ses adversaires politiques. Ils enquêtèrent, interrogèrent, publièrent des documents. Le président dut reconnaître les faits et sa responsabilité. Il démissionna. Le *Washington Post* triompha.

Le genre traversa donc l'Atlantique mais, comme cela se produit souvent, avec un zeste de contrefaçon. Une poignée de journalistes ordinaires, travaillant principalement dans la presse parisienne, ne s'autorisant que d'eux-mêmes, se mirent à tenter de ressembler à MM. Carl Berstein et Bob Woodward.

Il existe des chroniqueurs sportifs, des chroniqueurs judiciaires, des analystes financiers, des critiques culturels, des grands reporters. Personne ne connaît ou ne reconnaît les journalistes « d'investigation ». Nul statut particulier, nulle mention sur la carte professionnelle, nulle organisation officielle ou branche syndicale ne permet de les distinguer de leurs confrères qui exercent pour la plupart un métier difficile, et les tiennent à distance, parce qu'ils n'ignorent rien de leurs méthodes et de leurs compromissions.

Ces journalistes nouveau genre (mauvais genre !) se prennent pour la fine fleur de la corporation, traversent les salles de rédaction et les coquetèles le torse bombé, le regard lointain et insistant. Bref, une petite clique dont les membres se maquillent en Sherlock Holmes, se lancent dans la vie quotidienne après avoir interrogé chaque matin leur miroir, telle la « Marguerite » de Faust, parée des bijoux qui lui étaient offerts par Méphisto. Ils ne sont pas loin de penser qu'ils sont la haute couture du journalisme, les autres n'étant que le menu fretin. Pour reprendre le mot célèbre d'Albert Cohen, « c'est la cohue des réussisseurs et des avides d'importance ».

Ils travaillent dans l'inédit, la révélation, le « scoop », comme ils disent. Ils y réussissent assez bien. Auraient-ils un don particulier ? La vérité est autre. Ils n'avancent dans leur spécialité qu'à coup de connivences. Certes, il en existe de sérieux, très professionnels qui ne font pas d'esbroufe, qui « investiguent » vraiment et vérifient leurs sources. Ce sont les moins célèbres. Mais la plupart assurent leur succès en « rendant service » et attendent d'être récompensés. La règle d'or de ce journalisme-là est celle du « un prêté pour un rendu ».

La police, la hiérarchie judiciaire se servent d'eux pour faire passer ce qu'ils veulent dans les colonnes de leurs rubriques. Et cela en dépit de la charte des devoirs des journalistes français qui prévoit, dans une de ses dispositions les plus importantes et qui me paraît aller de soi, que « le journaliste ne doit pas confondre son rôle avec celui du policier ».

Comment expliquer autrement ce don de voyance qui leur permettrait de connaître le contenu d'un procès-verbal le jour même où il est enregistré ? À plusieurs reprises mes avocats se sont étonnés auprès des autorités judiciaires de cette étrange coïncidence entre la date, quelquefois l'heure, d'une audition et sa parution dans les grands organes de presse, sans obtenir de réponse satisfaisante.

Ainsi, le 24 novembre 1998, mes deux excellents conseils (Mes Farthouat et Tosi) se sont plaints auprès des juges d'instruction d'un incident parmi d'autres.

Monsieur Roland Dumas étant convoqué pour le 3 novembre 1998 à 15 heures, nous avons, comme nous le faisons toujours en pareil cas, demandé à un de nos collaborateurs, en l'espèce Mme Laurence Apitz, de consulter la veille le dossier... À l'issue de l'interrogatoire de M. Roland Dumas, celui d'entre nous qui l'assistait ce 3 novembre a commandé la copie des éléments nouvellement joints au dossier qui s'arrêtait à la cote D 4707, ainsi que la déposition de M. Roland Dumas qui venait d'être recueillie et qui n'était pas, de ce fait même, encore cotée. Elle l'a été ultérieurement sous les numéros 4422 à 4432.

C'est donc nécessairement postérieurement à cet interrogatoire qu'a été joint au dossier la déposition de M. Jacques Fournet, ancien directeur de la DST, entendu en qualité de témoin par Mme Eva Joly, le 2 novembre 1998 à 10 h 30. Il ne peut y avoir de doute sur ce point puisque ce procès-verbal d'audition ne se trouvait pas dans le dossier lors de la demande des pièces précitées.

Or le journal Le Parisien Libéré *a produit dans son édition datée du 4 novembre, sous la signature de M. Laurent Valdiguié, l'essentiel de la déposition de M. Jacques Fournet. Cet incident n'est pas isolé.*

Depuis le début de l'instruction, le journal Le Monde, *sous la plume de M. Hervé Gattegno, reproduit les pièces du dossier qu'il estime susceptibles d'être défavorables à M. Roland Dumas en assortissant d'ailleurs ces publications de commentaires tendancieux par lesquels il espère sans doute, mais très certainement en vain, influencer les magistrats instructeurs.*

Cette situation déjà grave prend, avec la publication par Le Parisien Libéré *du témoignage de M. Jacques Fournet,* pratiquement simultanément[1] *avec son enregistrement, un caractère intolérable.*

1. Souligné par l'auteur.

L'investigation a bon dos ! Une fuite organisée en tient évidemment lieu. Inutile d'être très instruit pour deviner les cercles d'où cette indiscrétion si peu désintéressée peut venir. Un journaliste appartenant à un quotidien de l'est de la France ne cessait de m'étonner, allant jusqu'à annoncer les dates de mes convocations avant même que mes conseils ou moi-même en fussions avertis. Ceci jusqu'au jour où j'appris qu'il était l'époux d'une magistrate du même ressort que celles qui s'occupaient de mon dossier et que celle-ci avait, dans les bureaux d'instruction, ses petites et ses grandes entrées...

Dans un livre récent [1], le juge Gilbert Thiel confirme ces pratiques : « À part quelques journalistes qui effectuent, dans leur domaine, de véritables investigations, qui enquêtent réellement sur le terrain, s'est développée une corporation qui n'investigue nullement et dont l'essentiel de l'enquête consiste à tenter de se procurer des procès-verbaux d'interrogatoires auprès de ceux qui peuvent y accéder. »

En son temps, le juge Halphen avait déjà raconté comment un journaliste avait essayé, contre « le soutien de son journal », de lui soutirer quelques renseignements [2].

Ne serait-il pas temps de mettre fin à des pratiques aussi scandaleuses, ou bien faut-il déduire que ceux qui en ont le pouvoir et les moyens n'entreprennent rien et se contentent de l'état des choses parce qu'ils en tirent profit ou tout au moins s'en accommodent ? Je ne suis pas

1. *On ne réveille pas un juge qui dort*, Gilbert Thiel, éditions Fayard, 2002.

2. *Sept ans de solitude*, Éric Halphen, éditions Denoël, 2002.

éloigné de penser cela quand je constate que les tribunaux ont allégé les peines et modifié leur jurisprudence à l'encontre des journalistes receleurs de documents pourtant protégés par le pseudo-secret de l'instruction. N'allons pas plus loin ! Mais ne soyons pas dupes non plus de cette hypocrisie qui laisse croire que le prétendu spécialiste contribuerait à la « recherche de la vérité » alors qu'il ne fait qu'aider les manœuvres policières ou judiciaires moyennant une petite aumône : le scoop.

Le problème des journalistes dits « d'investigation » et de leur comportement douteux a rebondi avec la publication du carnet de téléphone d'Alfred Sirven au lendemain de son arrestation. On a retrouvé les mêmes.

Quelques professionnels qui n'ont jamais fait dans le scandaleux ni dans le sensationnel se sont émus de ces pratiques. C'est bien, à ma connaissance, la première fois. Deux cent cinquante noms puisés dans tous les milieux ! Cela inquiète et méritait un sursaut. Il est venu... Attendons la suite ! Elle arrivera sans doute mais sous quelle forme ? On peut l'espérer, sans trop y croire. Le mauvais pli est pris, et l'argent qui est derrière tout cela continuera son œuvre. Ne nous y trompons pas, ce n'est pas le sérieux qui fait désormais le succès mais bien le tirage et l'Audimat, devenus les mamelles nourricières de l'information.

– VII –

L'ARGENT DISPARU EST RETROUVÉ

Il m'aura fallu près de deux années de résistance et de recherches acharnées pour réussir à soulever la pierre tombale sur laquelle figurait déjà cette inscription en lettres d'or : « Ci-gît Roland Dumas, ancien ministre, mort sans honneur ».

Le 27 janvier 1998, jour des perquisitions « chez Camille Claudel », il était clair que l'enquête démarrait dans cette direction. Il ne faisait pas de doute, dans certains milieux, que j'avais perçu des sommes d'argent provenant d'Elf ou de Thomson à l'occasion de la vente des frégates à Taïwan, et ceci par l'intermédiaire de Christine Deviers-Joncour.

Le point de départ de cette campagne était constitué par cette « opportune » dénonciation anonyme faite au juge d'instruction quelques jours auparavant (voir pp. 93-95 et chapitre précédent). Bien sûr, il s'agissait de fonds qui m'auraient été remis en espèces...

Une fois lancée, l'instruction porta essentiellement sur cette équation en forme de syllogisme : « Christine Deviers-Joncour est la maîtresse de Roland Dumas ; elle a reçu des sommes importantes d'Elf ; des sommes d'argent apparaissent sur le compte de Roland Dumas au Crédit lyonnais ; c'est de l'argent en provenance d'Elf. » CQFD.

Ce n'est que vingt et un mois plus tard, très exactement le 22 novembre 1999 – à la faveur d'un incident de procédure – que la vérité a pu enfin sortir du puits.

J'avais sollicité une mesure d'expertise [1] sur les comptes et sur les détournements qui étaient reprochés à Christine Deviers-Joncour et Gilbert Miara. L'ordonnance rendue par les deux juges d'instruction était relative à ces différents points, et notamment à la destination des sommes reçues par l'un et l'autre.

La réponse des juges a été la suivante :

« Attendu sur la demande d'expertise, que celle-ci n'apparaît pas justifiée compte tenu des pièces figurant d'ores et déjà au dossier lesquelles permettent de façon précise et détaillée de connaître tant l'origine que le cheminement et la destination finale des fonds provenant du groupe Elf et ayant transité ou abouti sur les comptes de Christine Deviers-Joncour et de Gilbert Miara [2]. »

On remarquera que mon nom ne figure pas, dans cette

1. Avant la clôture de toute instruction, le Code de procédure pénale exige que le juge sollicite les défenseurs du mis en examen afin qu'ils forment des demandes d'actes de recherches complémentaires. Mes avocats avaient suggéré d'une part que le secret-défense soit levé sur l'affaire de la vente des frégates à Taïwan (curieusement cette première demande fut rejetée), d'autre part que les juges ordonnent une expertise comptable pour récapituler les sommes détournées et vérifier leur destination.

2. Voir Annexes, pp. 393-396.

décision de justice, parmi les destinataires, fût-ce d'une partie de ces fonds. Comment expliquer ce long périple et cette longue attente et par quel chemin la vérité a-t-elle fini par apparaître ?

Ce n'est sans doute pas un hasard si – deux ans auparavant – *Le Monde* avait donné le ton. Les juges lui avaient emboîté le pas, à moins que ce ne soit l'inverse... La brigade financière s'activait. J'étais cerné de toutes parts. C'était l'hallali. La bête était épuisée. On n'attendait plus que la mise à mort.

Christine Deviers avait répété qu'elle ne m'avait jamais remis un seul centime. Elle ne varia jamais sur ce point. Mais elle ne fut pas crue. La meute poursuivait des recherches pour lesquelles elle était pleine de préjugés.

L'enquête porta sur l'identité des personnes qui tenaient mes comptes et se rendaient à la banque pour moi et pour mes besoins. Les enquêteurs laissaient entendre que Christine Deviers-Joncour allait elle-même verser sur mon compte des sommes qu'elle me rétrocédait. Plus l'enquête avançait, pourtant, moins de choses coïncidaient. Et plus les soupçons s'atténuaient pour finir par disparaître, plus l'acharnement s'intensifiait. Il est toujours difficile de perdre la face.

Les membres de mon cabinet, le personnel qui m'avait été affecté comme ministre jusques et y compris mes chauffeurs, mes secrétaires particulières, mes gardes du corps, tous, dans mon entourage, étaient interrogés. Tous étaient sollicités de faire des témoignages qui allaient dans le sens du préjugé. Mais toujours rien !

Les comptes de mes enfants furent passés au crible.

Ceux de mes belles-filles furent explorés dans les moindres détails. En vain !

Certes, j'avais aidé mes enfants dans la période critique, mais quoi de plus normal ? Combien de parents songent-ils à aider leurs fils et leurs filles, dès lors que ceux-ci s'installent, fondent un foyer et donnent naissance à des petits-enfants ? Surtout quand le destin frappe à votre porte pour vous signifier que l'heure approche et que votre état de santé vous incite à prendre des mesures pour garantir votre progéniture.

Je répondais avec calme à toutes les questions et me prêtais à toutes les investigations. Les sommes que j'avais utilisées aux fins d'installation de ma famille furent justifiées. Mes moyens anciens, ma réussite comme avocat, mes économies, les ventes d'œuvres, les emprunts, tout fut vérifié. Tout, absolument. Mais l'idée était tenace. Rien n'est pire que le préjugé des magistrats qui se fient aux renseignements qu'ils reçoivent on ne sait d'où, et qui n'ont pas le courage de reconnaître leur erreur.

N'est-ce pas la plus belle qualité du juge, pourtant, que d'admettre qu'il a fait fausse route ? Dans mon cas, au contraire, les juges s'accrochèrent à une idée fixe et posèrent le problème à l'envers, essayant de démontrer par l'examen de mon train de vie que je n'avais pu que recevoir de l'argent dont la source était inavouable. Les fonds secrets, d'abord. Les magistrates firent fi de la loi qui interdit d'en dévoiler l'utilisation. Mon chef de cabinet, mon directeur de cabinet furent sur ce sujet soumis à la question. L'investigation porta sur mes achats personnels, le renouvellement de ma garde-robe. Combien de costumes ? Quel prix ? À quelle date ? Cela frisa par moment le ridicule. Mais je n'avais pas l'âme à en rire.

Le premier accroc dans cette chasse à l'homme survint lorsque les informations commencèrent à tomber à partir du dépouillement des documents saisis en banque ou auprès de l'administration des impôts, et surtout après l'examen des pièces arrivées de Suisse. L'une des quarante commissions rogatoires envoyées par les juges françaises dans toutes les directions avait abouti, à Genève, chez un juge d'instruction honnête et compétent : M. Perraudin.

Le recoupement de ces informations a mis en lumière les contradictions contenues dans les hypothèses de l'accusation. Les sommes en espèces mises sur mon compte dataient de 1989 et 1990. Les achats effectués pour mes enfants et pour mon épouse, et pour les raisons que j'ai exposées, dataient respectivement de juillet 1991 (pour Delphine Dumas), décembre 1991 (pour David Dumas) et du 27 mars 1992 pour mon épouse.

Or les sommes dont Christine Deviers-Joncour fut gratifiée par Alfred Sirven, ès qualité d'Elf, et dont elle était censée m'avoir rétrocédé une partie, ne furent mises à sa disposition que le 3 février 1992. Aucun transfert n'a été décelé me concernant. En revanche, Christine Deviers-Joncour a investi une partie de ces sommes en achetant un appartement (19, rue de Lille) au mois de juin 1992. Ce premier élément se retournait contre mes détracteurs, car il était évident que Christine Deviers-Joncour n'avait pas pu me « rétribuer » sur des sommes qu'elle n'avait pas encore reçues. Je sortais du champ de la zone suspecte. J'étais sûr de moi. Ces confirmations me donnèrent un peu d'oxygène. Je commençai à respirer quand cette première preuve fut administrée.

D'autre part, mon attention avait été attirée par une déclaration du successeur de Loïk Le Floch-Prigent, Philippe Jaffré, qui affirmait que « les soixante millions reçus par Christine Deviers-Joncour avaient été utilisés à l'achat de robes, d'appartements et de bijoux ». Il ajoutait que je n'étais pour rien dans ces détournements et ses termes ne laissaient absolument pas place au doute : « Roland Dumas a mal choisi son entourage... Mais le délit d'amitié n'est pas condamnable. Il ne faut pas s'imaginer que le sommet de l'État soit forcément en cause. » (Voir chapitre III.) Il ajoutait qu'à ses yeux cette escroquerie dont Elf avait fait les frais était l'œuvre du seul Alfred Sirven.

Je n'ai rencontré M. Jaffré qu'une fois et bien après que j'eus quitté le Quai d'Orsay. Mais son témoignage était important si l'on songe qu'il était en possession de tous les éléments lui permettant de se prononcer avec force sur les accusations portées contre moi.

Ce propos m'incita à aller plus loin et à faire le travail que personne ne voulait entreprendre. Pourquoi ne pas tenter une « preuve par neuf » qui consistait à faire un bilan à partir des éléments du dossier, et à regarder de plus près ce qu'étaient devenues les sommes dépensées ? En résumé : mettre dans une colonne les sommes reçues par Christine Deviers-Joncour et Gilbert Miara et, dans une autre colonne, les sommes dépensées ou réparties par eux, ainsi que leurs destinataires.

Je me lançai dans cette tâche ingrate que ni les juges, ni les services de police, cependant si avertis et si acharnés, n'avaient voulu accomplir, du moins officiellement. Le doute – si doute il y avait encore – serait utilisé contre moi si je laissais les choses aller à vau-l'eau.

J'ai repris feuille par feuille les dossiers volumineux, les comptes de Christine Deviers-Joncour et de son acolyte pour reconstituer le tout sous forme de bilan : d'un côté le passif – entendez les sommes reçues par Christine Deviers-Joncour –, de l'autre l'actif, les sommes investies, dépensées ou réparties par elle : prélèvements, remises à des tiers, achats divers. Je me remémorais, à cette occasion, mes cours de finances publiques de l'École des sciences politiques.

Ce bilan n'a été rendu possible que lorsque j'eus connaissance du résultat des investigations menées en Suisse, c'est-à-dire à partir de la fin de 1999. Le résultat de ces travaux ne laisse aucune place au doute. Il établit clairement que les sommes reçues s'élevaient environ à 62 850 000 de francs français. Les sommes partagées entre Christine Deviers-Joncour, Miara et celles dépensées ou investies par Christine Deviers s'élèvent à 63 369 576 francs [1].

Ce labeur rustique et qui aurait demandé à être affiné par une expertise en bonne et due forme me mettait définitivement hors de cause. Il n'est pas indifférent de constater que c'est de Suisse que la lumière a jailli. Le juge Perraudin, dont la maîtrise ne m'a pas étonné, m'a permis de reconstituer ce trafic, la destination de l'argent détourné. Pour achever son travail, il a recueilli chacun « des petits cailloux d'or » placés sur le chemin tortueux qui, de proche en proche, de société écran en société

---

1. La différence à la hausse correspond aux intérêts des sommes réinvesties et placées.

écran, de paradis fiscal en paradis perdu, l'ont conduit jusqu'aux Bahamas.

Sans doute informée des avancées de ces investigations, Christine Deviers-Joncour décida alors de prendre les devants et d'aller dévoiler « le pot aux roses » aux juges d'instruction français. Elle annonça qu'elle avait l'intention de faire des révélations. L'argent fut retrouvé puis séquestré. Il est toujours bloqué en Suisse. Mais Elf, en récupérant l'investissement de dix-huit millions de francs environ fait sur l'appartement de la rue de Lille et les sommes importantes qui avaient émigré aux Bahamas, rentrait dans ses fonds.

Le juge Perraudin rendit alors sa copie. Je respirai. Les choses collaient parfaitement. Je me replaçai donc dans cette matinée du 27 janvier 1998 où j'avais pu dire aux juges enquêteurs et perquisitionneurs : « Je souhaite que vous retrouviez l'argent disparu le plus tôt possible. » Cela avait pris deux ans. Mais le défi était relevé.

Si j'avais pu lancer cette phrase, en 1998, c'est que j'étais sûr de mon fait. J'étais même le seul à l'être avec Christine Deviers-Joncour qui – je dois lui en rendre grâce – n'a jamais menti et ne s'est jamais contredite sur ce point. C'est bien le seul !

Mais même ces affirmations demeuraient suspectes. Avoir la conscience tranquille est une chose, faire partager cette sérénité – aux « journalistes rongeurs » comme aux « magistrats rageurs » – en est une autre.

La synthèse établie par le juge Perraudin en fin d'enquête arriva chez les juges français le 3 novembre 1999 (cote 6947), donc en fin d'instruction. Curieusement, aucun des journalistes si actifs dans la phase chaude de l'enquête – celle de toutes les insinuations, déclarations et découvertes – ne parut intéressé par cette nouvelle essentielle, fondamentale... pour moi ! Eux si prompts à supputer, déduire, n'éprouvaient plus d'intérêt pour un « scoop » qui m'exonérait totalement. L'ardeur journalistique s'arrête pour certains aux portes de la calomnie, mais une fois celles-ci franchies.

Il me restait à finir de soulever la pierre tombale sous laquelle on avait voulu m'enterrer. Je pensais y parvenir en sollicitant l'ouverture du dossier de vente des frégates à Taïwan. En dépit des déclarations officielles du Premier ministre, du ministre de la Défense et du ministre de l'Intérieur selon lesquelles le gouvernement était disposé à lever le secret sur ce dossier, les choses en sont restées là.

Pourquoi ? Je ne peux imaginer que la cause de cette inertie ait été de refuser d'apporter un élément à décharge ! Je me range au bruit persistant qui circulait dans les milieux judiciaires à l'époque : en s'engageant dans cette voie, les juges d'instruction couraient le risque d'un dessaisissement au profit de la Cour de sûreté de la République. Il s'agissait en effet de reproches adressés à un ministre dans l'exercice de ses fonctions. Je ne vois pas d'autre raison que celle-ci. Mais est-il légitime de s'arroger de cette façon une appréciation des limites de sa compétence au détriment de la vérité ? Ou alors faut-il croire que certains s'estiment plus compétents que les juges de la Cour de sûreté, qui seraient inférieurs – en qualité et en perspicacité – aux juges ordinaires ? Il est en tout cas inadmissible, pour un juge, de prétendre se fixer à soi-même les limites de sa compétence pour conserver un dossier sous sa coupe.

C'est pourtant ce qui s'est produit et qui est proprement scandaleux.

Quoi qu'il en soit, les deux juges, ayant fait chou blanc sur l'argent que j'aurais pris au passage, orientèrent l'enquête dans une autre direction, avec un acharnement et une imagination sans pareils qui les conduisirent aux limites du grotesque, et parfois, aux frontières de la tragi-comédie.

– VIII –

DE L'ACHAT DE « L'HÔTEL MOZART » AU VOL DE LA PENDULE DU QUAI D'ORSAY

Le Monde a rappelé que le dossier Elf, qu'il qualifiait de dossier gigogne, avait été ouvert le 18 août 1994 et qu'à la date du 6 janvier 1999 – soit quatre années et demie plus tard – « la justice et la police ne s'étaient toujours pas donné les moyens de rechercher, de trouver et d'interpeller l'homme clé de l'affaire, Alfred Sirven ». Le quotidien ajoutait : « Monsieur Sirven, homme d'argent et d'influence, a pu tranquillement organiser sa fuite, utiliser ses protections, effacer ses traces. »

Nous l'avons vu, Alfred Sirven a quitté très tard notre pays où il allait et venait sans être inquiété jusques et y compris pendant l'année 1997. Puis il rejoignit la Suisse où tout un chacun pouvait lui rendre visite, le rencontrer, le « taper » si besoin était. De nombreux témoins me dirent qu'il était connu comme le loup blanc, qu'il ne se cachait pas, malgré le mandat d'arrêt émis par les juges le 13 juin 1997, mais qui ne fut diffusé à l'extérieur de l'Hexagone que beaucoup plus tard. Cela donna lieu à une querelle désopilante entre le procureur de la République et les juges, chacun reprochant à l'autre de n'avoir pas fait le nécessaire, et l'autre répliquant que ce n'était pas son travail et que ce n'était pas de sa compétence. Bref, les deux semblaient s'entendre comme larrons en foire pour laisser le temps s'écouler, et ne rien faire pour arrêter l'homme avant qu'il ne s'envole définitivement. On finit par laisser croire que cette défaillance n'était que le fruit d'une erreur. Mais quand on connaît l'organisation d'Interpol, installée qui plus est à Lyon, à deux pas de la Confédération helvétique, et dotée de machines ultra-sophistiquées d'une efficacité redoutable, on peut douter de la volonté d'appréhender le fuyard.

En fait, Sirven n'a été vraiment recherché qu'à partir du 9 décembre 1998... soit plus de dix-huit mois après l'émission du mandat d'arrêt. Ce long délai a été mis à profit par l'intéressé – qui au bout de quelques mois ne se trouvait plus dans les pays où la diffusion du mandat d'arrêt avait été réalisée – pour disparaître.

Quand Sirven était en France rien n'avait bougé, quand il fut en Suisse personne ne souhaita découvrir sa cachette, et quand la diffusion du mandat d'arrêt toucha l'Europe, l'oiseau avait pris le large. Il avait mis de l'eau, ou de la terre, entre ceux qui faisaient semblant de le poursuivre et lui-même.

On eut encore une nouvelle preuve de cette étrangeté lorsque les deux juges se rendirent en Afrique du Sud, soi-disant pour lui mettre la main au collet.

Un bruit était parvenu à leurs oreilles, qui signalait la présence de Sirven dans ce pays. La petite troupe se mit en marche. Deux juges, deux greffiers, deux membres de la brigade financière de la police judiciaire, deux gardes du corps pour chacune des juges, en tout dix personnes passèrent huit jours agréables aux frais de la République dans un hôtel de luxe en Afrique du Sud pour y chercher celui qui n'y était plus. Les juges n'en ont du reste pas profité pour jeter un regard sur ce qui présentait un plus grand intérêt, à savoir les opérations de banque qui avaient eu lieu entre Taïwan et l'Afrique du Sud. Cet aspect des choses revêtait pourtant une importance particulière, ainsi qu'on le verra.

Quelques mois après cet exploit mémorable et coûteux, la rumeur commença à courir sur la présence de Sirven aux Philippines. On changea de continent mais pas de méthode. Les journalistes se précipitèrent comme les mouches sur le miel, ceux des hebdomadaires, des quotidiens, des radios, des télévisions. Les juges ne daignèrent pas se déplacer et pour cause – un camouflet suffisait –, mais dépêchèrent aux Philippines les plus fins limiers de la brigade financière. Nouveau voyage ! Nouveau séjour ! Nouvelles déceptions ! Aucun des policiers ne parlait l'anglais ou l'espagnol, les deux seules langues pratiquées dans ce pays. Les documents emportés n'avaient pas été traduits. Un langage de sourds s'instaura, qui devait donner les résultats qu'on en attendait : nos limiers revinrent bredouilles. Et cependant, dans le même temps, les journalistes locaux, plus débrouillards sans doute, réussirent à situer le fuyard dans ses différentes caches, à retrouver sa trace à l'hôpital, dans les lieux de distraction qui lui étaient familiers, les terrains de golf qu'il fréquentait, où il avait ses habitudes. Ils purent même interviewer les membres de la famille de sa compagne. Bref, ils firent avec leurs moyens une enquête en règle qui prouva, si besoin était, l'impuissance étrange des policiers dépêchés par la France.

Après plusieurs semaines passées dans les différentes îles, tous revinrent dans l'Hexagone les mains vides, mais les yeux pleins de l'image des beautés locales et du souvenir de leurs exploits... Après avoir laissé filer l'homme clé, « l'organisateur de toutes les turpitudes », le manitou de l'affaire Elf, le tout-puissant Sirven, les autorités judiciaires et policières avaient fait semblant de tout entreprendre pour réparer la bévue, rattraper le fugitif et le temps perdu. Celui-ci ne sera finalement arrêté que lorsqu'il sera trahi par un de ses proches.

En attendant, il fallait donner l'impression que la machine judiciaire tournait quand même à plein, que ceux ou celles qui s'étaient prêtés à ce jeu de cache-cache s'occupaient d'autre chose, de quelqu'un d'autrement important, dans le cadre de cette affaire. J'allais devenir le gibier idéal pour cette chasse à l'homme. Désigné par le « corbeau », j'ai fait l'objet de recherches qui, au bout du compte, représentent un dossier de dix mille cotes, entendez dix mille pages qui relatent, pour l'Histoire, les multiples enquêtes, perquisitions, investigations, filatures dans tous les pays ou paradis fiscaux : la Suisse, le Liechtenstein, l'Andorre, le Luxembourg et j'en oublie... Commissions rogatoires, filatures en tous genres, écoutes : rien ne manquait.

Après avoir été l'initiateur des poursuites, « le corbeau » se révéla être le guide qui promena les juges là où elles souhaitaient se rendre, au point que l'on pouvait s'interroger sur l'intimité qui existait entre les uns et les autres.

Mon expérience politique et professionnelle m'avait donné un certain flair dans ce genre de situation. Avocat plaidant pendant la guerre d'Algérie pour des nationalistes musulmans ou des Français engagés à leurs côtés, regroupés dans les réseaux d'aide au FLN, j'avais reçu de multiples lettres de menaces, anonymes bien sûr. Il n'était pas nécessaire d'être grand clerc pour en deviner l'origine...

Devenu avocat du *Canard Enchaîné*, j'avais été mêlé de très près, à ce titre, à l'affaire dite des « micros du *Canard Enchaîné*[1] ». J'avais reçu un jour une lettre anonyme datée du 15 janvier 1974 et mise à la boîte de la poste du Louvre. (Déjà !) Elle commençait par ces mots : « Cher Maître, comme vous devez être heureux de pouvoir emmerder de pauvres flics, qui pourtant dans un passé pas si lointain se sont montrés envers vous plus compréhensifs... » Puis venait une litanie d'allusions à une vie privée désordonnée dans laquelle je ne reconnaissais aucune réalité mais dont on me faisait comprendre qu'elle pouvait servir de trame à une campagne énergique contre moi...

Je dois préciser que dans les jours qui suivirent la tentative de pose de micros au *Canard Enchaîné*, certains fonctionnaires de police – en particulier du service de la DST – avaient été identifiés par l'hebdomadaire, et que leurs noms avaient été publiés. Il suffisait de faire un rapprochement entre ces deux événements pour découvrir qui avait intérêt à m'adresser pareille lettre faite de ramassis,

1. Tentative de pose de micros dans les locaux de l'hebdomadaire.

de ragots, et de menaces. L'allusion « aux pauvres flics » signait d'ailleurs avec lourdeur l'origine du document.

Me souvenant de cet épisode à l'occasion de l'affaire Elf, j'ai regardé de plus près chacune des lettres anonymes qui au fil des mois avaient été remises aux juges. Un proverbe allemand dit : « C'est toujours dans les détails que se cache le diable. » En ces circonstances, le diable avait montré le bout de ses cornes. N'est-il pas aussi noir que le corbeau, cet oiseau dont les premières affirmations furent prises au sérieux et même amplifiées sous la forme d'une commission rogatoire ? C'est en effet ce « détail » – une lettre anonyme ! – qui permit au juge – pour reprendre une de ses expressions – de « m'accrocher »... Bref, comme menés par le bout du nez, les juges nourrissaient un dossier, et remplissaient les colonnes des journaux, en commençant par le quotidien du soir qui me voulait tant de bien...

Mais je ne comprenais toujours pas d'où venaient ces tentatives de déstabilisation. Et cela dura pendant toute l'instruction. Jusqu'à ce jour de septembre 2000 où quelqu'un se « mit à table », comme on dit dans le jargon de la police. Il le fit de son plein gré et non pour me plaire, alors que le dossier était déjà déclaré terminé et renvoyé pour être jugé. Cette personne réglait des comptes avec son compère, comme lui homme de main, barbouze, et à l'occasion garde du corps.

La société Body Sécurité – c'est d'elle dont il s'agit – comptait deux associés : MM. Didier Sicot et Éric Sterlein. Ces deux personnages, recrutés par Sirven pendant sa période de fastes, avaient accompli pour ce dernier diverses missions. Ils avaient été notamment les accompagnateurs du président d'Elf, Loïk Le Floch-Prigent, et les gardes du corps de Christine Deviers, avec laquelle ils s'étaient fait photographier non sans complaisance. C'était l'époque où Christine Deviers disait craindre pour sa vie ! On se demande bien pour quelle raison... Quoi qu'il en soit, Body Sécurité fut mise en faillite. Les deux associés se disputèrent et Éric Sterlein se libéra sur le dos de son compère.

Il révéla que Didier Sicot avait mené, « dans le cadre de ses activités et de ses relations, une opération de déstabilisation à l'encontre de Roland Dumas pour le compte de certains protagonistes de l'affaire des frégates ».

Le juge d'instruction ne manifesta aucune curiosité devant cette déclaration, ne posa pas de plus amples questions sur le sujet, se contentant de noter les propos. Il est vrai que cette révélation allait à l'encontre du soupçon qui pesait contre moi. Alors restons-en là ! Pas de question sur le commanditaire de la déstabilisation, ni sur les détails matériels de cette opération.

Je n'eus connaissance de cet événement que par la presse mais je constatai que l'on y retrouvait Sirven et son équipe. Et je compris alors qu'il y avait bien eu tentative de déstabilisation contre moi, ainsi que j'en avais eu vent dans l'année 1992, le « corbeau » n'ayant été que l'instrument anonyme de cette déstabilisation pour orienter les juges.

Le « corbeau » est un animal malfaisant et habile ! Il sait ce que l'on attend de lui et agit en conséquence. Il fit usage d'un nouveau syllogisme d'une grande médiocrité et qui se résumait ainsi : « Dumas a fait nommer Le Floch à la tête d'Elf ; ce dernier, devenu son homme lige, a fait embaucher sa maîtresse dans un emploi fictif. Celle-ci a mené grand train grâce à des détournements commis au détriment d'Elf. Dumas ne put qu'en profiter. »

Le coup était porté. J'eus beau démontrer que Le Floch avait été nommé dans les règles en Conseil des ministres, sur proposition du ministre de l'Industrie (M. Fauroux) rien n'y fit. J'eus beau apporter tous les documents à l'appui, les juges restèrent indifférents.

Devant cette inaction, j'obtins de M. Fauroux une lettre claire dans laquelle il était écrit que je n'étais nullement intervenu, à aucun moment, dans cette nomination. La lettre fut versée au dossier et mise aux oubliettes. Le réquisitoire n'en fait même pas mention. Je m'entendis dire au comble de l'échange : « De toute façon ces choses ne se traitent pas en Conseil des ministres mais dans des conversations secrètes... » Le corbeau avait plus de crédit que le ministre ! Il me faudra attendre que Loïk le Floch-Prigent lui-même précise en audience publique que c'était François Mitterrand qui l'avait prévenu, un an avant sa nomination, qu'il lui réservait la présidence d'Elf, pour qu'on arrête de m'accuser à ce sujet. Le procureur de la République fut d'ailleurs désolé de cette révélation. Tout son système s'effritait et son syllogisme n'avait plus de réalité.

Mais entre-temps, j'avais eu le loisir de me rendre compte que je ne pouvais rien attendre de la justice. La règle selon laquelle le juge d'instruction se doit d'instruire à charge et à décharge n'avait plus cours partout en France. Ce principe maintes fois affirmé et repris par la Cour européenne des droits de l'homme veut que le juge recherche à la fois les preuves, les éléments qui confirment l'accusation dont un individu est l'objet mais aussi ceux qui le disculpent, ou atténuent sa responsabilité. Conscient que cette exigence d'équité ne serait pas respectée, je décidai de laisser courir cette instruction partisane, boiteuse et inique, me réservant de faire ma démonstration devant le tribunal dans une audience publique, face à la presse et au peuple souverain, allant jusqu'à imaginer que je saurais, le moment venu, m'expliquer devant mes concitoyens, persuadé qu'un jour viendrait où le retour de flamme atteindrait ceux qui avaient failli à leur devoir le plus élémentaire.

Car les juges n'instruisaient qu'à charge ! Et avec un acharnement qui leur faisait prendre le moindre détail pour une bombe, sans souci de la logique et encore moins du ridicule.

*
**

Tout commença par une paire de chaussures. Certes elles étaient de prix mais j'avais quelques raisons de vouloir me chausser sur mesure. Je souffrais de plus en plus d'une arthrose de la hanche qui devait me conduire à une intervention chirurgicale en mars 2000. Les infirmités de mon squelette s'aggravant, j'avais décidé d'acquérir des chaussures sur mesure qui me faciliteraient la marche et je m'étais adressé à Berlutti, ce bon faiseur connu du Tout-Paris pour la qualité de ses prestations. L'atelier et le magasin de vente sont situés à quelques mètres de l'immeuble où habitait Christine Deviers-Joncour. Sans cesse en voyage, je la priai de prendre livraison de cette paire de chaussures et de bien vouloir en régler la facture. Le monde entier allait entendre parler de ce « détail » qui a fait dire au juge : « Je le tiens ! » Au point qu'un promeneur, me croisant dans l'île Saint-Louis un soir d'été, et faisant mine d'écouter le chuintement de mes semelles, me décocha avec humour : « Vous avez là, monsieur, des chaussures qui font beaucoup de bruit. »

Christine Deviers paya Berlutti avec la Carte bleue qu'Elf lui avait confiée. Le juge sauta sur cette constatation, peut-être avec de grands gestes de satisfaction : elle tenait « l'abus de bien » !

J'ai remboursé le prix de ces chaussures à Christine Deviers. Elle le confirma dans un premier temps puis dit le contraire et finalement démentit son démenti. Devant cet imbroglio, je priai les juges d'interroger la maison Berlutti et proposai de vérifier que j'avais acheté d'autres paires de chaussures (cinq ou six) au même endroit, payées directement par chèques ou en espèces par mes soins.

À ma demande il fut répondu par un long silence. Les juges, si prompts à délivrer des commissions rogatoires, ne firent rien de ce que j'avais suggéré. Je dus moi-même intervenir et obtenir les documents qui m'ont permis de montrer qu'il est grotesque d'insinuer que l'on peut corrompre un ministre de la République en lui offrant une paire de chaussures ! C'est cependant ce que retiendront le juge d'instruction et le procureur...

Tout fut fait à l'avenant. Je dus préciser que les versements d'argent – en liquide ou en chèque – sur mes comptes personnels, sur ceux des membres de ma famille, étaient justifiés par mon travail, mes gains, mes ventes d'objets d'art, mes économies. C'était pour moi le point le plus sensible de cette affaire, à savoir la démonstration que je n'avais reçu ni de près, ni de loin de l'argent d'Elf, directement ou des mains de Christine Deviers-Joncour.

Un point final fut mis à cette recherche qui dura des mois lorsque le juge d'instruction reconnut dans son ordonnance, en une phrase lapidaire mais suffisante à mes yeux, qu'il en était bien ainsi : « Si ces éléments ont permis de mettre au jour des revenus inconnus du fisc, dont Roland Dumas n'a pas précisé l'origine, ou de prétendues ventes en espèces d'objets d'art, ils n'ont pas suffi à établir qu'ils pouvaient, ne serait-ce que pour partie, provenir des comptes suisses de Christine Deviers-Joncour. »

Voilà qui me donnait satisfaction. Sans doute cela plaisait-il moins aux rédacteurs de l'ordonnance de non-lieu, ce qui expliquerait les réserves du début de la décision. Ils auraient pu se contenter du constat clair et simple que je n'avais rien reçu de la part de Christine Deviers-Joncour. Celle-ci l'a d'ailleurs parfaitement admis dès le début de l'instruction et tout au long de celle-ci, y compris dans sa « lettre-testament », où elle annonçait son intention de mettre fin à ses jours, et tenait à affirmer mon innocence « devant Dieu et devant les hommes ». J'aurai l'occasion de revenir sur cette lettre...

*
**

Devant le vide juridique des « chaussures Berlutti », sans doute appelée à la rescousse dans des conditions plus que troubles, avec l'assistance d'une journaliste plus soucieuse de sensationnel que d'information, Christine Deviers se manifesta « spontanément » (sic) à la fin de l'instruction, c'est-à-dire en 1999, apportant sur un plateau une histoire frelatée et rocambolesque, selon laquelle elle avait acheté avec de l'argent d'Elf des statuettes qu'elle m'avait offertes, moi les acceptant en connaissance de cause.

Je collectionne depuis 1954 les figurines et autres objets en plâtre provenant d'Amérique du Sud (Colombie en particulier), de Chine (depuis mon voyage avec Pierre

Mendès France en Extrême-Orient en 1958), du Proche et du Moyen-Orient, autant d'achats effectués ou de cadeaux reçus au gré de mes déplacements, de mes visites professionnelles ou touristiques.

Manquaient à cet ensemble des spécimens du monde gréco-latin, quand j'appris l'existence d'une vente – prévue le 14 décembre 1990 – de « tanagras », dont j'estimai à l'époque d'une façon un peu hâtive qu'elles étaient authentiques. J'ai modifié mon jugement depuis cette date. Absent de Paris le jour de l'adjudication, j'ai demandé à Christine Deviers-Joncour d'acquérir pour moi quelques-unes de ces statuettes. Au maximum cinq d'entre elles, que je devais lui rembourser.

À mon retour de voyage, elle m'annonça qu'elle en avait acheté treize. Devant mon étonnement, elle m'indiqua qu'elle en avait acquis huit pour elle-même. Puis elle manifesta son intention de m'offrir celles que j'avais choisies. Nous étions la veille de Noël et du nouvel an. Je lui fis moi-même à cette occasion des cadeaux dignes de notre relation. Elle le confirma au cours de l'instruction et en audience publique. Elle a toujours refusé de reconnaître qu'elle avait conservé le reste de la collection, cependant une des « barbouzes » de Body Sécurité chargée de son accompagnement a pu révéler au cours de son interrogatoire qu'il les avait vues en sa possession.

Mais j'étais dans l'ignorance de ce que l'enquête révéla par la suite, à savoir qu'Alfred Sirven lui avait donné de l'argent pour rembourser ce qu'elle avait déjà payé par chèque. J'aurais donc profité d'un abus de biens sociaux par l'intermédiaire de cette dame dont on ne sait plus à quel moment il faut la croire. Cadeau de fin d'année ? Cadeau de Noël ? Cadeau empoisonné, surtout, vu la façon dont Christine Deviers s'arrangea pour retrouver des documents disparus dans lesquels elle s'emmêla les pieds, mentant à la police et aux juges sur l'origine de l'argent qui lui avait permis cet achat mais soucieuse d'apporter aux mêmes juges les éléments que ceux-ci espéraient pour renforcer un dossier sans consistance par ailleurs. Cette « entourloupe » permit de surcroît à l'intéressée de percevoir de nouvelles et importantes sommes d'argent d'un hebdomadaire qui fait ses choux gras des scandales vrais ou faux, du moment qu'ils font vendre la marchandise. Un numéro spécial fut consacré aux statuettes...

*
**

« L'affaire des statuettes » rejoignait « l'affaire des chaussures ». Mais chacun sentait bien que « l'affaire Dumas » tournait court. Elle allait prendre un autre chemin le jour où un troisième juge d'instruction commencerait à s'intéresser à Elf et aux milliards disparus des caisses de la société. Ce nouveau juge, M. Van Ruymbecke, finira par obtenir en octobre 2000 de M. Laurent Fabius, ministre des Finances, la levée partielle du secret défense sur les vraies commissions d'Elf, que j'avais réclamée en vain pendant des années aux deux premiers juges[1], lesquels s'y étaient opposés avec obstination, laissant à penser que cette partie du dossier ne les intéressait pas...

Mais pour l'heure, à défaut de me contraindre, de me mettre à genoux, de me confondre, les deux juges fémi-

1. Mme Eva Joly et Mme Vichnievsky.

nins avaient porté leurs pas dans des directions où les découvertes étaient à leurs yeux de nature à me déconsidérer, à m'atteindre dans mon honneur. Cette orientation de l'instruction, qui tournait le dos aux véritables détournements, donna lieu à des situations tragi-comiques dont j'eus à souffrir mais dont le dénouement, tant il fut grotesque, tourna à mon avantage.

J'aurais ainsi, tour à tour, fait jouer du piano sur une des dunes du Cap-Ferret au clair de lune, voulu habiter l'hôtel de Mozart à Paris, et volé un cartel Louis-XV appartenant au mobilier du Quai d'Orsay pour l'offrir à ma maîtresse, cependant qu'une lettre de la première importance écrite par Christine Deviers-Joncour se trouvait, sans subtilité, écartée par les juges.

Sans commettre d'expert pour savoir si un piano à queue peut tenir sur le sable, la simple vision de cet exploit est apparue sans doute assez ridicule pour que l'idée en restât là.

Pour Mozart, la chose sembla aux yeux des magistrats mériter une enquête approfondie. Plus mégalomane que mélomane, j'aurais en effet envisagé d'acheter l'hôtel de Beauvais, rue François-Miron à Paris, parce que Mozart y avait donné un unique concert en 1763, en présence d'Anne d'Autriche. Après avoir sollicité Jacques Chirac, alors maire de Paris, propriétaire des lieux, j'aurais fait payer Elf (sic)... Mon idée aurait été d'en faire un musée et d'habiter au dernier étage.

Ce simple projet, articulé sur procès-verbal d'audition de Christine Deviers-Joncour, a séduit les juges d'instruction et donné lieu à un luxe de recherches et d'investigations par les magistrats qui croyaient tenir là un filon traduisant à la fois la folie des grandeurs dont j'étais atteint et l'absence de scrupules dont j'étais affligé. Je dus m'expliquer, bien que cela n'eût rien à voir avec des détournements effectifs d'argent. Mais peu importait. L'intention – eût-elle existé – donnait matière à poursuite !

C'est un secret de polichinelle que je me laisse aller à fréquenter les festivals de musique et ce depuis bien longtemps. Hélas ! À Salzbourg, nous avions assisté, Christine Deviers et moi, à une représentation particulièrement réussie de *Don Juan*, mise en scène par Patrice Chéreau. Le rôle titre était tenu par Samuel Ramey, qui devint mon ami par la suite. J'avais été impressionné par cette production.

Je n'avais pas hésité, à cette occasion, à faire étalage de quelques connaissances après tout médiocres. J'avais lâché, un rien pédant : « Peu de gens savent que Mozart a joué à Paris dans un hôtel particulier qui a failli disparaître mais qui existe toujours, rue François-Miron, à deux pas de l'île Saint-Louis. »

J'avais envie de visiter ce lieu et j'invitai Christine Deviers à m'accompagner. Je n'étais plus ministre et je n'étais pas encore président du Conseil constitutionnel mais peu importait : nombreux sont ceux qui se montrent aimables en toutes circonstances, quels que soient leurs interlocuteurs. Ce fut le cas ce jour-là. L'architecte en chef des Monuments historiques et le chef du service culturel de la mairie acceptèrent le rendez-vous et furent présents pour cette visite qui eut lieu un jour glacial d'hiver, très tôt le matin. Le responsable administratif de la Ville – qui s'était dérangé pour ouvrir la porte cochère fermée par un énorme cadenas – et ses collègues supportèrent comme moi la froidure.

La visite dura une heure ou deux, dans un immeuble en grand état de délabrement. J'écoutai les détails de la réhabilitation envisagée, et j'eus confirmation que le lieu était destiné à recevoir les bureaux de la cour d'appel du tribunal administratif de Paris. Puis nous nous sommes séparés, et je suis allé boire un café bien chaud au bistrot du coin.

Là, je me mis à méditer sur ce lieu exceptionnel. J'imaginais Anne d'Autriche regardant passer, depuis le balcon arrondi du premier étage, le cortège nuptial du jeune Louis XIV qui venait d'épouser Marie-Thérèse, infante d'Espagne. « Il n'y avait plus de Pyrénées »... Je revoyais le célèbre photographe, Eugène Atget, qui entre 1900 et 1902 posa son appareil à soufflets dans la cour de l'hôtel de Beauvais pour y prendre les vues – photos aujourd'hui couleur sépia – plusieurs fois exposées au musée Carnavalet.

Depuis le début du siècle il n'existait pratiquement plus d'escaliers permettant d'aller d'un étage à l'autre. Les parquets d'origine avaient disparu, et réapparu chez les antiquaires du voisinage.

Pendant ce genre de visite, on dit toujours quelque chose pour se montrer intéressant ou laisser place à la discussion. Je crois avoir lâché : « Quel dommage de transformer ce lieu en bureaux ! On cherche un endroit pour faire un musée Chagall, comme on a fait un musée Picasso. Est-ce que ce ne serait pas mieux ? » Ces hommes et ces femmes aux couleurs rouges, vertes et jaunes survolant les toits de Paris, exposés dans l'hôtel Mozart, pourquoi pas ? Je redirais la même chose aujourd'hui.

Ce propos, rapporté et déformé par Christine Deviers-Joncour, intéressa follement les juges d'instruction. Il n'en fallait pas plus pour accréditer, dans leur esprit, l'idée que j'avais eu en vue d'acheter l'hôtel de Beauvais pour moi-même. Un peu affolée, sans doute, par l'incongruité de ses déclarations, Christine Deviers se rattrapa en disant en fin de compte, et en fin d'interrogatoire, qu'il faut toujours se méfier de mes propos car « avec Dumas on ne sait jamais s'il est sérieux ou s'il plaisante ». Mais les juges ne plaisantaient pas. Je voulais acheter l'hôtel de Beauvais, un point c'est tout. Et puisque tel avait été mon projet, n'était-il pas mieux d'en avoir le cœur net ? C'est ce qui fut fait en grande pompe, à grands renforts de saisies, de carnets, de contrôles d'agendas, de vérifications de tous ordres. Le dossier d'instruction ruisselle de ces choses.

J'ai du mal à croire qu'elles ont été entreprises par des juges pour asseoir une nouvelle incrimination contre moi en dépit de son caractère aberrant. Car enfin, au lieu de faire saisir les carnets de rendez-vous, les agendas des personnalités que j'avais dérangées et qui n'en pouvaient plus, il eût suffit de jeter un coup d'œil sur le dossier de l'hôtel de Beauvais qui se trouve à la cellule immobilière du Conseil d'État pour constater que cette affaire n'avait ni queue ni tête et qu'elle était née dans la cervelle d'une personne trop imaginative. Car l'hôtel de Beauvais appartient à l'État, et ce depuis le 27 juillet 1943 ! L'acte notarié qui établit cette cession de l'hôtel à l'État français en fait foi. L'hôtel de Beauvais est désormais dans le domaine public !

Le ridicule ne tue plus : tous les protagonistes de cet épisode sont bien vivants.

Le procureur de la République retint néanmoins une chose de toutes ces effervescences : l'adresse de Christine Deviers-Joncour figurant sur l'un des carnets saisis chez un des fonctionnaires de la Ville de Paris, cela suffisait à prouver que j'étais domicilié chez elle. À défaut d'habiter chez Mozart, je logeais rue de Lille...

*
**

Les commissions rogatoires sur la fortune et les ressources de mes proches n'avaient évidemment rien donné. Elles s'étaient révélées exhaustives et dignes de l'Inquisition. Rien n'y manquait. On avait épluché sur trois générations, de mes fils à ma mère disparue en 1965, veuve de résistant fusillé dont il fallait retrouver l'état de fortune à son décès survenu trente ans plus tôt, ainsi que le montant de sa pension telle qu'elle avait été fixée en 1944... La procédure aurait concerné un chef de la mafia sicilienne que les choses n'auraient pas été pires. La commission rogatoire était précise, tant en ce qui concernait ma mère décédée que mon épouse. Il s'agissait de :

– Demander à Madame Lillet, épouse Dumas, pourquoi les espèces versées sur le compte Crédit agricole de la Gironde sont versées à Paris.

– Faire préciser à Madame Lillet le train de vie à Saint-Selve et le sien propre.

– Vérifier sa situation de fortune personnelle. Lui faire préciser l'activité du fils Damien qui semble-t-il travaille dans le vin. S'il a acquis une vigne, faire préciser quand et avec quels fonds.

– Vérifier quel est le montant de la pension de veuve de guerre et de résistant de la guerre de 1940.

– *Vérifier quel était le montant de la retraite versée à Madame Dumas mère et la déclaration de succession faite à sa mort*[1].

– *Vérifier le nombre d'expositions organisées par David Dumas*[2] *et les revenus qu'il a déclaré provenir de sa production artistique...*, etc.

L'autre commission rogatoire n'était pas moins significative :

... – *Obtenir des références pour la valeur des encres colorées Picasso en 1992 taille 25 × 30 cm.*

– *Entendre Madame Lillet, épouse Dumas, sur la présence des espèces dans le coffre de la grand-mère à Saint-Selve...*

Comme sœur Anne, les juges ne voyaient toujours rien venir. On en était là quand se produisit un événement d'une gravité exceptionnelle : la découverte de la disparition des salons du Quai d'Orsay d'une pendule-cartel authentique. Pour trouver ce cartel d'une rare qualité, l'enquête fut menée de façon fulgurante.

En dépouillant les documents saisis chez moi, le juge avait remarqué une mention, émanant d'une secrétaire et portée sur le registre des appels téléphoniques, qui demandait qu'on cherche la pendule disparue du bureau du directeur de cabinet du ministre.

Après cette révélation, il fut enjoint à la police d'obtenir tout renseignement concernant cette pendule et, ajoute la commission rogatoire : « Rapprocher ces renseignements

1. Le décès d'Élisabeth Dumas, ma mère, remonte à 1965.
2. Mon fils David est sculpteur.

le cas échéant des renseignements d'autres éléments contenus dans le dossier. »

Cette dernière phrase laissait apparaître chez le juge une arrière-pensée mais elle ne la dévoilait pas pour autant. Je sus plus tard de quoi il s'agissait. Lors de la perquisition rue de Lille du 24 novembre 1997, en effet, le juge avait remarqué chez Christine Deviers des œuvres d'une valeur relative. Parmi celles-ci, un cartel avait retenu son attention, au point qu'elle commit sur-le-champ un expert en horlogerie.

Un éclair d'intuition traversa alors le cerveau du juge. Une pendule disparue au Quai d'Orsay, une pendule de même époque apparue chez Christine Deviers, la maîtresse du ministre : le ministre n'avait-il pas offert cet objet rare et de valeur à celle-ci ? Peut-être tenait-elle, enfin, l'élément infamant de nature à abattre ledit ministre, homme sans scrupule qui n'hésitait pas à « voler » le mobilier de l'État pour en faire don à son amie de cœur ! Une intuition ravageuse ne peut-elle pas conduire à des découvertes inattendues ? On peut tout attendre d'un être noir, à la conscience mitée, aux desseins misérables. L'investigation prit un tour accéléré, on ne peut plus sérieux.

Dès les premiers interrogatoires de Christine Deviers, alors que tout tournait autour de son emploi, ses activités, sa rémunération, arriva comme des cheveux sur la soupe une question anodine, après une première demande de précisions sur la tapisserie qui se trouvait dans son salon :

– Qu'en est-il du cartel posé sur la cheminée de ce grand salon et que nous avons également placé sous scellé ?

Et Christine Deviers de répondre :

– Il m'a été offert par mon père.

Puis, selon son habitude, elle changea d'avis pour annoncer qu'il venait d'un ami.

Cette réponse embarrassée ne faisait que confirmer l'intuition du juge. Un ami ? De qui pouvait-il s'agir ? Christine Deviers ne dit rien sur l'identité de cet ami et cela ne fit qu'accroître le soupçon pour qui avait en tête qu'un cartel de même style, disparu d'un endroit, avait réapparu dans un autre lieu. De quoi mener l'enquête sur une plus grande échelle.

La mention qui avait mis le feu aux poudres, datée du 7 février 1991, était pourtant rédigée par la secrétaire de telle façon qu'elle ne permettait aucun doute : « Où est la pendule classée monument historique qui était sur la cheminée de Bernard Kessedjian [1] et qui est partie *en réparation* depuis trois mois ? » Cette seule indication aurait dû arrêter l'enquête ! Il n'en fut rien. Une intuition peut aussi être aveuglante, à moins que ce ne soit du harcèlement. La preuve en est que, dans sa commission rogatoire, le juge d'instruction montre enfin le bout de l'oreille : « Rappelons que la présence d'une pendule de style en métal jaune avait été constatée lors de la perquisition opérée le 24 novembre 1997 au domicile de Mme Deviers-Joncour. »

Le lien était donc bien établi. L'intuition « irrésistible » avait un prolongement ! Le juge ne se cachait plus, le syllogisme devenait judiciaire : « Mme Christine Deviers-Joncour possède une pendule de prix. Une pendule a disparu au Quai d'Orsay. Ce ne peut être que la même pendule. »

1. Directeur du cabinet du ministre.

Alors commença l'épopée destinée à retrouver la trace de l'objet, ou plutôt à faire la démonstration qu'il s'agissait bien du même cartel.

Les choses allèrent tambour battant.

On fit d'abord appel au collaborateur de la mission du patrimoine du ministère des Affaires étrangères, inspecteur en chef des Monuments historiques, accompagné de son adjoint. Il s'agissait de comparer la pendule trouvée – et saisie – chez Christine Deviers avec la photo de celle du Quai d'Orsay.

Le 13 mars, pourtant, un des juges en personne interrogea M. Arvaud, expert horloger, qui se voulut rassurant – « la pendule n'a pas disparu » –, sans plus de précision. Mais cela n'était toujours pas suffisant pour ce juge, le soupçon demeurait.

Les interrogatoires se succédèrent, des secrétaires, des membres du cabinet. Puis finalement des expertises officielles et judiciaires furent ordonnées, destinées à me confondre. Mais la confusion ne fut pas celle que l'on attendait. Les deux pendules n'étaient pas les mêmes : l'une était d'époque et valait cher, l'autre, saisie chez Christine Deviers-Joncour, n'était qu'une pâle copie Napoléon-III. On ne peut pas demander à un juge d'avoir des connaissances en toutes matières mais une personne de goût aurait remarqué au premier coup d'œil cette différence.

Cette déconvenue fut suivie d'une autre, de taille, le jour où le cartel fut enfin retrouvé. Il était tranquillement à l'abri au fond de l'atelier du réparateur habituel des pendules des ministères qui l'avait emporté pour le remettre en état et n'avait pas eu le temps de le faire !

L'affaire faisait pschitt et la baudruche se dégonflait au

grand dam des dames-juges, qui n'abandonnèrent le combat qu'après une dernière tentative : identifier « l'ami », auteur du don fait à Christine Deviers-Joncour. En mai 1999, l'une d'elles interrogea de nouveau l'intéressée et, sans le lui dire nettement, insinua que c'était elle qui était la cause de l'erreur :

– Au fil des interrogatoires, vous nous avez donné deux versions différentes s'agissant de l'origine de la pendule cartel présente rue de Lille... Dans un premier temps, c'était le cadeau de votre père, vous avez déclaré ensuite que c'était le cadeau d'un ami, expliquez-vous.

Réponse :

– Je peux tout vous dire aujourd'hui. Il s'agit d'un achat que nous avons effectué, Gilbert Miara et moi, dans une salle des ventes le 28 juin 1992.

Il aura donc fallu près de deux ans pour tirer au clair le mystère du cartel disparu ! Deux années de temps perdu ! D'argent dépensé ! Tout cela pour arriver à la démonstration qu'il est rare qu'un ministre de la République, en quittant son ministère, emporte sous son bras des objets de grande valeur appartenant au Mobilier national.

Cet épisode n'est mentionné ni par le procureur de la République dans ses réquisitions, ni par le juge d'instruction dans son ordonnance, tant il est grotesque.

Ce harcèlement, néanmoins, a de quoi inquiéter. Un tel acharnement montre bien, dans sa légèreté même, qu'on veut votre perte à tout prix. Et je me suis rappelé soudain ce mot célèbre : « Si j'étais accusé d'avoir volé les tours de Notre-Dame, je commencerais par m'enfuir. »

– IX –

« LA LETTRE EN SOUFFRANCE »

L'épisode des chaussures, celui de l'hôtel Mozart, puis le roman construit autour de la pendule du Quai d'Orsay m'avaient laissé un goût amer. Mais j'imaginais qu'on avait atteint les plus hauts sommets du grotesque et que j'étais au bout de mes peines.

Un incident de procédure me fit constater que je m'étais trompé et que l'on peut toujours s'attendre à pire dans ce domaine. J'en eus connaissance tardivement et très indirectement, tant il avait été rigoureusement camouflé par les juges.

Au début de février 1998, Christine Deviers-Joncour était détenue à Fleury-Mérogis. De nombreuses pressions s'exerçaient sur elle. À mots couverts, un marché lui était proposé. Il lui suffisait de déclarer sur procès-verbal qu'elle m'avait remis de l'argent provenant soit d'Elf soit de la commission perçue sur la vente des frégates pour que les portes de la prison s'ouvrent devant elle. Christine Deviers-Joncour savait mieux que quiconque qu'il s'agissait là d'une contrevérité.

Un de ses défenseurs, dans un communiqué rendu

public, dénonça l'affreux marchandage et la torture morale qu'il représentait pour sa cliente. Il disait en outre craindre pour la santé mentale de celle-ci, car ses demandes de mise en liberté étaient rejetées les unes après les autres. Par ailleurs elle était au courant des menaces de prolongation de sa détention et ne voyait d'autre issue à sa situation que son suicide. Elle sombrait et finit par prendre cette décision après avoir voulu en informer l'extérieur. L'opinion publique en serait témoin.

Elle rédigea une lettre annonçant sa fin prochaine[1]. Cette lettre, sortie de prison clandestinement, était destinée à l'AFP. Christine Deviers-Joncour y évoque la torture qu'elle subit depuis plusieurs mois, et se dit à bout de forces. La campagne concernant l'argent que j'aurais perçu d'Elf voire aussi de Thomson bat alors son plein dans la presse.

Or la prisonnière ajoute, dans son ultime message : « Je jure devant Dieu et vous tous que cet homme (Roland Dumas) n'a rien à se reprocher dans cette affaire. Je ne lui ai jamais remis d'argent, même pas un franc symbolique. »

À la veille d'en finir avec la vie, elle s'exprime sans détour sur un sujet qui à l'époque posait problème.

Son avocat, ne servant en la circonstance que d'intermédiaire chargé de la transmission de ce document, se mit en quatre pour éviter l'issue fatale que supposait cette missive. Aussi la confia-t-il au psychiatre ami de Christine Deviers, médecin de son fils, qui lui paraissait le plus apte à juger de la gravité de l'état de sa cliente.

1. Voir Annexes, p. 396.

Les juges perquisitionnèrent chez ce psychiatre. Elles cherchaient quelque chose. Quoi ? Personne ne peut nier que cette lettre intéressait l'affaire au premier chef, ne serait-ce qu'à mon égard. Et elle figurait en bonne place chez le psychiatre. Les juges la lirent, tout en faisant semblant de ne pas la voir. Il était préférable pour ces deux magistrats de ne pas la faire figurer dans la procédure, en raison précisément de l'élément à décharge qu'elle représentait pour moi. Ce tour de passe-passe fit que la lettre ne sera connue que lorsque la presse en révélera l'existence et dévoilera son contenu. Par la suite, les juges – jouant sur les mots – affirmeront à la hiérarchie judiciaire que si la lettre n'avait pas été saisie c'était dans la mesure où elle ne pouvait pas l'être, car adressée par une personne mise en examen à son avocat.

Que signifiait donc cette double subtilité ? Observons d'abord que la lettre n'était pas destinée à l'avocat de la personne mise en examen – Christine Deviers – mais bien à l'AFP, le conseil n'apparaissant dans ce cas que comme un intermédiaire, en quelque sorte un agent postal. Me Lemaire me pardonnera cette *« capitis diminutio »* ! Quant au détour chez le psychiatre, il visait à tenter de sauver la vie de Christine Deviers. Par ailleurs, les deux juges soutinrent que la lettre ne contenait « rien d'intéressant ». Elles opéraient une véritable censure sur le passage qui m'innocentait une fois pour toutes en perdant de vue volontairement les circonstances de la rédaction du document.

Un être qui veut et qui va mourir soulage sa conscience, ne triche pas avec la vérité, va droit au but et dit ce qu'il a à dire. Dans la littérature judiciaire de l'Ancien Régime, on parlait au sujet de ce genre de document de « confession de mort », c'est-à-dire d'ultime aveu fait avant de disparaître. Sans doute, soumise à une torture morale insoutenable (la liberté contre un mensonge) Christine Deviers a-t-elle suivi la pente naturelle sur laquelle s'engagent ceux qui ont décidé de quitter cette Terre tout en allégeant leur conscience pour en terminer une fois pour toutes.

Plusieurs mois passèrent... Christine Deviers finit par sortir de prison. La missive n'était pas au dossier. L'instruction allait se poursuivre comme si de rien n'était. Je répondais aux convocations et aux interrogatoires qui partaient dans tous les sens quand un réveil brutal vint remettre sur le tapis l'affaire de la « lettre-testament ».

C'est par un appel téléphonique qu'au printemps de 1999 un journaliste m'informa de son existence. Il appartenait à l'équipe de « Karl Zéro » dont je n'apprécie pas toujours les grossièretés et dont j'avais été quelquefois la victime. Le journaliste m'invitait à participer à une émission sur l'affaire Elf. Il savait pourtant que j'opposais depuis le début de cette affaire un refus systématique à ce genre de proposition. C'est alors qu'il m'allécha en me déclarant : « Nous possédons un document qui vous est favorable et qui n'est pas connu. » Il y avait en effet de quoi piquer ma curiosité ! Il s'agissait de la « lettre-testament » dont il détenait une copie qu'il tenait à ma disposition. L'affaire allait prendre une tournure nouvelle. Je refusai de participer à l'émission mais je me trouvais désormais muni d'une arme dont j'entendais faire usage, d'autant qu'elle fut rendue publique à cette occasion.

Les deux juges n'en crurent ni leurs yeux ni leurs oreilles et décidèrent pour se couvrir de faire un incident à leur tour, entendons par là un contre-feu. Elles voulaient en découdre. Je n'avais aucune intention de me laisser faire.

Convoqué par fax pour le 2 juin sous le prétexte d'une confrontation avec Christine Deviers-Joncour sans véritable intérêt, j'attendais de pied ferme la question qui finit par venir après une incidente cousue de fil blanc : « Connaissez-vous M. le Dr André ? » Le Dr André, c'était le psychiatre au domicile duquel les juges avaient perquisitionné et vu la lettre. Cette question en amena une autre à la suite de ma réponse positive : « M. André vous a-t-il montré la lettre de février 1998 écrite de prison par Mme Deviers-Joncour à Me Lemaire nous concernant ? » La lettre, en effet, concernait bien les deux juges à l'égard desquelles Christine Deviers ne mâchait pas ses mots.

Mais là n'était pas l'essentiel, il s'agissait pour les juges d'en venir à la transmission de cette lettre et de donner une explication gênée de la raison pour laquelle elle n'avait pas été saisie. Le ton monta très vite. Trois pages de procès-verbaux en apportent la preuve :

« – Comment avez-vous eu connaissance de cette lettre ?

(Moi) – Par téléphone... »

Les juges allumèrent d'elles-mêmes l'allumette qui allait mettre le feu aux poudres :

« – Comment expliquez-vous que vos conseils aient pu détenir un exemplaire de cette lettre ?

(Moi) – N'attendez pas de moi que je trahisse le secret qui me lie à mes avocats. »

Le pugilat verbal se poursuivit à propos des tribulations

de cette lettre. Mon avocat, M. le bâtonnier Farthouat, qui ne s'en laisse pas conter comme cela, demanda à ce qu'il soit donné acte « qu'il élevait avec son confrère Me Tosi toute protestation sur ces questions ».

Me Gilbert Collard, fraîchement apparu dans le dossier pour défendre Christine Deviers-Joncour, s'en mêla au nom de la déontologie professionnelle. Il en fallait plus pour intimider mes deux défenseurs et ceux qui se trouvaient là, à commencer par moi-même. Le greffier attendait. Le procureur était présent, appelé à la rescousse par les juges. En principe, un procureur est chargé de veiller à la bonne application de la loi et en particulier sur les droits sacrés de la défense et de la protection des rapports entre l'avocat et son client. Celui-ci resta coi dans l'embrasure de la fenêtre où il apparaissait en contre-jour et me donna l'impression de jouer les muets du sérail.

Je n'étais pas mécontent de cet incident provoqué sottement par les deux juges elles-mêmes, qui s'étaient jetées sur l'hameçon comme le poisson avide de tout avaler. Je n'avais eu qu'à ferrer le brochet. Désormais la lettre était officiellement dans le dossier et rien ni personne ne pouvait interdire à quiconque d'en faire état, même si dix-huit mois avaient été perdus pour la vérité et la démonstration de mon innocence.

***

Tout le monde connaît le conte célèbre d'Edgar Poe intitulé *La Lettre volée*. Nombreux sont ceux qui en ont lu la traduction de Charles Baudelaire. Jacques Lacan en fit à son tour le thème principal de l'un de ses séminaires, un de ces attroupements qui attiraient à l'hôpital Sainte-Anne puis à l'École normale supérieure les intellectuels de France, de Navarre et de l'étranger.

Le conte présente bien des analogies avec l'histoire de « la lettre-testament » dont je viens de relater les péripéties. Résumons-le. Dupin et Edgar Poe lui-même, fumeurs invétérés de pipe, reçoivent un jour, dans un appartement parisien, la visite du préfet de police. Ce dernier les informe qu'un « document de la plus haute importance a été soustrait dans le boudoir royal », à savoir une lettre compromettante, écrite à la reine. Le préfet de police déclare connaître l'individu qui a volé le document car il a été vu au moment où il s'en emparait. Il s'agit d'un ministre peu scrupuleux qui, en subtilisant l'objet dont il compte se servir pour faire chanter la reine, l'a remplacé par une lettre similaire.

Le préfet de police a été chargé par la victime du vol (la reine) de récupérer la lettre initiale. Et Edgar Poe d'ajouter : « C'est le fait de la possession et non l'usage de la lettre qui crée l'ascendant, car avec l'usage l'ascendant s'évanouit », indiquant par là qu'une lettre de ce genre perd de son intérêt dès lors qu'elle est divulguée.

Le préfet fait fouiller les caches les plus secrètes de l'hôtel du ministre, les maisons voisines, en vain. C'est finalement Dupin, le camarade fumeur d'Edgar Poe, qui comprend la stratagème : le meilleur moyen de cacher un document est de... ne pas le cacher !

Grâce à un subterfuge des plus anodins et des propos d'un romantique ennui, Dupin se rend clandestinement à l'hôtel du ministre et finit par vérifier ce qu'il a deviné en découvrant dans un porte-cartes mis en évidence la lettre volée en question. C'est alors qu'il lui substitue une lettre de même format, de même aspect, identique en somme, mais à l'exception du contenu évidemment.

Le conte d'Edgar Poe appelle des commentaires sans fin. Lacan s'en est servi comme matériau et comme exemple clinique pour démontrer la primauté du « signifiant » sur le « signifié ». Le signifiant était la lettre elle-même, le signifié son contenu.

« C'est bel et bien la lettre détournée qui nous occupe, dit-il, celle dont le trajet a été prolongé, ou, pour recourir au vocabulaire postal : la lettre en souffrance. » Pour Lacan, la lettre ainsi promenée changera de statut au fur et à mesure de ses tribulations : elle ne vaudra plus par son contenu mais plutôt par l'objet qu'elle représente. N'est-ce pas mon cas avec la « lettre-testament » émanant de Christine Deviers, et dont le contenu m'innocentait ?

L'objet-lettre en soi « signifiait » pour les juges une preuve gênante, puisque son contenu me disculpait. Alors il ne fallait pas qu'elle rejoigne le dossier : c'est ainsi qu'elle se trouva « en souffrance ».

Mais, comme le souligne Lacan, la lettre « en souffrance » perd de son effet. Mise à l'écart pendant treize mois, elle n'eut plus la même portée quant à l'affirmation de mon innocence. D'autant que Christine Deviers déclara alors qu'elle ne l'écrirait plus « aujourd'hui ». Qui faut-il croire ? La femme désespérée qui veut mettre fin à ses jours, ou celle qui, de contradiction en contradiction, tente d'alimenter la chronique et, peut-être, se laisse manipuler ?

Quoi qu'il en soit, avoir refusé de verser au dossier ce document témoigne d'un indéniable acharnement à mon égard. Et prétendre que ce document ne pouvait être pris en compte en interprétant de façon léonine sa destination relève de la mauvaise foi.

À la fin de son séminaire, Jacques Lacan concluait avec amusement qu'« une lettre finit toujours par atteindre son destinataire ».

Ce fut bien le cas. Mais un peu tard...

– X –

PERRETTE ET LE POT AU LAIT

Depuis la création, au XVIe siècle, de la charge de secrétaire d'État et ministre des Affaires étrangères par Henri III, plus de deux cents titulaires de ces départements se sont succédé à cette haute charge de la Royauté, de l'Empire puis de la République. Des records de durée ont été battus, des retours en force ont vu le jour, des passages rapides se sont produits pour les uns comme pour les autres. Quelques-uns ont laissé un faible souvenir, d'autres ont marqué leur temps et l'Histoire. J'ai occupé cette place à mon tour du 7 décembre 1984 au 20 mars 1986, puis du 12 mai 1988 au 30 mars 1993, battant moi aussi quelques records.

Vergennes – dont l'encrier est resté plus célèbre que le bureau qui n'existe plus – ne fut pas des moindres dans cette longue liste. Charles Gravier, comte de Vergennes, resta en fonction jusqu'à sa mort et régna sur la diplomatie de Louis XVI pendant treize années. Il étonna la Cour. Il stupéfia le monde en aidant quelques colonies britanniques à se proclamer indépendantes avant de devenir l'embryon de la plus puissante des nations : les

États-Unis d'Amérique. Il est plus connu pour sa politique que pour ses frasques, qui défrayèrent pourtant la chronique, les gazettes et la Cour de Versailles.

Je lui emprunte la description qu'il laissa de son rôle de ministre des Affaires étrangères et qu'un chroniqueur avisé nous a transmis une année après sa mort. On admirera le style fleuri de cette fin de siècle, la qualité du vocabulaire du narrateur, lequel tenait de la bouche même de l'intéressé, close depuis un an au moment de cette publication, un ensemble de vérités qui n'ont pas vieilli.

« Il semblerait que le département des affaires étrangères, chez une grande puissance, est une charge trop disproportionnée avec les moyens d'un seul homme. Y a-t-il en effet beaucoup de têtes assez bien organisées pour s'occuper à la fois d'une médiation, d'un traité de commerce, d'une discussion politique, d'un projet d'union, de l'intérêt de ses alliés, des mouvements de ses rivaux ? Ici du soin caché de fomenter des troubles, là de les prévenir, plus souvent de les apaiser ? Veiller à l'honneur de la nation, aux intérêts du commerce, à la liberté des mers ; diriger les organes particuliers de la volonté souveraine, avancer le système d'amélioration, etc. Quels détails ! À cette action continuelle de la pensée joignons le travail courant, les dépêches, les conseils, les audiences, les événements, les remplacements, les instructions, la surveillance des bureaux, l'importunité des sollicitations, les devoirs de la place, et surtout les luttes continuelles contre l'intrigue, l'envie, l'esprit des cours.

» Rapprochons de ce fardeau immense la capacité de l'esprit humain, en général timide parce qu'il est borné, imprudent s'il est hardi, incertain s'il est prévoyant, confiant si le succès le favorise, embarrassé au milieu de ses propres connaissances, mêlant à l'habileté de la finesse, à la finesse de l'astuce, à l'astuce de la mauvaise foi, abattu par les difficultés, opiniâtre dans l'erreur, sensible au doux encens de la flatterie, irritable à l'apparence du blâme.

» Après cette double considération il est aisé de conclure si la place de ministre des Affaires étrangères est facile à remplir, s'il en est qui ait plus de droits à l'indulgence. »

Deux siècles plus tard, ce texte est toujours d'actualité. Vergennes a connu les jalousies de ses collègues, les chausse-trappes de ses contemporains, les tentations de son entourage. Fort de la confiance de son souverain, il a traversé les tempêtes, les plus anodines comme les plus menaçantes.

De retour aux « affaires » en 1988, j'ai affronté moi aussi les premières manifestations de ce genre de désagréments. Le ministre de l'Éducation nationale souhaitait être aux Affaires étrangères et se manifestait avec insistance, au point que je dus m'en entretenir avec lui, « entre hommes ». À quelques jours de là, ce fut le tour du ministre de l'Intérieur, qui se sentait une vocation irrésistible pour la direction du « Quai », cependant que le chef du gouvernement lui-même, suggérant un jeu de « chaises musicales », me faisait savoir qu'il me verrait très bien, en raison de mon « talent » (sic) et de mon ascendant sur les députés, au poste de ministre des Relations avec le Parlement, ce qui lui aurait permis de récupérer le ministère de l'Intérieur pour l'un de ses amis politiques, en vue d'une élection présidentielle à laquelle il serait candidat.

Le chef de l'État, auquel rien de ces petites manœuvres ni de ces arrière-pensées n'échappait, intervint pour couper court à ces élucubrations, se contentant d'ajouter avec un sourire : « Qui s'imagine que le ministre de l'Intérieur peut peser sur une élection de caractère national se trompe gravement. »

Bref, je connus moi aussi les petits complots nés des grandes envies. Mais je fais remonter à l'année 1992, qui fut l'une des années les plus chargées en événements internationaux, en déplacements, en bouleversements de tous ordres sur l'ensemble des deux septennats de François Mitterrand, une surcharge exceptionnelle de travail.

D'entrée de jeu l'année se plaça pour l'Histoire sous le signe de l'Europe. Elle débuta le 7 février par la signature du traité de Maastricht. Mais cette signature n'avait pu intervenir qu'après six mois de négociations intenses où l'Allemagne et la France occupèrent la place principale par l'intermédiaire de leurs deux ministres des Affaires étrangères qui ne comptèrent pas leur peine : Hans-Dietrich Genscher et moi-même. Nous nous étions rencontrés chaque semaine pour faire avancer les choses. Nous avions marché d'un même pas, « *Im gleichen Schritt und Tritt* » comme le chante la rengaine allemande des « deux camarades ».

La signature du traité elle-même avait engendré en aval une formidable activité qui n'allait pas se ralentir jusqu'à la ratification de ce traité par référendum, obtenue de justesse le 20 septembre 1992 après un large débat intérieur dans chacun de nos pays.

À peine cet immense événement était-il enclenché – il

donnera à l'Europe sa monnaie unique, ses institutions d'avenir, ouvrant la porte à l'élargissement, heureuse perspective qui allait consacrer le développement du Vieux Continent et m'accaparer pour des jours et des nuits –, que survint la déchirure de la Yougoslavie, entraînant la reconnaissance de l'indépendance de la Bosnie-Herzégovine.

Tous ces événements allaient secouer l'Europe pendant des années. Sans compter la séparation de la Tchéquie et de la Slovaquie, le rattrapage du faux pas danois qui laissa échapper le premier référendum sur le nouveau traité, exigeant de la part des Douze et en particulier de la France des conférences successives, le tout sur fond de crise monétaire et de difficultés sur le nouveau traité du Gatt[1].

Aux problèmes de l'Europe se superposèrent ceux qui jalonnent la vie internationale de tous les jours : une campagne intense auprès des pays francophones dont m'avait chargé le président de la République en vue de faire élire un ami de la France, francophone lui-même, Boutros Boutros-Ghali, diplomate habile et de grande qualité, au poste de secrétaire général des Nations unies. Ajoutons encore les réunions de travail avec les directeurs du ministère, les collaborateurs, les membres du cabinet, une présence obligatoire chaque mercredi matin au Conseil des ministres où je fus pendant toutes ces années le seul membre du gouvernement en exercice à faire un exposé complet de la situation internationale : on comprendra peut-être que ma vie tournait comme un manège aux arrêts rares et de courte durée.

---

1. Accord général sur les tarifs douaniers et le commerce.

Ce rythme infernal s'imposa tout au long de l'année 1992. Au-delà des satisfactions européennes, le premier trimestre avait très mal débuté. L'arrivée de Georges Habache, ce Palestinien venu se faire soigner en France sans tambours ni trompettes, mit les chancelleries mondiales au bord de la crise d'hystérie à l'égard de la France et de mon ministère, au point que passèrent inaperçues pendant quelques semaines – sauf pour moi – les autres événements mondiaux. Je dus me rendre à Jérusalem pour tenter de mettre fin à la campagne de la presse israélienne contre notre pays. Habache à Paris : cela ne pouvait pas tomber plus mal ! Plusieurs hauts fonctionnaires restèrent sur le carreau, notamment le secrétaire général du Quai d'Orsay et mon directeur de cabinet, deux hommes dont j'ai pleuré le départ tant il était immérité !

Je dus en même temps soutenir l'adhésion de la France au traité de non-prolifération nucléaire pour lequel j'avais obtenu du Conseil des ministres l'autorisation d'agir, avec l'appui de François Mitterrand, cependant que « l'affaire Habache » battait son plein et continuait d'occuper les esprits.

Le climat était toujours le même lorsque je me suis rendu à Orly pour y accueillir Boris Eltsine qui effectuait sa première visite officielle en France. Je l'installai pour quelques jours à Versailles dans les appartements royaux avant de signer avec lui un traité de coopération assorti d'une aide de trois milliards et demi de francs qu'accordait la France à la Russie nouvelle.

Tout juste remis des agapes arrosées de vodka pour la circonstance, je gagnai la Hollande pour signer à Maastricht, en présence du président de la République et en compagnie de mon ami Pierre Bérégovoy, le traité d'Union européenne qui règle toujours notre vie nationale.

Les 12 et 13 mars, je bondissais à Damas pour persuader le président Assad, difficile à rencontrer, de s'engager plus énergiquement dans le processus de paix au Proche-Orient. Ce voyage me sera reproché et sera l'une des causes de ma première grande difficulté pendant cette année. Mais sur le coup mon travail portait ses fruits. Assad se déclarait prêt à participer à « une nouvelle phase de négociations ». Le président de la Syrie me quitta en me disant : « Revenez quand vous voulez, ma porte vous est ouverte. » À peine de retour, je me jetais dans le dossier du Haut-Karabakh pour y développer le plan de paix français en Arménie.

Sans prendre le temps de souffler, je me rendis ensuite auprès du roi du Maroc dont l'humeur à notre égard n'était pas des meilleures. J'obtins de lui des libérations et des promesses de réforme touchant aux libertés publiques et aux droits de l'homme. Puis de nouveau la presse me retrouva aux Nations unies, à New York, où le dossier du Cambodge revenait sur le tapis : une force de vingt mille hommes serait envoyée sur place avec la tâche de réorganiser le pays. C'était un dossier auquel je tenais particulièrement et que je suivais en personne.

Avec mes collègues occidentaux réunis à Ottawa, après trois jours de discussions, j'ai eu le plaisir d'enregistrer un incontestable succès diplomatique : la signature du traité *« Open Sky »* (ciel ouvert) qui allait permettre d'organiser des vols de reconnaissance aérienne réciproques et inopinés, constituant autant de facteurs de confiance, des gages de progrès sur le chemin du désarmement entre les deux blocs et de la paix dans le monde.

Ce résultat se doublait de la mise en place du mécanisme subtil dénommé le « 2 + 4 », qui, en 1993, allait consacrer définitivement la réunification des deux Allemagne. Cette réunification avait été amorcée trois ans plus tôt mais il lui manquait la bénédiction internationale, à commencer par celle des vainqueurs de la dernière guerre mondiale. Cette étape fut franchie dans la capitale du Canada, que je quittai bientôt pour regagner Paris par un vol de nuit et recevoir le Premier ministre japonais en visite officielle dans notre pays. Simple halte avant de repartir pour la Turquie où les tapis rouges nous attendaient, François Mitterrand et moi, cependant que claquaient au vent du Bosphore les drapeaux des deux pays avant que dans les bureaux feutrés d'Ankara ne claquent les mots échangés sur le martyre des Kurdes.

Peu après, changement de cap. Cette fois nous dirigions nos pas vers le nord de l'Europe pour parcourir les belles capitales des pays baltes où j'avais fait rouvrir les ambassades confisquées pendant des années par les bolcheviks et récemment restituées à la République française, mais sans les meubles : j'avais dû en faire venir de Paris pour cette circonstance exceptionnelle de la visite du président de la République, que j'accompagnais.

C'est dire que le rythme ne s'est pas ralenti pendant ce premier trimestre de 1992. J'eus néanmoins le temps d'accueillir à Paris un petit homme triste et gris d'origine albanaise venu demander l'asile politique, l'immense écrivain Ismail Kadaré, que je reçus dans mon bureau avant de le faire escorter, protéger, et de l'installer en Touraine. Il en sera pour longtemps reconnaissant à la France.

Toujours dans la même période, le premier corps d'armée franco-allemand voyait le jour, illustration et concrétisation de ce qu'est appelé à apporter de neuf le traité de Maastricht.

Et encore ! Et toujours ! La ronde continuait, j'étais de tous ces événements dont je n'ai évoqué la réalité, la succession que pendant un trimestre afin d'en montrer l'ampleur et la cadence. Mais le surcroît de travail demeurera le même du 1er janvier au 31 décembre 1992. L'année fut en effet à l'image de ces trois premiers mois. Rare pendant cette période fut l'attention portée aux soucis personnels ou familiaux, rares également les passages obligés dans ma circonscription de Dordogne alors que les « dépêches » – pour reprendre le langage du XVIIIe siècle – s'accumulaient sur mon bureau. Le plus souvent, je les lisais la nuit, avec la sensation d'agir comme un marin qui écope le fond de son bateau pour éviter de se laisser submerger.

Occupé par le rythme infernal auquel les éléments me soumettaient, je n'avais nulle conscience, encore moins connaissance des agissements souterrains de certains, de l'organisation de circuits d'argent ou d'alliances d'intérêts inavouables.

*
**

C'est en septembre et octobre 1992 que se nouèrent les intrigues et que se cristallisa le complot ourdi contre moi, qui avais la tête ailleurs. Un premier incident faillit dégénérer entre la France et notre allié américain. Il me procura une certaine amertume, sans plus.

J'avais reçu à Paris Shimon Peres, alors ministre des Affaires étrangères d'Israël. Au cours de cette visite, celui-ci m'avait vivement et publiquement engagé à me rendre de nouveau à Damas pour tenter de convaincre le président de la Syrie, Assad, de lâcher du lest à l'égard de l'État hébreu. François Mitterrand se montra sceptique mais me laissa faire, comme souvent.

Après mon voyage de mars, une nouvelle réunion du processus de paix, les 24 et 26 du même mois, s'était soldée par un échec. Ce ne sera ni le premier, ni le dernier ! Mais en octobre 1992, je jugeai le moment venu d'agir une fois encore. Assad me garda pendant sept heures d'affilée dans son salon où des fauteuils quelconques, couverts de tissu blanc, ajoutaient à la sobriété du lieu. L'entretien fut si serré et surtout si long que je dus en demander l'interruption pour me rendre aux toilettes.

Pour ce déplacement comme pour le précédent, j'avais deux choses en tête :

– d'abord introduire la France dans la discussion sur la paix au Proche-Orient, et dans ce but essayer de m'y prendre comme je l'avais fait pour le Cambodge, en procédant par petites approches, profitant des atouts dont nous disposions ;

– ensuite, essayer d'en savoir davantage sur la mort de Seurat, ce coopérant français enlevé puis séquestré au Liban, et disparu pendant sa captivité.

Sur ce dernier sujet – le sort de Seurat – j'appris que tout espoir de retrouver le corps de notre compatriote était perdu. J'avais pourtant fait remettre par mes services, aux autorités locales et à celles de Damas, la fiche dentaire du malheureux Seurat qui aurait permis d'identifier le cadavre parmi tous ceux qui avaient été enterrés sommairement pendant cette période trouble. La vérité me revint en pleine face. Seurat n'était pas mort de maladie, comme on l'avait laissé entendre, mais avait bel et bien été exécuté d'une balle dans la tête sur un ordre venu de très haut, de Damas. Le corps n'était pas présentable de ce fait. C'était peine perdue que de chercher à le récupérer, d'autant qu'il avait été jeté dans une fosse commune située dans un cimetière chiite de Beyrouth, pas très loin de l'ambassade de France. Par la suite, des fouilles sérieuses furent entreprises dans cet endroit. Mais les conclusions auxquelles j'étais arrivé au début de mes visites se trouvèrent confirmées. Hélas !

Quand je revins à Paris, François Mitterrand me demanda de garder le secret sur cette macabre découverte.

Quoi qu'il en soit, l'entrée en force de la France dans le processus de paix au Proche-Orient ne pouvait que déplaire aux Américains. Alors que j'avais tenu au courant, par pure courtoisie, mon homologue américain Lawrence S. Eagleburger, successeur de James Baker, celui-ci me répondit par une lettre très à cheval qui pourrait se résumer de la façon suivante : « Cette affaire est la nôtre. La France n'a pas à s'en mêler. » Le contrecoup de mon initiative avait été ressenti jusqu'à Tel-Aviv !

La formulation de cette lettre était désobligeante, surprenante de la part d'un homme aussi aimable que mon homologue américain :

Parallèlement, comme la Syrie et Israël me l'ont clairement indiqué, ces deux pays continuent à compter sur les États-Unis et la Russie – en tant que co-parrains du processus de paix – pour jouer dans les négociations le rôle d'honnête intermédiaire. À cet égard, les deux parties ont souligné qu'elles souhaitaient éviter de compliquer un processus déjà compliqué en recherchant une intermédiation ou une médiation ailleurs. Je ne suis pas sûr que cela concorde avec les opinions que vous avez recueillies auprès des parties de la région, mais c'est le message très clair que j'ai reçu des deux parties (et pas plus tard qu'hier de l'une d'entre elles). [...] Les États-Unis sont étroitement engagés dans des efforts avec les parties, au plus haut niveau, pour rapprocher les points de vue et aplanir les divergences. Étant donné le point de vue que nous ont exprimé les parties, je pense qu'il ne serait pas sage et peut-être même contre-productif d'ajouter à ce stade des voix supplémentaires.

Cette affirmation ne correspondait en rien à ce que j'avais moi-même entendu. La presse française, qui était présente à l'échange que j'avais eu avec Shimon Peres, ne s'y était pas trompée. Il suffit de relire les titres de l'époque pour s'en convaincre. *Le Figaro* : « Shimon Peres : La France a un rôle majeur à jouer ». *Le Monde* : « M. Roland Dumas a effectué une mission de médiation à Damas ». *Le Figaro* encore : « Dumas médiateur à Damas ».

Ma réplique fut aussi vive que l'attaque car je n'entendais pas me laisser marcher sur les pieds par l'administration américaine.

J'avais eu droit à un simple : « Roland », je répondis : « Cher Lawrence »...

... J'ai procédé à divers recoupements depuis la réception de votre lettre. Je n'ai pas eu le sentiment, aussi bien à Damas, au Caire ou à Jérusalem que mes rencontres ou mes échanges avec les uns ou les autres perturbaient en quoi que ce soit la démarche globale du processus de paix. [...] Enfin, permettez-moi de vous assurer de mon désir de poursuivre, au nom de mon pays qui demeure souve-

rain, une action diplomatique que je crois utile pour la recherche de la paix et conforme aux intérêts de tous.

Je terminai par un « Bien à vous ».

***

À la même époque, octobre 1992, commencèrent à circuler des bruits sur mes prétendues faiblesses à l'égard de la société Elf. Le directeur de la DST en personne en fit part à l'un de mes collaborateurs. J'aurais reçu des avantages d'Elf ; un appartement, en particulier, m'aurait été offert par la société nationale.

Interrogé (beaucoup plus tard), M. Fournet, qui était directeur général de la DST à l'époque, déclarait en novembre 1998 au juge d'instruction à propos de ces on-dit : « Il y a eu une rumeur dans Paris concernant effectivement un appartement et des commissions. Nous nous sommes aperçus à l'époque qu'il s'agissait probablement d'une entreprise de déstabilisation et il est exact que j'en ai fait part à M. Roland Dumas lors d'un entretien. Je précise que ce n'est pas moi qui en ai parlé à M.G.[1] Je précise également, contrairement à ce qu'affirme M.G., que je n'en avais pas parlé au préalable au président de la République. »

Question : « Pouvez-vous nous préciser d'où venait cette rumeur ? »

Réponse : « Cette rumeur provenait des milieux d'affaires en relation avec le commerce des armes. À cet égard, j'ai

1. Journaliste qui avait fait cette allusion dans ses articles.

été frappé dans le livre de M. Gattegno par un passage où il est indiqué qu'Eva Joly aurait reçu un appel téléphonique au cours de l'instruction faisant état d'une affaire d'appartement et de commissions. »

Je n'attachais pas outre mesure d'importance à ce fait. J'ai eu tort sans doute, comme la suite l'a démontré, mais j'étais pris par mon travail. Mon dernier achat d'appartement remontait à 1974. J'avais personnellement la conscience tranquille. Je fus rassuré par mon entourage, et je revins à mes affaires...

Mais plus tard, beaucoup plus tard encore, en 2000, j'appris qu'un homme de main proche d'Alfred Sirven avait déclaré spontanément chez un des juges de l'affaire qu'il avait participé à des tentatives de déstabilisation sur ma personne (voir chapitre III). Le juge, pourtant chargé de l'instruction, ne l'interrogea pas plus avant. Pas très curieux, ce juge !

Toujours en 1992, Christine Deviers-Joncour recevait une somme importante – soixante millions de francs – sur son compte sous numéro à Lugano en Suisse, à un moment où je continuais à m'opposer à la vente des frégates. Elle partagea cette somme – mais je l'appris, là aussi, beaucoup plus tard – avec son ami et conseiller financier, M. Gilbert Miara.

C'est également l'époque où M. Alain Gomez, président de Thomson, conduisait des procédures dans tous les sens dans le conflit qui l'opposait à M. Lagardère, de l'entreprise Matra, espérant mettre ce dernier à genoux et devenir le numéro un français de l'armement lourd et sophistiqué.

Sans m'en rendre compte, je me trouvais donc au milieu d'une « toile d'araignée », tissée par des adversaires qui n'avaient en commun que le projet de me déstabiliser pour des raisons diverses : l'administration américaine en raison de ma position « insolente » sur le Proche-Orient, et la maison Thomson qui se plaignait de ma perpétuelle opposition à la vente des frégates à Taïwan. Cette dernière affaire avait été résolue avec les décisions prises par le Premier ministre et le président de la République au printemps 1991 mais elle n'allait se dénouer que dans le courant de l'année 1992. Nous verrons plus tard que les commissions qui ont été prévues pour ce marché ne seront effectives qu'à partir du mois de juillet 1992. Enfin, Alfred Sirven, auteur de « l'arrangement » entre Thomson et Elf à propos du contrat des frégates, n'appréciait pas mon opposition. Lui aussi avait donc intérêt à me contraindre ou à me déstabiliser... comme tout un petit cercle de barbouzes, d'hommes politiques et d'hommes d'affaires.

Au fil du temps toutefois, l'affaire Elf évolua de façon inattendue. Après des mois d'instruction ne subsistèrent que le règlement d'une paire de chaussures avec une Carte bleue appartenant à Christine Deviers-Joncour et dont j'ai assuré le remboursement, et cinq statuettes que j'avais commandées pour moi-même. Les insinuations concernant l'appartement firent long feu. Mais très vite elles glissèrent du terrain d'Elf vers les circuits troubles de l'affaire des frégates.

Avec le déploiement médiatique et la complicité des

autorités judiciaires, l'affaire Elf se résuma à l'affaire des frégates, et l'affaire des frégates devint « l'affaire Dumas ».

Je m'efforçai donc de sortir de cet imbroglio, de la nasse dans laquelle on voulait m'enfermer. Je démontai tour à tour les mécanismes de la calomnie, de l'insinuation et de la mise en cause, je reconstituai des dossiers qui me seraient utiles, ceux dans lesquels j'étais intervenu pour la société Elf (cf. chapitres précédents), ceux qui se rapportaient à la vente des frégates à Taïwan. Bref, j'effectuai un vrai travail de juge d'instruction pour tenter de faire encore une fois sortir la vérité du puits, et j'arrivai très vite à la conclusion que l'information concentrée sur Elf m'ayant mis hors de cause, la calomnie reprenait de plus belle sur l'affaire des frégates. Et qu'en définitive je servais de paravent à des opérations malhonnêtes, qui mettaient en cause nombre de personnes et de personnalités. Le bouc émissaire, que j'étais, avait été bien trouvé.

*
**

L'affaire Elf s'achevait donc. Christine Deviers-Joncour rendait les biens dont elle avait largement profité, à commencer par l'appartement et la carte de crédit, et restituait au juge Perraudin l'argent encore disponible dans les paradis fiscaux. Comme Perrette et son pot au lait : « Adieu magot, Carte bleue, appartement et fringues. » Elle se plaignit en effet de ne plus pouvoir se rendre chez les grands couturiers mais continua d'apprécier la compagnie des têtes couronnées.

Par la suite, je ne tins pas pour négligeable ce qu'avait été la réaction américaine à ma tentative de redistribution des cartes dans le Proche-Orient. J'avais considéré que la Syrie était un pays incontournable dans ce processus et que la France pouvait contribuer à une amélioration des relations de Damas avec l'Occident. Le gouvernement américain n'avait pas vu cela d'un bon œil et l'administration américaine avait déclenché un processus qui avait mobilisé contre moi des éléments dont d'autres n'eurent plus qu'à se servir par la suite. L'agence Kroll, dont la vocation et la spécialité sont bien « les enquêtes parallèles », a joué un rôle dans l'histoire, prêtant ses talents à ceux qui en avaient besoin pour tenter de me nuire sur une grande échelle. Mobilisée par Thomson dans son conflit contre Matra, elle se montra disponible de la même manière et dans les mêmes conditions pour la même Thomson désireuse d'aboutir coûte que coûte dans l'histoire des frégates et décidée à en découdre avec moi. La machine de guerre lancée contre moi prit du temps. Elle fut utilisée ensuite pour camoufler les agissements frauduleux de quelques-uns des protagonistes de l'affaire, en m'imputant des actions qui n'avaient rien à voir avec moi plutôt que de contribuer à la recherche de la vérité sur ceux qui avaient réellement profité de l'argent rendu disponible par la vente des frégates.

Le directeur général de la DST de l'époque, M. Fournet, déclara au juge en fin de témoignage : « Lorsque j'ai parlé tout à l'heure de déstabilisation, je dois dire que c'était une époque qui se prêtait à ce type d'action. En effet, la concurrence était telle que certains groupes d'intérêts n'hésitaient pas à faire courir des rumeurs fondées ou pas, afin d'emporter les marchés. »

– XI –

LE COMPLOT DES FRÉGATES

C'est avec « l'affaire des frégates » que je pris très au sérieux l'hypothèse d'un complot contre ma personne et tout ce qu'elle représentait.

Dans la perspective de la vente de ces bateaux à Taïwan, ma position de ministre des Affaires étrangères à l'époque allait permettre à de multiples vautours de trouver un bouc émissaire pour cacher leurs détournements. La campagne médiatique destinée à mettre en doute mon incorruptibilité vis-à-vis d'Elf, voire à faire de moi un voleur de pendule, n'avait pas eu d'autre but, dans l'esprit de ceux qui l'avaient fomentée. Mais elle avait fini par faire long feu.

L'enquête touchant à ma prétendue corruption dans l'affaire Elf ayant tourné court, les « magouilles » des frégates allaient ouvrir la séance de rattrapage pour ceux qui avaient quelque chose à cacher et pour ceux qui continuaient de vouloir une bonne diversion.

Le terrain s'y prêtait : les difficiles relations de la France avec les deux Chines – la communiste (celle de Pékin) et la nationaliste (celle de Taïwan, ex-Formose). Jacques

Chirac allait avoir l'occasion de prendre la mesure du problème à son tour, plus tard. Dans le courant du mois d'octobre 2000, en effet, il a effectué un voyage en Extrême-Orient, en Corée d'abord, en Chine communiste ensuite. Plusieurs journées passées à Pékin lui ont permis de se rendre compte de l'ampleur des difficultés. Ces difficultés rappelèrent à tous les observateurs et accompagnateurs du président de la République, en particulier aux industriels nombreux qui faisaient partie de la visite, l'imbroglio dans lequel je m'étais moi-même trouvé huit années plus tôt. L'éternelle et inépuisable question des droits de l'homme est venue sur le tapis comme cela avait été le cas pour Mitterrand et pour moi dans les années 1990, après la révolte de Tien-An-Men et la répression qui avait suivi. Au-delà de ce problème rémanent a surgi, comme pour moi, la question des relations commerciales de la France avec l'île de Taïwan, qui a risqué de mettre le feu aux poudres une nouvelle fois.

De mon temps, il s'était agi de la vente de six frégates à Taipei, capitale de l'île, en vue de la défense des côtes de Taïwan. En octobre 2000, l'affrontement était relatif au contrat de vente d'un satellite d'observation civile. Les communistes chinois ont prétendu que ce satellite pourrait être utilisé à des fins militaires, comme ils l'avaient soutenu à propos des frégates, dont ils admirent difficilement par la suite qu'elles n'étaient que défensives et protectrices des eaux territoriales taïwanaises.

Même argumentation de part et d'autre, mêmes affirmations, mêmes menaces de répression et même expression de celles-ci dont Pékin niait la réalité, s'en tenant à des arguments techniques pour écarter nos entreprises du marché chinois, toujours aussi prometteur mais aussi difficilement accessible en 2000 que dans les années quatre-vingt-dix.

Les communiqués des agences rendant compte de ces entretiens sont ambigus. L'AFP souligne que « Pékin a salué l'excellence des relations franco-chinoises, tout en mettant une nouvelle fois en garde contre la vente d'un satellite français à Taïwan ». Mais les Chinois, de leur côté, ont parlé de « leur position sur le sujet », qu'ils qualifiaient de claire, cohérente et ferme. Tout en réaffirmant que les entreprises françaises ne feraient pas l'objet de représailles, ils ajoutaient : « Si ces entreprises étaient exclues de l'appel d'offres, cela serait dû simplement à leur compétitivité insuffisante. » Le message n'avait pas varié, et la « compétitivité », bien sûr, avait bon dos... La preuve en fut administrée sans retard. À peine Jacques Chirac était-il revenu à Paris que tombait une dépêche en provenance de Pékin : « La Chine annule le contrat passé avec la France concernant la vente de trente Airbus. »

À bon entendeur, salut !

*
**

Les relations entre la Chine populaire et Taïwan, et les relations de ces pays avec le reste du monde constituent un imbroglio diplomatique sans pareil.

En 1947, après la victoire de Mao Tsé-Toung et de l'armée populaire, un régime communiste s'installa à Pékin, pendant que les restes de l'armée de Tchang Kaï-Chek se repliaient sur l'île de Taïwan avec l'appui des Américains. Le régime de Pékin a toujours considéré qu'il n'existait qu'une seule grande Chine et que Taïwan en faisait partie intégrante. Lorsque le général de Gaulle le reconnut diplomatiquement, il ne posa aucune condition particulière, mais les Américains exigèrent que Formose (aujourd'hui Taïwan) continue de jouir d'un régime privilégié et que les États-Unis soient admis à commercer avec elle, pouvant aller jusqu'à lui vendre des armes pour sa sécurité. Le marché taïwanais allait ainsi devenir pour plusieurs décennies la chasse gardée des grandes sociétés américaines, y compris en matière d'armement.

La reconnaissance par la France de l'existence en droit de la Chine communiste eut lieu en 1964. Mais dès la fin de 1963, il fut clair que le général de Gaulle voulait que notre pays fît un retour fracassant sur la scène extrême-orientale. Ce fut d'abord le Cambodge qui, rompant avec les États-Unis, se rapprocha de nous. Vint ensuite sur le tapis la situation des deux Vietnams. Le général de Gaulle parlait de son souhait « d'un retour à la paix pour le Vietnam tout entier ». Restait la grande question : celle de la Chine, divisée entre un immense continent et une île étroite. Le général de Gaulle fit d'abord savoir aux États-Unis d'Amérique qu'il n'avait pas l'intention de procéder à la reconnaissance de la Chine communiste dans un avenir rapproché. Il y procéda néanmoins, quelques semaines plus tard, après un voyage exploratoire d'Edgar Faure, qui lui-même avait suivi la visite que nous avions faite à Pékin, Pierre Mendès France et moi-même. Après tout, ce n'était pas la première fois que le Général changeait d'idée sur un point important...

C'est par un bref et simple communiqué que, le 27 janvier 1964, l'Élysée annonça : « Le gouvernement de la République française et le gouvernement de la République Populaire de Chine ont décidé d'un commun accord d'établir des relations diplomatiques. Ils sont convenus à cet effet de désigner des ambassadeurs dans un délai de trois mois. »

Cela fut considéré à l'époque comme un geste d'hostilité à l'égard des États-Unis et aussi de l'URSS. Une semaine après cette reconnaissance de la Chine, qui ne s'accompagna d'aucun protocole, ni d'aucune condition particulière, le chef de l'État donna des détails sur cette position au cours d'une conférence de presse, tenue selon le rituel des grandes messes gaulliennes, le 31 janvier 1964. Cette conférence de presse est intéressante pour comprendre la suite des événements, jusques et y compris la vente des vedettes françaises à Taïwan en 1991.

Après avoir rendu hommage au général Tchang Kaï-Chek, le général de Gaulle aborda les grands axes de sa politique en Asie et expliqua sa décision récente. Pour lui, il était évident que tout problème posé sur le continent asiatique intéressait la Chine. Il souligna qu'il était absurde d'ignorer un État de sept cents millions d'habitants. Le chiffre a grossi depuis 1964 et l'argument n'en a que plus de valeur... Le général de Gaulle se prononça pour une politique de neutralité dans cette partie du monde et ajouta « qu'elle serait inconcevable en dehors de la Chine ». Cette politique de neutralité était la seule compatible, à ses yeux, « avec la vie pacifique et le progrès des populations ».

Trente-six ans après cette prise de position de principe, la Chine communiste s'en tient toujours à ce qui fut clairement déclaré être la doctrine de la France et l'est resté depuis lors.

Taïwan, de son côté, n'eut de cesse, depuis cette époque, de « grignoter » cette position pour faire reconnaître, par le monde entier, l'existence de deux Chines, chacune épiant l'autre, cherchant à l'intimider, la menaçant dès que la ligne blanche était franchie soit par David, soit par Goliath ! Je fus moi-même amené à consentir quelques assouplissements de principe. Je l'ai toujours fait dans l'objectif simple qui consistait à ne pas briser nos relations avec la Chine, partenaire de grande taille, membre permanent comme nous du Conseil de sécurité des Nations unies, puissance parvenue à se hisser dans le club étroit des détenteurs de la bombe atomique et pays d'influence dans la zone. Un pays dont le poids est tel qu'il est indispensable d'en tenir compte pour mener à bien des négociations touchant à nos intérêts, comme ce fut le cas dans le cadre de la conférence de Paris sur la paix au Cambodge.

Quand se sont posés la question de l'atterrissage de l'avion d'Air France à Taipei, ou le problème de l'ouverture dans la capitale taïwanaise d'une représentation française, ou bien encore celui de faire figurer la délégation de Taïwan sur la liste diplomatique des pays accrédités en France, je me suis efforcé de ne jamais froisser Pékin et de trouver avec les autorités de la capitale communiste des solutions acceptables par elles.

Cela me valut non seulement un crédit de franchise et d'autorité en Chine communiste mais aussi l'appui dont j'avais besoin pour la conférence de Paris sur la paix au Cambodge. Je n'ai jamais menti aux autorités chinoises. Je ne leur ai jamais manqué de parole.

Je n'étais pas mal non plus avec Taïwan, où je n'ai jamais posé le pied mais dont me venaient toutes sortes de sollicitations en vue de faire progresser nos relations commerciales et d'améliorer notre balance des comptes. Ce furent tour à tour les promesses concernant le TGV, les centrales, et bien d'autres grands contrats.

Les deux Républiques – la communiste et la nationaliste – continuèrent de s'ignorer tout en se surveillant. Le régime de Pékin s'est montré particulièrement pointilleux sur le respect des clauses touchant à la neutralité, un point qui exaspérait les chancelleries : interdiction d'entretenir des représentations diplomatiques à Formose, défense de confronter dans un même lieu les deux drapeaux, impossibilité de faire atterrir nos avions de ligne à Taïwan sous menace de rétorsion, interdiction de faire voyager des ministres dans l'île.

Quelques améliorations avaient été apportées à cette situation quand j'arrivai au Quai d'Orsay en 1984 et quand j'y revins en 1988. Mais rien de fondamental n'avait changé et chaque tentative faite par Taïwan pour sortir de cet enfermement était vouée à l'échec, d'autant que les États-Unis d'Amérique persistaient, en chiens de garde, à veiller sur leurs privilèges. La Chine communiste, je l'ai dit, occupait le siège de membre permanent du Conseil de sécurité, ce qui lui conférait des droits au titre des pays vainqueurs de la dernière guerre mondiale, bien que ce fût le général Tchang Kaï-Chek qui avait conduit les armées chinoises sur le chemin de la gloire. Et Pékin ne manquait pas une occasion de se manifester.

La Chine communiste avait pour elle la reconnaissance internationale, les honneurs, en même temps qu'elle offrait un immense potentiel économique et humain. Formose avait de son côté le dynamisme et la richesse. Devenue un État puissant, Taïwan ne cherchait qu'à acquérir la notoriété internationale. Elle promettait des contrats mirobolants et, alors que Pékin faisait appel au crédit international, l'île cherchait à se lier avec les pays occidentaux, dont la France, sans solliciter de crédit de la part de ses partenaires, en payant comptant.

Pendant les années quatre-vingt commencèrent à se faire jour, du côté français, des initiatives en vue de changer de politique, de mettre fin à l'ostracisme qui frappait Taïwan, au nom de l'égalité de traitement et surtout au nom de notre balance commerciale. Un « lobby » taïwanais se mit en place. Il gagna de proche en proche tous les milieux politiques et se mit à parler de ce changement, cependant que d'autres responsables continuaient à soutenir la thèse selon laquelle il ne fallait pas, pour quelques avantages passagers et limités dans le temps – peut-être même en quantité –, mettre en péril l'énorme potentialité que représentait la Chine de Pékin. Bref, il était recommandé de ne pas sacrifier l'avenir au présent. Les uns brûlaient d'impatience, les autres recommandaient la prudence.

Un des arguments et non des moindres consistait pour les premiers à proclamer : « Regardez les Américains. Ils font ce qu'ils veulent à Taïwan, commercent, ont des échanges politiques, vendent des armes. L'autre Chine ne trouve rien à redire à cela. Pourquoi pas nous ? »

Le raisonnement ne manqua pas de séduire nombre d'hésitants qui regrettaient que nous soyons à la remorque des États-Unis en laissant passer de belles occasions d'améliorer notre balance commerciale. Ils ajoutaient : « Bien plus, Taipei parle avec Pékin. Ils sont hypocrites. Tous ces Chinois nous trompent. Formose envisage d'investir en Chine communiste. » Cette affirmation ne devait devenir réalité que beaucoup plus tard, notamment en 1999.

L'autre camp répliquait que tous ceux qui changeraient

l'équilibre en Extrême-Orient allaient lâcher la proie pour l'ombre, que nous nous fermerions nombre de chantiers dans le présent et surtout dans l'avenir. Des discussions étaient en cours avec la Chine communiste pour des centraux téléphoniques, des centrales nucléaires, des raffineries de pétrole, etc. « Les Chinois, disaient-ils, s'en souviendront le moment venu, surtout lorsque *La Chine s'éveillera* définitivement. » L'auteur du livre[1] qui porte ce titre se rangeait dans ce camp-là.

La discussion qui opposait en gros les économistes aux politiques n'était pas sans grandeur ni sans réalité. Les enjeux et les possibilités étaient à la mesure de cet immense continent qu'était devenue la Chine communiste.

Les choses allaient se compliquer dans le courant de l'année 1989 avec les demandes taïwanaises, officieuses d'abord, officielles ensuite, adressées à la France en vue de lui acheter du matériel militaire défensif qui serait payé comptant et en dollars. C'est ainsi que naquit « l'affaire des frégates ».

*
**

La question s'est posée dès avril 1989 à propos d'une vente à Taïwan de soixante torpilles F-17. L'affaire fut traitée par l'Élysée. Le chef d'état-major rendit compte au président de la République. Son conseiller technique, M. Musitelli, fit observer : « Faire des affaires avec Taïwan,

1. Voir *Quand la Chine s'éveillera... le monde tremblera*, d'Alain Peyrefitte, éditions Fayard, 1980 (réédition en 1990).

d'accord, mais agiter le chiffon rouge sous le nez du géant chinois, c'est de l'incohérence diplomatique pure et simple. »

Le secrétaire général de l'Élysée, Jean-Louis Bianco, donna un avis, également défavorable à cette opération, avis que partagea François Mitterrand. Le seul à se manifester dans le sens contraire était le ministre de la Défense nationale de l'époque, M. Jean-Pierre Chevènement, qui allait se déclarer, le 19 août 1989, tout à fait favorable à cette vente.

Entre-temps, les relations entre la France et la Chine avaient connu un refroidissement soudain et brutal à la suite des événements de Tien-An-Men (3 et 4 juin 1989). La création en France d'un « front pour la démocratie en Chine », la visite dans notre pays du dalaï-lama, l'accueil réservé par la France à une cinquantaine de dissidents – devenus quatre-vingt-douze puis cent quatre-vingt-dix –, contribuèrent à détériorer le climat. Certains membres du gouvernement, ou leurs collaborateurs, en profitèrent pour suggérer un changement de politique à l'égard de Taïwan. Je rangerai parmi ceux-ci Mme Cresson, les cabinets de M. Rocard, Premier ministre, et de M. Fauroux, ministre de l'Industrie, qui s'exprimèrent dans le même sens. Tous étaient de bonne foi.

Malgré ces pressions, à son chef d'état-major qui revint à la charge le 25 juillet 1989 en lui demandant s'il estimait opportun d'autoriser les services de la Défense à prospecter (matériel défensif) et la société Dassault à approcher Taïwan, le président de la République répondit sans ambiguïté par un « non » catégorique souligné dans la correspondance.

Mais François Mitterrand va changer une première fois

d'avis. En septembre 1989, il déclarait pourtant aux uns et aux autres : « Je mets en garde contre un rapprochement avec Taïwan en dépit des événements de juin 1989[1]. » À la réunion de haut niveau qui eut lieu à la CIEEMG[2] de novembre 1989, mon ministère a donc maintenu cette position de refus de vendre les frégates. Mais au cours de la réunion, un ordre apporté par le général Quesnot (chef d'état-major particulier du président) tomba de l'Élysée, annonçant que le président de la République donnait l'autorisation de vendre.

Après cet incident, mon représentant – M. Carré, sous-directeur du ministère des Affaires étrangères –, faisait ajouter au compte rendu de séance cette phrase sans équivoque : « Le ministère des Affaires étrangères a prononcé un avis favorable modifiant son objection initiale après l'assurance donnée en séance de l'accord explicite des plus hautes autorités de l'État. » Il est en outre clairement indiqué dans ce compte rendu que la rédaction du procès-verbal serait retardée pour permettre « d'être sûr d'avoir l'autorisation d'approuver ce projet, compte tenu de la décision déjà prise par le président ». Deux précautions valaient mieux qu'une ! Le fonctionnaire, qui parlait en mon nom, n'eut pas à m'en référer. L'eût-il fait que j'aurais donné la même consigne, à savoir que le ministère maintenait son point de vue mais qu'il s'inclinerait si l'ordre venu du plus haut niveau de l'État était confirmé.

1. Répression de la porte de Tien-An-Men.

2. Commission interministérielle pour l'étude concernant les exportations de matériel de guerre.

À quelques jours de là, devant la protestation énergique et les menaces de représailles de Pékin, et sur mon insistance personnelle, le président de la République revenait sur sa décision, et reprenait la position d'avant ce premier écart. Pas de vedettes pour Taïwan ! J'avais gagné la partie, du moins pouvais-je le croire. Chi Chen, ministre des Affaires étrangères de Chine, me fit savoir son compliment, me félicita, me remercia de ce revirement de la position française. Adossé à la « Grande Muraille », j'avais résisté et j'étais satisfait d'avoir rétabli ce que j'estimais être la meilleure politique à l'égard des deux Chines. Tout était rentré dans l'ordre[1].

C'était compter sans le « lobby taïwanais ».

1. Voir Annexes, p. 402.

– XII –

LE LOBBY TAÏWANAIS

La forme, l'existence, la nature et l'action du « lobby » taïwanais en France sont d'autant plus intéressantes que ce genre d'institution est censé ne pas exister dans notre pays. Il n'en est pas de même aux États-Unis d'Amérique. Outre-Atlantique le « lobby », ou « groupe de pression », ou « réseau d'influence » est non seulement légal mais intervient ouvertement dans presque tous les domaines de la vie publique, se révélant assez souvent utile, disposant de moyens financiers importants.

J'ai découvert à l'occasion de la vente des frégates que Formose avait réussi à mettre sur pied en France une institution de ce genre, dont la caractéristique est d'être discrète et informelle, pour faire progresser « l'idée Taïwan », dans tous les milieux stratégiques ou sensibles, au travers d'associations, de comités, ou plus simplement de relations directes. On trouve dans ce groupe d'influence, pêle-mêle, des maires, des députés, d'anciens ministres, des fonctionnaires, des industriels, des intellectuels, etc. Les Chinois de Taïwan en font partie à dose homéopathique pour ne pas effrayer. Chaque membre du lobby intervient dans la sphère d'activité qui lui est propre et pousse à la solution des problèmes que pose ce type d'échanges, compte tenu du contexte diplomatique international et de la situation en Extrême-Orient. Car si la Chine récupère un à un ses territoires perdus (tour à tour Hongkong puis Macao), on peut penser que demain ou après-demain viendra le tour de Taïwan. Bien sûr les choses se font à la manière chinoise, toute d'habileté, de subtilité et de patience. Mais cela viendra. La France se devait donc de prendre des précautions pour l'avenir.

Malgré la prudence et la réserve du lobby, l'action de ses membres peut quelquefois se révéler gênante : il arrive que trop de zèle nuise. J'en eus la preuve lorsqu'en septembre 1992 – donc pendant l'affaire des frégates, et en plein projet de vente d'avions à Taïwan –, alors que j'étais encore responsable du Quai d'Orsay, je reçus un télégramme révélateur [1] émanant de M. Jacques Fournet, alors directeur de la Sécurité du territoire (DST) et en mission dans l'île chinoise.

M. Fournet devait y prendre langue avec ses homologues pour avoir avec eux des échanges très secrets sur l'affaire de l'attentat du DC-10 d'UTA mais aussi sur la Corée du Nord qui prêtait à l'époque main-forte à la Syrie et à l'Irak afin d'améliorer la portée des missiles sol-sol en vue de les faire passer de huit cents à mille cinq cents kilomètres et donc d'atteindre Israël. L'enjeu était d'importance, on en conviendra.

La surprise est venue de ce qu'à titre tout à fait excep-

1. Télégramme n° 145 de Taipei, à la diffusion très réduite, signé de notre représentant officieux.

tionnel le Premier ministre puis le ministre des Affaires étrangères taïwanais demandèrent au haut fonctionnaire français, avant son départ de l'île, de le rencontrer. Le Premier ministre taïwanais, M. Hau-Pei-Tsun, le retint pendant une demi-heure, le priant de transmettre en urgence aux autorités françaises le message suivant : « Pour la vente des Mirage 2000, Taïwan est l'objet de très fortes pressions des États-Unis d'Amérique. Mais notre position n'a pas varié. » Et le ministre des Affaires étrangères de lancer un appel au calme du côté français : « Évitons toute divulgation dans la presse afin de ne pas faciliter la polémique avant les élections américaines. C'est ce que j'avais dit à M. Rocard[1]. »

La recommandation des autorités taïwanaises au plus haut niveau ne pouvait être plus claire : pas de vagues, moins d'émissaires, plus de discrétion. Or, dès 1990 le lobby avait continué de s'agiter. À l'Élysée même, les collaborateurs les plus influents du chef de l'État s'affirmaient les uns après les autres en faveur du commerce d'armes avec Taïwan. J'avais gagné la première manche à la fin de l'année 1989 mais le vent allait souffler dans l'autre sens pour la deuxième mi-temps, et j'allais finalement perdre le match qui m'opposait à eux en ce qui concernait la vente des frégates.

1. L'ancien Premier ministre, troquant son chapeau de VIP pour la casquette de VRP, s'était rendu en effet deux mois plus tôt (le 14 juillet) à Pékin puis à Taïwan.

Aux premiers rangs du lobby se tenaient les représentants du complexe militaro-industriel. C'était en premier lieu Thomson en la personne de son P-DG, Alain Gomez, principal intéressé à l'armement des coques de navires.

Les adhérents du « lobby » multipliaient les démarches. Le maire de Lorient, Jean-Yves Le Drian, devenu secrétaire d'État à la Mer, qui avait fait de nombreux allers et retours entre la France et l'île, m'écrivit à plusieurs reprises pour me faire part des soucis que lui causaient les carnets de commande des chantiers de construction navale de sa ville. Mais Le Drian n'était pas le seul à avoir profité des facilités de transport sur Taipei. À leur demande, je reçus les membres d'une délégation de parlementaires socialistes conduite par Christian Pierret qui deviendra, dans le gouvernement de Lionel Jospin, le ministre de l'Industrie. Ils avaient fait, eux aussi, le voyage plein de promesses... Leur but était aussi de me faire changer d'avis sur les vedettes. Quelle éloquence ! À profusion les arguments venaient à moi. Je les ai tous éconduits avec le sourire...

Jean-Louis Bianco, secrétaire général de l'Élysée, écrivait de son côté dans une note : « Beaucoup d'autres pays commercent avec Taïwan et Chinois de Pékin. Commercent avec ces pays : États-Unis, nombreux pays occidentaux ! Alors ? Pourquoi pas nous ? » Anne Lauvergeon donnait le même son de cloche dans une autre note au président de la République datée du 14 mars 1990. Deux autres collaborateurs du président de la République (MM. Lévy et S. Lafont) proposaient une solution biaisée qui consistait à vendre les frégates en « pièces détachées et non armées » (sic).

Jean-Louis Bianco revint à la charge à plusieurs reprises.

Notamment le 3 avril 1990 dans une note manuscrite : « 10 milliards pour les frégates, vingt à trente milliards pour le TGV. C'est plus que nous n'exportons vers la Chine et... ces exportations-là nous coûtent de l'argent (crédit garanti). » Il ajoutait : « la Chine a besoin de l'Europe et de la France. »

Les émissaires de droite (Lipkowski, Missoffe) croisaient les émissaires de gauche sur le chemin de Taïwan. Les ministres Fauroux et Jeanneney, avec l'autorisation du Premier ministre, faisaient le déplacement à leur tour. Des officieux aussi (Le Guen et quelques autres)...

Le ministre de la Défense (Jean-Pierre Chevènement) avait signé pour son compte une note, le 14 mars 1990, demandant que soit rouverte la discussion qui s'était close à la manière que l'on sait. Attali, à son tour, y alla de son appréciation dans une note très personnelle et confidentielle au président de la République :

« Je trouverais absurde de céder à l'intimidation chinoise :

» – aucun progrès n'a été fait sur les droits de l'homme à ce jour dans ce pays ;

» – c'est un énorme contrat qui sera pris par les Anglais ou d'autres si nous cédons ;

» – pour une fois que les droits de l'homme et nos intérêts commerciaux vont dans le même sens !... »

Le « lobby » avait repris l'offensive et, malgré la décision arrêtée par le président de la République lui-même quelques mois auparavant, l'affaire repartait de plus belle d'un cabinet à l'autre.

Alors que le 29 mars 1990 le vice-amiral Lanxade, chef d'état-major particulier du président de la République, répercutait auprès de François Mitterrand mon refus de vendre des équipements électroniques concernant les frégates à Taïwan dans les termes suivants : « J'ai demandé au préalable l'avis personnel de M. Dumas qui m'a indiqué qu'il ne fallait pas donner cette autorisation[1] », les intrigues voire les négociations se poursuivaient à mon insu et dans mon dos.

Christian Sautter, dans une note, « remit ça » auprès de Jean-Louis Bianco. Hennekinne, conseiller diplomatique du chef de l'État, s'en prit personnellement à mon directeur des affaires d'Extrême-Orient, considéré comme l'inspirateur de la ligne que j'avais adoptée.

C'est alors que, décidé à passer outre, à brûler les étapes, à négliger l'interdiction du président de la République, le chef de file des « lobbyistes », Alain Gomez, président de Thomson, signa le 28 juin 1990 un *Memorandum of understanding* avec Taïwan. Un accord direct concernant la vente des frégates, sans tenir compte de l'opposition de François Mitterrand. J'en fus informé par mon cabinet dès le 13 juillet (cf. Annexes, p. 404), où il me fut rendu compte de la réunion qui venait de se tenir à Matignon, en ces termes :

« À la réunion mensuelle des cabinets organisée à Matignon par Philippe Petit[2] sur les exportations d'armes, Marc Perrin de Brichambaut[3] a donné les indications suivantes.

» Avec l'assentiment du ministère de la Défense, Alain Gomez, de Thomson-CSF, cherchait depuis un certain

1. Voir Annexes, p. 403.

2. Directeur de cabinet de M. Michel Rocard, à l'époque conseiller diplomatique de Matignon.

3. Membre de mon cabinet.

temps de “nouvelles solutions” à la question des frégates taïwanaises. Il avait mis au point, avec le client taïwanais, un projet de vente, par tranches, de blocs préfabriqués en France qui devraient être assemblés dans un chantier naval taïwanais. À cette différence près, le contrat serait le même que celui négocié en décembre 1989, et porterait sur six coques, plus dix devant être construites localement sous licence. Les spécifications seraient exactement les mêmes.

» Thomson-CSF avait signé un *Memorandum of understanding* (ci-joint). Les Taïwanais prétendaient que ce “MOU” devait être rapidement transformé en accord définitif, car il existait une forte concurrence.

» Le voyage du député Le Drian s'insère dans le cadre des efforts de Thomson : l'élu de Lorient avait du reste appelé au téléphone, dans son bureau, le délégué général à l'armement, M. Sillard, depuis Taïwan...

» Il a été convenu par les participants à la réunion que, plutôt que de risquer de relancer les difficultés d'il y a six mois, vous-même et le ministre de la Défense feriez connaître vos points de vue respectifs – éventuellement par l'intermédiaire de Matignon – avant que le président de la République ne soit saisi. »

Cette note est signée du directeur adjoint de mon cabinet.

Le coup était rude. Six mois à peine après la décision de François Mitterrand de refuser cette vente, les principaux intéressés décidaient, eux, de n'en tenir aucun compte ! Cette affaire en disait long sur la puissance du « lobby » et sur le comportement des responsables politiques qui soutenaient une ligne différente de celle du président de la République et de moi-même. Mon collaborateur le plus proche, qui possède un sens aigu de l'État, assortissait sa note d'un commentaire aussi vif qu'indigné : « On nous refait le coup du fait accompli. Les nouvelles négociations violent délibérément l'interdit du président[1] ! »

L'examen du mémorandum d'accord rédigé par le cabinet d'avocats franco-américain Gide-Loyrette-de Roux comportait pour les Taïwanais la signature de M. Yen et pour Thomson celle de M. Pujol. Il me fallait réagir, protester, réaffirmer notre position. C'est ce que je fis dans les jours qui suivirent, dans une note à Jean-Pierre Chevènement qui se terminait par ces mots : « Je refuse de me prononcer sur ce dossier que je considère comme clos. J'ai fait valoir auprès du président de la République et du Premier ministre, en temps opportun, tous les éléments qui motivaient ma position. » La lettre n'a jamais reçu de réponse[2] !

***

Je pensais que nous en resterions là. J'avais tout dit. Sans doute le ministre de la Défense avait-il de bonnes raisons de braver le président de la République et de s'opposer à moi. Ce ne sera du reste pas la seule fois ! Mais aux bonnes raisons s'ajoutaient les liens très forts qui existaient entre lui et Alain Gomez. Jeune ministre de l'Industrie en 1982, il avait tout fait pour faire nommer

1. Voir Annexes, p. 404.
2. Voir Annexes, p. 406.

son ami au poste tant convoité de patron de Thomson, fleuron de l'industrie d'armement et qui devint ainsi, à la stupéfaction de tous, P-DG d'un grand secteur nationalisé à quarante-sept ans...

D'où venait cette amitié si profonde et si efficace ? Il nous faut remonter aux années soixante et faire retour sur la politique française. Contre le général de Gaulle, à l'élection présidentielle de 1965, François Mitterrand avait réalisé une performance au deuxième tour de la consultation, en recueillant sur son nom 45 % des voix de nos compatriotes. En fin politique, il mesura très vite les cartes qu'il avait en main. Au soir du deuxième tour, il me disait : « Il faut maintenant capitaliser ces voix et commencer par rassembler la gauche. » Pour cela, il devait d'abord réunir les socialistes auxquels ce score avait redonné confiance. Dans cette perspective, il me demanda de m'intéresser à un groupe de jeunes « technocrates » dont l'existence faisait jaser depuis peu car ils étaient brillants, un tantinet anarchistes et moqueurs, capteurs et diffuseurs d'idées nouvelles sous couvert « d'autogestion », proches de Guy Mollet mais louchant du côté de François Mitterrand dont ils disaient aimer le langage nouveau. Ils avaient pour la plupart adhéré à la SFIO, vieux parti usé dont ils espéraient assurer la rénovation de l'intérieur, en en prenant le commandement. C'était le temps du Ceres, qui résonnait comme le nom prometteur du Dieu des moissons !

Je fis la connaissance de ces mousquetaires-militants au n° 1 de la rue de Sfax, chez un inspecteur des finances plus âgé qu'eux, Paul Bordier, qui les réunissait dans des séances de travail destinées à réfléchir à l'avenir et préparer un programme de changement. Il y avait là, outre quelques fidèles de François Mitterrand, une sorte de Porthos : c'était Motchane, dont l'air bourru et les développements oratoires compliqués contrastaient avec le style d'Aramis, Jean-Pierre Chevènement, déjà précieux et ironique, mirobolant en diable, ou celui d'Athos, au regard insistant, que l'on se plaisait déjà à dénommer le « Bel Alain » : Alain Gomez [1].

Ce triumvirat fit une entrée fracassante sur la scène politique en publiant un livre devenu célèbre sous le pseudonyme de « Mandrin » et intitulé *L'Énarchie*, paru en 1967. Si l'idée a pu germer à l'École nationale d'administration qui abritait leurs exploits, il est probable que ses deux auteurs (Gomez et Chevènement) l'ont mise sur le papier à leur sortie de l'ÉNA, fin mai 1965.

La promotion à laquelle ils appartenaient [2] jouera un rôle éminent et insoupçonné alors sur la vie de notre pays. Sur quatre-vingt-dix élèves français, quelques-uns ont traversé avec panache le temps et occupent aujourd'hui des places de premier choix. Jospin, considéré alors comme atypique par ses condisciples ; Seillières, baron et déjà patron ; Toubon, trublion agité ; et aussi de Rohan, Mérimée et bien d'autres.

Dès les années soixante, j'avais remarqué la complicité intellectuelle qui liait Jean-Pierre Chevènement et Alain Gomez. De cette époque date entre eux cette amitié solide qui résistera au temps et se fortifiera au fil des épreuves.

---

1. C'était le temps où – selon le manifeste du Ceres publié plus tard – ces jeunes gens se réunissaient jusqu'en 1968 chez des « particuliers dépourvus de chaises ».

2. Promotion Stendhal (février 1963 à mai 1965).

Chevènement et Gomez effectuèrent leur stage dans deux régions différentes et réalisèrent à leur sortie de l'ÉNA des scores inégaux. Alain Gomez passa quatre années à l'Inspection des finances, visitant plusieurs départements : le Var, le Rhône, l'Ille-et-Vilaine. En 1966, une mission l'amena en Corrèze. Son travail est consigné dans trois rapports[1].

J'arrivai moi-même dans ce département quelques mois après lui pour y être candidat aux élections législatives de 1967 à Brive[2]. Le maire socialiste de Tulle, Jean Montalat, qui m'accueillit alors, avait conservé le souvenir d'un jeune inspecteur des finances venu contrôler sa ville, brillant, efficace, un tantinet dispersé et qui n'avait rien de socialiste... disait-il. Sa vocation devait venir plus tard...

Cet homme énergique, petit-fils d'anarchiste espagnol, ancien parachutiste, au parcours sinueux allant de l'Algérie française à l'aile gauche du mouvement socialiste et dont les mâchoires carrées soulignaient la détermination devait s'épanouir dans l'industrie, d'abord à Saint-Gobain sous la férule de son futur ministre M. Fauroux, mais surtout dans l'industrie militaire avec son accession à la tête de Thomson.

En octobre 1988, *Le Monde* le dépeignait de la façon suivante : « Six ans après avoir pris la tête de Thomson, Alain Gomez, l'un des trois rares P-DG “roses” à avoir

---

1. N° 166-194 : Recette municipale de Tulle. N° 66-196 : Société d'économie mixte de la Construction immobilière de Tulle. N° 193 : Situation financière de la ville de Tulle.

2. Je fus élu député de Brive en 1967. Je le resterai jusqu'à la dissolution prononcée par le général de Gaulle, après les événements de mai 1968.

conservé son fauteuil lors de deux années de gouvernement Chirac, a redressé la barre. En 1982, ce groupe de 47 milliards de francs de chiffre d'affaires, employant 104 500 personnes, perdait environ un milliard de francs. Aujourd'hui, avec des effectifs pratiquement inchangés... il en gagne autant. Après avoir augmenté ses activités de 50 %... »

Toute réussite a un prix. Peu regardant sur les moyens, animé par la seule volonté de réussir, Alain Gomez devait écraser tout sur son passage, se faire beaucoup d'ennemis et surtout se constituer une garde rapprochée prête à tout, apte à monter les coups les plus performants, mais aussi les plus bas. Son concurrent direct Lagardère-Matra en sait quelque chose. Le procès entre les deux hommes a fait grand bruit.

Quoi qu'il en soit, le P-DG de Thomson n'aura de cesse de réussir, dans les années quatre-vingt-dix, « l'affaire vedette des vedettes » de Taïwan dans laquelle son entreprise retrouverait ses intérêts en même temps que les chantiers navals français y trouveraient leur compte. Il ne devait reculer devant aucun sacrifice, pas plus que devant aucune manœuvre persuasive ou contraignante pour en arriver là.

Rien d'étonnant à ce que le camarade de la promotion Stendhal, le coauteur de *L'Énarchie*, le cofondateur du Ceres, l'ami du Mouvement des citoyens, l'ait soutenu dans ses projets dès les années quatre-vingt-dix.

Alors qu'Alain Gomez allait se hisser au plus haut niveau de l'activité industrielle mondiale, le compagnon fidèle – Jean-Pierre Chevènement – allait, lui, gravir barreau après barreau l'échelle vacillante de la réussite politique. Quatre fois membre des gouvernements de François Mitterrand et de Lionel Jospin, Jean-Pierre Chevènement a fait une carrière qui ne peut que faire envie. Il faut lui reconnaître le mérite de n'avoir pas oublié ce camarade des années magiques et difficiles de l'École nationale d'administration, tandis que ce dernier n'a cessé d'aider son mentor en politique. *Le Monde*, sous la plume de Françoise Vaysse, pouvait conclure sur cette amitié : « Homme de défi, le président de Thomson dispose en tout cas depuis peu de deux nouveaux atouts dans son jeu : le ministre de l'Industrie Roger Fauroux n'est autre que son ancien patron à Saint-Gobain et le portefeuille de la Défense est entre les mains de Jean-Pierre Chevènement. Des appuis précieux... » Ô combien !

Mais la roche Tarpéienne est proche du Capitole. Alain Gomez en prit conscience le 21 février 1996 en début de matinée, lorsque Alain Juppé le reçut pour quelques minutes dans son cabinet de Premier ministre et lui annonça son limogeage en forme de licenciement. Gomez avait cinquante-sept ans, et devait quitter Thomson. Atteint en plein vol, Jean-Pierre Chevènement, lui, est tombé dans les fossés de l'élection présidentielle de 2002. Le petit-fils d'anarchiste espagnol inspirait davantage la sympathie par son tempérament que par ses méthodes. Le fondateur du Mouvement des citoyens séduisait plus par son panache que par son sens de l'Histoire.

– XIII –

ELF ENTRE DANS « LE COUP DES FRÉGATES »

On a vu comment le ministre de la Défense de l'époque, Jean-Pierre Chevènement, avait donné son appui au groupe Thomson. C'était en 1990. Mais l'année 1991 ne fut pas moins surprenante à cet égard. Nous étions accaparés par la préparation de la guerre contre l'Irak en vue de la libération du Koweït. La procédure mise en place avec les Nations unies avait prévu un ultimatum qui venait à expiration le 15 janvier 1991. Nous nous trouvions aux prises avec des problèmes nouveaux ou renaissants sur le plan diplomatique par ailleurs, ainsi qu'en témoigne le compte rendu officiel du premier Conseil des ministres de l'année 1991.

Le début de la guerre du Golfe eut lieu sous le règne de M. Michel Rocard. Mais cette actualité n'eut pas pour effet d'arrêter les grandes manœuvres qui se poursuivaient depuis des mois à propos de Taïwan. Elles allaient reprendre de plus belle au moment où survinrent dans le paysage deux événements qui allaient en modifier les données. Je veux parler d'Elf venant au secours de Thomson dans le « lobby », puis du changement de Premier ministre en mai 1991 qui vit apparaître sur la scène politique Mme Édith Cresson. Cette dernière allait mettre fin à la controverse concernant Taïwan en donnant satisfaction au « lobby ».

Un jour, Christine Deviers-Joncour, qui travaillait depuis plusieurs années pour Elf, manifesta le désir de m'entretenir du problème de Taïwan. Elle m'expliqua qu'Elf avait décidé d'aider Thomson sur ce dossier. Alfred Sirven était chargé d'approcher Michel Rocard ; Alain Gomez s'occupait, lui, de Fauroux, ministre de l'Industrie, et il lui incombait à elle de me persuader de changer d'attitude envers l'île. Je compris qu'elle était mandatée mais pas qu'en réalité elle était manipulée par Sirven. Elle faisait alterner les mots d'amour avec les fiches techniques.

Elle revint à l'attaque une ou deux fois, me montrant l'intérêt que ce marché représentait pour la France : emplois assurés, rentrée de devises, tous arguments que je connaissais par ailleurs. Sans doute lassé par tant d'insistance, je renvoyai Christine Deviers à ses études en termes non équivoques, allant jusqu'à dire qu'elle s'en tienne à ce pourquoi elle avait été embauchée par Elf, qu'elle ne se mêle pas d'autre chose, surtout d'un problème aussi délicat que celui-ci, que je ne changerais pas d'avis, que la politique de la France ne se faisait ni dans les tractations financières quelles qu'elles soient, ni à la pompe des pétroliers. L'entretien fut frais, pour ne pas dire glacial. Je crois qu'elle se rendit compte qu'elle perdait son temps.

J'ajoute que ni Michel Rocard, ni Roger Fauroux n'intervinrent auprès de moi pour me faire modifier mon point de vue. Ils se contentèrent d'argumenter, leurs cabinets se manifestant sans excès. Fauroux fut le plus correct à mon égard, lui qui avait en charge le dossier industriel et se trouvait en début d'année à Taipei où il fit un travail intelligent en dépit des pressions intempestives des uns et des autres. Il a toujours tenu compte à la fois de mes impératifs et des nécessités de la diplomatie française. Il n'entreprit aucune démarche personnelle sans m'en référer et représenta fidèlement ma position exigeante et formelle sur la question.

C'est pendant le premier semestre de 1991 que se noua puis se développa la relation entre Elf et Thomson au sujet de Taïwan. La démarche conduite auprès de Michel Rocard n'ayant pas réussi à faire changer d'avis le gouvernement malgré une prise de position favorable exprimée un an plus tôt par le Premier ministre, Elf avait adopté une autre stratégie sans que j'aie jamais pu savoir laquelle des deux entreprises – Elf ou Thomson – en avait eu l'initiative. Était-ce Elf qui avait suggéré à Thomson la solution qui allait prévaloir ou bien le contraire ? L'Histoire éclaircira ce point qui reste opaque.

Je reçus la visite de Loïk Le Floch-Prigent flanqué d'Alfred Sirven. Christine Deviers-Joncour s'était, à leur prière, chargée de prendre le rendez-vous. C'est une des occasions qui me permirent de rencontrer Alfred Sirven que je n'avais reçu seul ou en tête à tête que très rarement et toujours pour des dossiers concernant Elf, comme je l'ai indiqué plus haut.

Après m'avoir exposé l'intérêt qu'Elf avait à maintenir de bonnes relations avec la Chine continentale vu les projets de grande envergure qui étaient mûrs et seraient annulés si les dirigeants communistes maintenaient leur point de vue négatif sur le projet de vente des frégates et si l'on passait outre, mes visiteurs me dirent que l'idée était née de venir au secours de Thomson pour agir à Pékin où se trouvait le nœud gordien qu'il fallait trancher. Elf m'expliqua que la société disposait d'un réseau d'amitié, d'influence à Pékin. Le projet consistait dans la mise à disposition de ce réseau pour amadouer les autorités chinoises dans leur refus de considérer l'opération voulue par Thomson, c'est-à-dire la vente des vedettes de surveillance côtière à Taïwan.

J'ignorais alors qu'un contrat d'intérêt commun entre les deux sociétés, prévoyant le versement d'importantes commissions au réseau, allait être signé. Je n'en découvris l'existence qu'au déclenchement de la procédure concernant cette affaire. Je fus frappé, alors, par le fait que ce contrat était signé par le numéro deux de Thomson, bras droit d'Alain Gomez, et par un certain Kwan, représentant d'Elf en Chine mais résidant à Hongkong. J'appris en même temps que c'était l'ami de Christine Deviers (Gilbert Miara) qui avait apporté son concours et ses connaissances juridiques et financières à cette opération. Ce contrat provoqua par la suite une procédure d'arbitrage qui s'est déroulée en Suisse et qui devait donner satisfaction au groupe Kwan-Sirven-Miara contre Thomson au sujet du paiement de la somme qui était due en vertu de cet accord. Le montant de la condamnation par le tribunal arbitral était de dix-neuf millions de dollars.

Gomez avait versé d'autres sommes d'argent par ailleurs mais il refusa de payer celles auxquelles la commission d'arbitrage avait condamné Thomson. Il déposa une plainte pour escroquerie et, « le criminel tenant le civil en l'état » et en dépit de la qualité des arbitres, les choses restèrent en suspens. L'arbitre du côté français était Me Jean-Denis Bredin, avocat à la cour de Paris, professeur de droit, académicien, homme distingué et honnête. Mme Joly reconnut l'ensemble de ses qualités quand elle le choisit comme avocat personnel pour défendre ses intérêts dans le procès qui l'opposa à l'auteur du livre *Forage en eaux troubles*. Si Me Jean-Denis Bredin et les autres arbitres ont donné satisfaction au groupe de Kwan contre Thomson, c'est qu'il leur apparaissait que la demande formulée était justifiée.

Quoi qu'il en soit, le jour de mon entretien avec MM. Le Floch et Sirven, je retins l'information qui m'était fournie, sans croire pour autant outre mesure à la réussite de leur projet. De toute façon, tout cela était fait en dehors des pouvoirs publics et ne touchait en rien à l'action diplomatique de la France. Je n'en attendais donc pas un grand résultat, plus confiant dans mes services et dans leur action que dans l'initiative de ce réseau dont j'ignorais l'existence et continuerai de l'ignorer jusqu'au débat public qui aura lieu beaucoup plus tard. Je mettais cela sur le compte des nombreuses interventions, des agitations qui se produisaient un peu partout pour aller toujours dans le même sens, bref de l'activité tous azimuts du « lobby ».

Et, de fait, ce n'est pas de ce côté-là que vint le revirement. Ce réseau n'apporta pas grand-chose de nouveau et d'efficace, si ce n'est des ennuis par la suite... Le grand bouleversement vint du changement de gouvernement et du remplacement de Michel Rocard par Édith Cresson.

Ce changement eut lieu le 15 mai 1991. Dès le début de l'année, François Mitterrand avait commencé à me parler, en termes à peine voilés, de sa volonté de remplacer M. Michel Rocard. Comme à son habitude, il avait pris des précautions pour énumérer les raisons de son projet, tournant autour du pot pour finalement parler du fond : le nom du successeur du Premier ministre. C'est au cours d'un voyage dans une capitale européenne qu'il finit par me dire : « J'ai pensé à vous pour Matignon. Je n'ai pas encore pris ma décision. J'ai d'autres noms en tête, pas très nombreux. » Le bruit courait en effet de la possibilité de me nommer en remplacement de Michel Rocard. Ce fut l'occasion pour ce dernier de faire un mot cruel qui me blessa inutilement : « Dans l'hypothèse d'une venue de Roland Dumas à Matignon, la situation sera intéressante. François Mitterrand à l'Élysée et Roland Dumas à Matignon, nous aurons à la tête de la France un gouvernement de vieux sages ! » Je lui en ai toujours gardé une dent...

Pour ma part, je remerciai le président de la République et lui conseillai d'appeler plutôt Pierre Bérégovoy, en lui précisant que je voulais rester au Quai d'Orsay.

Un autre jour, évoquant le retour d'Édith Cresson dans le gouvernement, je suggérai au président de la République de lui confier un grand ministère économique pour lequel elle me paraissait tout à fait indiquée en raison de son caractère, de sa formation, de sa réussite au Commerce extérieur et aux Affaires européennes. Mitterrand me répondit : « Elle aspire à plus important... » Je compris ce jour-là que les jeux étaient faits. Mitterrand me raccompagna sur le perron de l'Élysée. Je le quittai avec la conviction qu'Édith Cresson serait Premier ministre. Mais quand ?

Nous savons maintenant, notamment par les excellents travaux de Pierre Favier et Michel Martin-Roland, comment les choses se sont passées dans le détail jusqu'à l'allocution du président de la République à la nation qui annonça le changement le 15 mai 1991. Édith Cresson gagna donc Matignon. Je regagnai le Quai d'Orsay comme François Mitterrand l'avait voulu en définitive, car je n'ai pas été dupe de la mise en scène. Son plan était prêt, la répartition des rôles fut ce qu'il avait voulu qu'elle fût.

Je n'ignorais pas qu'Édith Cresson était restée dans sa tête ministre du Commerce extérieur et qu'elle était, pour ces raisons et d'autres, favorable aux échanges avec Taïwan, de façon à améliorer notre balance commerciale. Elle ne tarda pas à en faire la démonstration.

Mais j'ignorais à cette date qu'avaient été déposés, depuis le 2 octobre 1990, les statuts d'une association intitulée « France-Taïwan » dont l'objet était de « développer en France les relations d'amitié et de coopération entre la France et la République de Chine à Taïwan ». Les statuts étaient frappés au coin de la banalité la plus classique mais la liste des fondateurs est plus édifiante, surtout douze années plus tard... Le président en était Pierre Bergé, dont le nom à cette place n'a rien pour surprendre : il m'cxpliqua au moment où j'écrivais ces lignes qu'il n'avait fait qu'obéir à un réflexe conforme aux principes et aux valeurs qui guident sa vie, à savoir créer une association qui devait perpétuer la résistance de Tien-An-Men mais qui par la suite changea d'objectif et lui échappa totalement. Il me fit remarquer que dans un premier temps, il avait domicilié cette association chez lui et que c'est à son insu que le siège en avait été transféré à la MNEF. Son propos voulait me montrer clairement qu'il n'avait rien à voir avec le comportement de l'association par la suite.

Plus étonnant était le nom du vice-président : le propre mari du Premier ministre, Jacques Cresson. Mais pour avoir trop souffert de ces méthodes d'insinuation, je n'imputerai pas au chef du gouvernement ce que le « soupçon » pourrait laisser croire. Je n'expose les faits que pour montrer combien difficile était ma tâche dans ce contexte. Je tiens Édith Cresson pour indemne de tout reproche. Cependant, dans ces conditions, il n'est pas surprenant que le premier travail du nouveau locataire de Matignon, sa première décision à caractère politique, fût de régler le dossier des vedettes promises à Taïwan.

Le président de la République avait, une nouvelle fois, suspendu son accord au déplacement que je devais effectuer à Pékin et qui eut finalement lieu du 19 avril au 5 mai. J'en rapportai une impression négative et fis à nouveau part de mes réserves. La mèche a été allumée par le ministre de la Défense, Pierre Joxe, successeur de Jean-Pierre Chevènement. Il avait mis ses pas dans ceux de son prédécesseur qui avait quitté le gouvernement pour cause de guerre du Golfe. Par une note du 15 mai 1991, « très personnelle et très signalée » au président de la République, le nouveau locataire de l'hôtel de Brienne relançait la discussion. La date de cette note est la même que celle de la nomination du Premier ministre. D'aucuns voudront y voir une coïncidence tout à fait particulière. À la réflexion, je ne pense pas être d'un avis différent.

Le président de la République, lassé des discussions sur le sujet, exaspéré par les intrusions du « lobby », par l'insistance de ses collaborateurs et des intermédiaires, confia l'arbitrage entre les ministres à son nouveau chef du gouvernement. Il pensait que j'avais raison mais il lui fallait tenir compte des intérêts économiques de la France, maintes fois signalés.

La piqûre de rappel du ministre de la Défense produisit l'effet attendu. Édith Cresson, déjà acquise à l'idée de la vente, décida de réunir tous les ministres intéressés par ce dossier[1]. Elle provoqua une réunion, qui s'est tenue le 5 juin à 12 heures à Matignon, « consacrée à la vente à Taïwan d'une licence de construction de bâtiments de surveillance maritime non armés avec fournitures et équipements associés ». Tel était le libellé de l'ordre du jour. Étaient présents à l'heure dite, outre moi-même, le ministre d'État ministre de l'Économie, des finances et du budget (Pierre Bérégovoy), le ministre de la Défense (Pierre Joxe), le ministre délégué à l'Industrie et au commerce extérieur (Dominique Strauss-Kahn) et le secrétaire d'État au Commerce extérieur (Jean-Noël Jeanneney). Un représentant de l'Élysée, le secrétaire général de la Défense nationale, se joignait à la réunion ministérielle.

La réunion dura une bonne heure. Le Premier ministre, en dépit d'une mauvaise prestation lors de son investiture à l'Assemblée nationale et de quelques dérapages verbaux de nature à nous faire mal voir sur la scène internationale, n'avait pas encore souffert des attaques que la presse

1. Voir Annexes, p. 407.

d'opinion allait lui réserver. Son autorité était intacte. Elle s'exprima à l'emporte-pièce comme nous en avions l'habitude, puis me donna la parole en premier, revenant vers moi pour conclure les interventions avant de prendre sa décision. J'argumentai avec vigueur, conscient néanmoins que j'étais seul contre tous. « Ne nous trompons pas sur nos véritables intérêts. À long terme, ils sont du côté de Pékin. Pourquoi ouvrir une crise avec un pays qui nous aide au Conseil de sécurité dont il est membre permanent, qui domine l'Asie pour longtemps, dont j'ai le plus grand besoin pour réussir la difficile négociation sur la paix au Cambodge qui doit permettre à la France de revenir dans l'ancienne Indochine la tête haute ? » J'ajoutai : « Puis Taïwan rejoindra un jour la grande Chine qui d'ores et déjà considère que toutes nos intrigues avec cette île constituent une dangereuse et inadmissible ingérence dans les affaires intérieures du pays... »

Chacun y alla de son couplet et de ses arguments. Qui parla du commerce extérieur, qui parla de l'emploi, qui parla de la construction navale : tous étaient défavorables à ma thèse. Pressentant l'issue de cette délibération, je fis alors une proposition subsidiaire qui consistait à n'autoriser cette vente que unité par unité. Tous s'y opposèrent. Aujourd'hui je considère avec le recul que j'ai dû prononcer la plus mauvaise plaidoirie de ma carrière. J'en eus connaissance lorsque je reçus la décision arbitrale datée du 10 juin et signée d'Édith Cresson.

Le lobby avait donc gagné ! La France vendrait à Taipei « six navires de surveillance de trois mille tonnes ainsi que les équipements nécessaires à la conduite, au positionnement et à la détention mais sans armement pour un prix de douze milliards de francs dont 40 % devraient être payés comptant ». Le compte rendu laisse apparaître l'âpreté de la discussion. S'y ajoute, comme « la cerise sur le gâteau », l'injonction qui m'était faite « d'informer les autorités de la Chine Populaire de l'autorisation accordée en soulignant qu'il s'agissait d'une opération commerciale non susceptible de modifier les rapports politiques franco-chinois ».

*
**

Je ne pris à aucun moment ombrage de cette instruction. Je ne la considérai pas non plus comme une humiliation mais au contraire comme un hommage rendu à mes services, à mon cabinet, à notre ambassadeur sur place pour la façon dont tous s'étaient comportés. Je gérai au mieux la suite de l'affaire et obtins qu'un communiqué [1] soumis aux Chinois de Pékin et agréé par eux, à défaut d'être commun, fût publié par le Quai d'Orsay seul. J'avoue aujourd'hui que je fus surpris par la faiblesse de la réaction de Pékin. Je mis cela sur le compte de notre travail, et au crédit de mes fonctionnaires qui avaient suivi à la lettre mes instructions. Mais je redoutais l'avenir.

J'avais raison de me méfier : dès le 9 juin, un télégramme de M. Claude Martin, alors ambassadeur de France, m'avait informé des réactions chinoises en cas de conclusion avec Taïwan, entre autres le gel des opérations économiques qui portaient sur les équipements électroniques d'un aéroport, lequel frapperait donc Thomson, et sur une raffinerie qui serait refusée à Elf. Et l'ambassadeur

1. Voir Annexes, p. 409.

d'ajouter : « Tout ceci d'une manière qui n'est pas fortuite. »

Sauf Thomson qui trouvait un intérêt immédiat à la décision, toutes les entreprises se mirent à craindre pour elles-mêmes, y compris Elf. Malgré une attitude non belliqueuse accordée du bout des lèvres par la Chine communiste, je continuai de penser que celle-ci ne serait pas avare de mesures de rétorsion. Je maintenais donc mon point de vue contre vents et marées. Il m'importait peu en effet que la France vendît ou refusât de vendre des vedettes de garde côtière à Taïwan, ma préoccupation était tout autre. La France était engagée, dans le cadre de la Conférence de Paris, pour conduire une négociation difficile sur la paix au Cambodge. Je ne voulais par lâcher la proie pour l'ombre.

La première conférence avait échoué. Le concours de la Chine communiste était indispensable en raison de l'appui que celle-ci apportait aux Khmers rouges que je voulais voir éliminer du processus de paix à Phnom-Penh. C'est sur ce dossier que je redoutais, de la part des dirigeants de Pékin, une réaction plus négative encore que celle concernant nos intérêts économiques.

Contre mon gré j'avais fini par m'incliner devant la décision du Premier ministre et du président de la République mais personne n'ignorait ma position. C'est alors que Elf revint à la charge, non par l'intermédiaire de Christine Deviers comme on l'a laissé croire, mais directement par ses dirigeants. Une note de mon secrétariat, retrouvée tardivement, fait apparaître qu'au mois d'août 1991 je recevais une nouvelle fois la visite du président d'Elf et de son adjoint qui venaient derechef me vanter les qualités de leur agent Kwan. Sans me convaincre.

Pourtant l'action diplomatique et l'argumentation développée auprès du gouvernement de Pékin finirent par porter leurs fruits. Sans m'exprimer moi-même, je me tenais au courant de chaque prise de position. Je réussis la deuxième conférence de Paris sur la paix au Cambodge dans les conditions que l'Histoire connaît désormais et ceci grâce au gouvernement chinois de Pékin dont le coup de main fut décisif.

*
**

Après un parcours bref et controversé, Édith Cresson laissa la place à Pierre Bérégovoy qui n'aura pas le temps de redresser la barre et devra endosser l'échec des élections législatives de 1993.

C'est lui qui prit la décision finale de faire assembler les coques des navires à la fin de 1992. Deux faits importants à ce sujet : Pierre Bérégovoy a signé l'ordre « d'assemblage des coques sur le territoire national » sur la proposition du ministre de la Défense, le 2 décembre 1992. L'ordre était « signifié » au ministre des Affaires étrangères [1]. J'avais en effet usé de tous les moyens dilatoires pour retarder cette échéance car je connaissais, pour me l'être fait précisé, le calendrier des opérations successives qui président à l'exécution des contrats d'armement avec l'étranger. J'en avais usé pour gagner du temps mais nous étions arrivés au terme de ce processus et je ne pouvais plus continuer à résister.

1. Voir Annexes, p. 410.

*
**

Le Premier ministre avait tenu à mentionner que cet ordre était donné sur la proposition du ministre de la Défense nationale et que je n'y étais en aucune manière associé. Mais conformément au mandat qui m'avait été donné et profitant d'un voyage au Vietnam et au Cambodge où la paix était revenue, je m'étais rendu au Laos où jamais ministre des Affaires étrangères de la République n'avait posé le pied, et j'avais décidé de faire un détour par Pékin pour y rencontrer une nouvelle fois mon homologue chinois, l'aimable M. Qian Qichen, et en finir une fois pour toutes avec ce contentieux qui avait ébranlé les relations avec la Chine continentale.

L'entrevue eut lieu le 31 janvier 1992. En la provoquant, mon intention était de mettre un point final à la controverse et ceci sans dommage pour notre pays. Après les propos habituels, polis et généraux, la discussion se concentra sur Taïwan, comme le montre le verbatim de cette rencontre[1]. Les reproches ont tout de suite commencé de fleurir. Le ministre chinois était tendu. Je le compris bien qu'il n'en laissât rien paraître, et j'évoquai pour moi l'air célèbre de l'opérette de Franz Lehar, « Toujours sourire mais ne rien dire ».

Qian Qichen : « Nous avons des plaintes à formuler. Vous avez envoyé des hauts fonctionnaires à Taïwan... Vous avez envoyé de trop hauts fonctionnaires à Taïwan. Il faudrait que ce soient des commerçants et non des fonctionnaires. » Je répliquai. Qian Qichen se détendit et

1. Archives personnelles.

me dit : « Nous sommes satisfaits du ministre des Affaires étrangères français. Mais pas des autres ministres, notamment de ceux qui veulent vendre des Mirage 2000 à Taïwan. Il s'agit d'une affaire très délicate. » La discussion se poursuivit. J'argumentai et terminai par ces mots : « Monsieur le ministre, je n'irai pas à Taïwan. ». Qian Qichen : « Nous espérons de vous beaucoup de prudence. »

L'assurance que je venais de donner à mon homologue chinois l'avait apaisé. J'avais donc réussi ma double opération, à savoir : éviter la rupture avec la Chine communiste à propos de Taïwan, et ramener la paix au Cambodge tout en laissant les commerciaux faire leur affaire de l'opération des vedettes.

Cette partie difficile, aléatoire, aux éléments contradictoires, avait duré trois ans, avec des hauts et des bas. Elle avait demandé beaucoup de patience, d'imagination, de prudence. Elle n'aurait pas supporté le moindre faux pas mais exigeait que nous soyons prêts à toute initiative dès que l'occasion favorable se présenterait.

En vérité, l'Extrême-Orient était resté pour moi, depuis 1954, une plaie ouverte. Jeune journaliste, j'avais assisté à la conférence de Genève où se négociait la paix en Indochine. J'avais admiré le travail diplomatique réalisé par Pierre Mendès France dont je devins par la suite l'ami et qui avait su trouver une sortie honorable pour la France. Lui-même y avait fait la connaissance de Chou En-Lai. Cela lui avait valu une invitation en règle des Chinois communistes. Il l'honora en 1958. Je l'accompagnai dans ce voyage, ce qui me permit de prendre conscience de ce qu'allait représenter cet État prodigieux au potentiel incommensurable et qui occuperait à l'avenir une place unique dans l'équilibre du monde.

J'avais à l'époque déploré le manque de réalisme des dirigeants de la IVe République qui n'avaient pas su s'adapter aux données nouvelles de l'après-guerre et n'avaient pas compris que le colonialisme était mort. Ils n'avaient su faire qu'une chose : enclencher une guerre perdue d'avance. Mais depuis lors, j'avais imaginé que la France pourrait revenir dans cette région sur d'autres bases à la première occasion. De retour aux affaires en 1988 et pour une période que je sentais devoir être durable, ayant pris la mesure des changements en cours dans le monde communiste, j'estimais ce moment venu. J'en fis part à François Mitterrand auquel je proposai que la France s'avançât sur le devant de la scène et s'intéressât au sort du Cambodge. Ce pays était resté proche de nous, il s'était maintenu à l'écart des deux communismes qui se disputaient la péninsule, le chinois et le soviétique, et son souverain avait acquis à mes yeux une légitimité que personne ne lui discutait.

Ainsi est né le projet d'une conférence de paix au Cambodge qui se tiendrait à Paris. Mitterrand accepta et me laissa faire. Je montai alors un véritable « Meccano diplomatique » dont les pièces maîtresses étaient une entente avec l'Indonésie qui coprésiderait la conférence, et la voie de la réussite : un accord avec les Chinois de Pékin.

La première session – celle de l'échec – eut lieu du 30 juillet au 30 août 1989. La cause de cet échec était double : l'intransigeance des factions cambodgiennes d'une part, et d'autre part le maintien du soutien chinois aux « sinistres Khmers rouges » dont la dictature avait fait des millions de morts. Je me souviens qu'à cette occasion, comme j'analysais avec le prince Sihanouk les raisons de cet insuccès, le futur souverain du Cambodge me disait sans cesse doucement à l'oreille, avec son inimitable sourire : « Les Chinois ! Les Chinois ! Les Chinois ! »

Prenant acte de ce résultat, je déclarai à la presse : « La conférence ne se clôture pas. Elle s'ajourne. Elle continue d'exister et de travailler mais une solution ne sera trouvée que le jour où les grandes puissances s'engageront davantage. » Tout le monde a compris que je visais le gouvernement de Pékin mais aussi celui des États-Unis d'Amérique qui sacrifiaient la défense des droits de l'homme à une bonne entente avec la Chine, pour des raisons économiques autant que politiques.

Puis je repris mon bâton de pèlerin et proposai un nouveau plan auquel j'adjoignais cette fois les Nations unies. Le gouvernement soviétique, en la personne de mon ami le ministre Chevarnadze, fut le premier à me donner son accord sur ce plan. Les États-Unis, en la personne de M. James Baker, à l'inverse, attendaient de voir ce que ferait la Chine de Pékin. Ils furent les derniers à souscrire à notre plan. Tout dépendait donc des Chinois de Pékin qui avaient entre leurs mains un atout majeur susceptible de tout remettre à zéro en reprenant la guerre : les Khmers rouges.

Les combats continuèrent de manière sporadique sur le terrain mais les choses progressaient sur le plan diplomatique et à notre initiative : les factions cambodgiennes que je réunis séparément d'abord, puis ensemble, à Paris [1],

1. Voir *Le Fil et la Pelote*, *op. cit.*

finirent par admettre la constitution d'un Conseil national suprême (CNS) et par en confier la présidence au prince Sihanouk. Un accord fut signé solennellement à Paris le 23 octobre 1991 par les parties cambodgiennes, les cinq membres permanents du Conseil de sécurité et les pays membres de l'Asean[1]. Perez de Cuellar, le secrétaire général des Nations unies, était là en personne.

Quant à moi j'avais rempli ma mission, ce qui me valut les félicitations du président de la République au Conseil des ministres qui suivit la réunion de Paris. Pour les ignorants ou les incrédules, j'emprunterai à *L'Année politique* (livraison de 1991) une conclusion qui résume cette période et le succès de la conférence :

L'accord (du 23 octobre 1991) implique l'une des plus vastes opérations dont l'Onu ait eu la responsabilité. Le règlement de la question cambodgienne doit en effet s'effectuer sous l'égide de l'Apronuc (autorité provisoire de l'Onu pour le Cambodge) qui disposera de pouvoirs étendus. Forte de vingt mille hommes environ, elle sera chargée, à partir du 1er janvier 1992, du contrôle de la cessation de l'aide étrangère du désarmement des belligérants, de leur démobilisation à hauteur de 70 % et du déminage. Les réfugiés pourront rentrer « où ils le souhaitent » au Cambodge, sous la protection du Haut-commissariat aux réfugiés (HCR).

L'Apronuc exercera un pouvoir direct sur les affaires étrangères, la défense, la sécurité publique et l'information, le CNS se bornant à donner des « avis ». Le Cambodge se trouve donc placé sous un véritable protectorat international. Des élections pour une assemblée

1. *Association of South-East Asian Nations*, Association des nations du Sud-Est asiatique.

constituante de cent vingt membres seront organisées en 1993. La neutralité du pays est d'ores et déjà proclamée. L'activité de l'Apronuc est préparée par la mission préparatoire de l'Onu composée de deux cent soixante-huit soldats et de cent vingt civils.

L'accord du 23 octobre est un indéniable succès de la diplomatie française qui a joué dans la négociation un rôle décisif, matérialisé quelques semaines plus tard par la présence de M. Roland Dumas aux côtés du prince Sihanouk, après le retour de ce dernier à Phnom Penh. Symboliquement, l'ambassadeur de France sera le premier admis à présenter ses lettres de créances, devenant ainsi le doyen du corps diplomatique et c'est un Français qui, en dépit de l'opposition des États-Unis et de l'Australie, commandera la Miprenuc.

*
**

Le rapprochement des dates suffit à faire comprendre quelles furent mes préoccupations pendant ces trois années. Me croira-t-on si j'affirme que la fourniture de six vedettes à Taïwan n'était pas mon souci premier ? Que je n'avais d'autre idée en tête que de faire en sorte que le gouvernement de Pékin ne nous lâche pas dans la négociation pour le retour de la paix au Cambodge ? Puissent ces précisions aider ceux dont la myopie intellectuelle limite leur vision aux rives de la Seine à admettre que l'activité internationale d'un grand pays comme la France exige de regarder vers de plus vastes horizons que ceux dans lesquels d'aucuns voudraient les contenir. (Quelques années plus tard j'aurai la satisfaction d'entendre le nouveau président de la République, Jacques Chirac, me dire qu'il avait approuvé ma politique d'entente avec la Chine sur l'affaire du Cambodge.)

Pour marquer ce succès, j'organisai avec les participants

de la Conférence de Paris un dîner officiel dans les locaux de l'ancien ministère des Affaires étrangères à Versailles, que le maire, M. Damien, avait bien voulu mettre à ma disposition.

L'Histoire était au rendez-vous !

Quelques mois plus tard, avant de quitter le Quai d'Orsay, je préparai pour le président de la République, François Mitterrand, un voyage itinérant dans la péninsule. Il a commencé par le Cambodge et s'est poursuivi au Vietnam, à Hanoi et à Saigon.

C'était le retour que j'avais tant souhaité.

Nous avons tout revu, y compris la cuvette de Diên Biên Phu de triste mémoire où furent anéantis les derniers espoirs de la présence française en Indochine. Mais le renouveau était là aussi, dans ce voyage et sous des formes nouvelles et diverses. L'École de droit battait son plein sous les auspices de nos institutions, les inscriptions au centre culturel que j'avais rouvert étaient si nombreuses que je dus me mettre à la recherche de nouveaux locaux. Les conversations avec les anciens dirigeants du Viêt-minh nous montrèrent que rien n'avait été oublié de ce qu'avaient été les rapports avec les très « anciens ». Tous parlaient encore le français. J'avais gagné mon pari et récoltai les fruits d'une activité constante, acharnée et orientée qui avait occupé quatre années de mon temps.

– XIV –

FRANÇOIS MITTERRAND : « L'AFFAIRE EST RÉGLÉE... »

L'affaire des frégates aura jalonné la vie du deuxième septennat de François Mitterrand de façon tantôt souterraine ou visible, tantôt sournoise ou franche, marquant des temps d'arrêt ou de brusques reprises, opposant les ministres, les conseillers et les experts les uns aux autres jusqu'au jour où François Mitterrand et son Premier ministre d'alors ont pris une décision finale et irrévocable.

Cette décision touchait à tous les sujets à la fois : l'équilibre politique et stratégique mondial, les relations avec les États-Unis d'Amérique mais aussi les intérêts économiques de la France.

Sur ce dossier, François Mitterrand n'a jamais passé la main. Il n'a même pas laissé la bride sur le cou à ses Premiers ministres, quelles que fussent les apparences, pas plus qu'à son ministre des Affaires étrangères, pour régler ce problème qui fut évoqué à plusieurs reprises à la fois au Conseil des ministres, dans des discussions directes entre le chef de l'État, le chef du gouvernement et moi-même. Les Premiers ministres, pour leur part, en parlaient avec le président en tête à tête, le mercredi matin avant le Conseil.

Amorcée en 1989, l'affaire dura jusqu'en 1993. Elle occupa tour à tour M. Michel Rocard, Mme Cresson, M. Bérégovoy. Pendant toute cette période, je n'ai cessé de manifester mes réserves sur cette opération pour les raisons que l'on connaît, jusques et y compris en juin 1991, au jour de l'arbitrage rendu par le Premier ministre Mme Cresson, à la demande du président de la République.

Chacun était bien conscient de la difficulté qu'il y avait à trancher dans le vif, à l'emporte-pièce et sans précaution. Il fut décidé de procéder avec prudence, par petites touches, par approches successives. Les diplomates chinois ne sont pas des innocents, on devait en tenir compte. Il me fallait, tout à la fois, « garder au chaud » le client potentiel qu'était Taïwan et observer du coin de l'œil les réactions de Pékin.

Le compte rendu du Conseil des ministres du 9 janvier 1991, où l'affaire fut évoquée pour la première fois au fond, dans cette enceinte, est éclairant. Nous étions en pleine préparation de la guerre du Golfe. Le président de la République me donna la parole en premier, selon l'usage, pour que je fasse mon exposé hebdomadaire. Je commençai par le plus important : « Allions-nous vers la guerre ou non ? » Nous étions à quatre jours de l'expiration de l'ultimatum à l'Irak. Je relis aujourd'hui avec une certaine angoisse : « M. Dumas évoque la réunion, à Genève, entre M. Tarek Aziz et le secrétaire d'État, M. James Baker. Elle est présentée comme la réunion de la dernière chance. Cependant d'autres initiatives sont encore possibles d'ici le 15 janvier. Cette rencontre a été précédée d'une tournée de M. Baker dans les principales capitales européennes, il a notamment rencontré le président de la République, hier 8 janvier. »

Après avoir parlé d'autres dossiers, j'en vins aux voyages dans l'Extrême-Orient : « M. Stoleru est au Japon et M. Fauroux à Taïwan. Il s'agit là d'un voyage judicieux, même s'il doit entraîner quelques grincements de dents de la part du gouvernement de Pékin. »

Ce fut la seule allusion directe au dossier des frégates et, au-delà, au dossier des relations avec Taïwan. Je dois dire que j'avais alors l'esprit occupé par d'autres problèmes plus conséquents, plus graves. Ma préoccupation majeure n'était pas, ce jour-là, ni même pendant les jours suivants, de trancher dans cette affaire de bateaux. Tout le monde était bien d'accord pour considérer qu'il y avait plus urgent, mais tout le monde était d'accord, aussi, pour considérer qu'il fallait agir avec circonspection sur ce dossier plus que sur tout autre.

Le Conseil des ministres donne lieu à un échange de « petits mots » qui circulent d'un membre du gouvernement à l'autre pendant que se déroulent les exposés et que le président de la République signe son courrier tout en écoutant les orateurs, sans perdre un mot de leurs interventions. Par ce moyen, chaque ministre interpelle celui avec lequel il doit régler une question, un problème délicat qui n'a pas trouvé de solution au niveau des cabinets ou des services. Le « billet » peut aussi être porteur d'un compliment, d'un rappel, ou d'un reproche adressé à un collègue oublieux, il sert même quelquefois de véhicule à une plaisanterie, à un jeu de mots ou bien encore à une réflexion cocasse.

Dans ce petit manège, l'essentiel est que le billet ne tombe pas sous les yeux du président de la République, à la fois pour éviter des reproches, mais plus encore par respect pour le chef de l'État. Aussi ne peut-il pas être transmis en passant devant lui, pas plus que dans son dos. Je me souviens avec amusement de ces périples respectueux... Si le ministre placé par le protocole à la droite de François Mitterrand souhaitait interpeller par ce moyen, sommaire mais efficace, le ministre assis à la gauche du chef de l'État, le billet faisait le tour complet de la table du Conseil ; il était transmis de main en main par tous les membres présents, effectuant un trajet de quelques minutes, un trajet qui exigeait parfois des rappels à l'ordre discrets du ministre auteur et souscripteur du mot en route. Après lecture, le billet reprenait son petit bonhomme de chemin avec la réponse du ministre interpellé.

En recherchant dans mes archives personnelles, j'ai pu remettre la main sur certains de ces billets qui prennent avec le temps un relief particulier. J'ai déjà évoqué celui que Lionel Jospin m'adressa en septembre 1989, m'indiquant qu'il appréciait mes « survols de la vie internationale » et qu'il se sentait presque toujours en communauté d'analyse ou de réaction avec moi.

Dans les jours qui marquèrent la fin du gouvernement de Michel Rocard et l'arrivée d'Édith Cresson, en 1991, l'affaire de Taïwan connut une brusque bouffée d'intérêt et le dossier n'échappa pas, pendant au moins trois conseils des ministres, à ce jeu des petits mots secrets, que je viens de décrire, à ce ballet silencieux de messages significatifs. J'ai conservé quelques originaux de ces billets confidentiels[1], que je publie intentionnellement pour éclairer le lecteur sur ma position à l'époque.

Le premier de ces billets avait eu valeur de feuille de route. Michel Rocard m'y faisait part de l'instruction présidentielle concernant l'attitude à adopter à l'égard de la Chine. Le Premier ministre m'écrivait de sa belle écriture[2] :

Roland

Chine. Le Président – il te le dira – est favorable au maintien d'un gel des relations politiques : pas de visites ministérielles, discours public de désaccord etc...

Mais il n'est pas favorable au gel des relations économiques ni à toute attitude qui laisserait de la place à nos concurrents. La discrétion s'impose mais le pushing ne saurait être exclu.

Amitiés.

M.R.

Tout était dit dans ce message sur les trois paramètres de notre action en direction de la Chine communiste : rigidité politique, imagination commerciale, discrétion dans l'exécution.

Le Conseil suivant devait nous permettre – au Premier ministre Michel Rocard et à moi-même – d'avoir un échange bref mais dense et de vérifier les premiers effets de la mise en place des consignes présidentielles, ceci à l'occasion du voyage effectué à Taipei par le ministre de l'Industrie, M. Roger Fauroux, que nous avions dépêché

1. Voir Annexes, pp. 411-414.

2. Voir Annexes, p. 412.

dans l'île de Taïwan pour y explorer les possibilités commerciales avec les autorités de ce pays, tout en observant minutieusement les réactions des Chinois « d'en face », ceux de Pékin, séparés de leurs frères taïwanais par le détroit de Formose. L'expérience était encourageante. C'est moi qui m'adressai le premier à Michel Rocard dans les termes suivants [1] :

Michel,

Martin, notre Ambassadeur à Pékin a rencontré ces jours derniers le Ministre des Affaires Étrangères qui lui a parlé du voyage de Fauroux. En des termes modérés. Il estime que cela s'est bien passé.

Donc attendons !

R.D.

La réponse de Michel Rocard se révéla fort claire :

Bien sûr. Et je maintiens qu'on a eu raison d'organiser ce voyage. Mais c'est quand même à risque... J'ai assez envie de convier l'Ambassadeur de Chine dans mon bureau après le retour de Fauroux. Qu'en penses-tu ?

M.R.

Michel Rocard abandonna ensuite Matignon et passa la main à Édith Cresson sur tous les dossiers.

Celle-ci, sur les instructions du président de la République, s'empara à sa manière – toujours énergique – de celui des « frégates de Taïwan ». Ce dossier qui s'était pro-

1. Voir Annexes, p. 413.

mené depuis 1989 devait être soumis une nouvelle fois à la CIEEMG [1], compétente pour donner un avis sur le fond. Déjà saisie à plusieurs reprises, elle avait statué dans des sens contradictoires en raison des positions prises par les gouvernements successifs.

Mme Cresson, qui avait hâte de tenir dans son cabinet une réunion préalable à cette soumission, nous a donc réunis, comme je l'ai expliqué, pour le 5 juin 1991. Avant qu'elle m'adresse la convocation officielle, je reçus d'elle, au Conseil des ministres précédant cette date, et toujours selon le même tourniquet, un billet de la même facture que les autres, m'annonçant la tenue de cette réunion [2].

Pour la CIEEMG, je fais convoquer, outre Joxe, toi, Béré, et Strauss-Kahn.

Également quelqu'un de l'Élysée (Védrine ou A. Lauvergeon).

Cette réunion devrait avoir lieu très vite. Peut-être demain comme cela avait été évoqué.

Édith

Je sus alors que les jeux étaient faits. Tant d'assurance et de détermination ne pouvaient que traduire le coup de patte présidentielle.

Au cours de cette réunion, néanmoins, j'ai exprimé une fois encore mes réserves globales (voir chapitre précédent). Cette objection fut balayée. Je perdis l'arbitrage. Mais j'allais gagner la partie auprès des Chinois, on l'a vu,

1. La Commission interministérielle pour l'étude des exportations de matériel de guerre peut être convoquée à plusieurs niveaux : fonctionnaires, membres des cabinets, ministres.

2. Voir Annexes, p. 414.

en évitant leurs représailles concernant cette opération. La décision étant cette fois ferme et définitive, et de surcroît acceptée par le chef d'État, ma mission consistait à faire mon métier de ministre des Affaires étrangères : conserver de bonnes relations avec Pékin.

Pour bien comprendre l'état d'esprit du président de la République et des Premiers ministres qui se sont succédé pendant cette période, je ne peux mieux faire que de reproduire un autre de ces billets parvenus jusqu'à moi pendant les délibérations d'un Conseil des ministres qui a suivi celui des « frégates », et qui traduit très exactement la pensée de ceux qui étaient pour le commerce avec Taïwan, quitte à prendre des risques. Le Premier ministre, Mme Cresson, m'écrivait :

Roland,

Peux-tu parler au président de ta position sur les Mirages pour Taïwan ? J'insiste parce que c'est beaucoup d'argent immédiatement. Si nous ne le faisons pas ce seront les Américains.

Plusieurs entreprises françaises de l'aéronautique sont en sous-charge et licencient (500 licenciements pour Sud Avionique à Valence, dans un département que nous présidons et ce n'est qu'un exemple !)

Merci.

Édith

On cerne mieux, à la lecture de ces messages, la discussion de fond, sérieuse et honorable, qui pouvait opposer des membres du gouvernement à d'autres ministres, dès lors que les uns évoquaient les possibilités offertes du commerce avec Taïwan et que les autres

– dont j'étais le chef de file – ne voulaient courir aucun risque avec la Chine continentale.

L'affaire prit fin en réalité dans sa substance même le 10 juin 1991 quand fut rendu l'arbitrage d'Édith Cresson. Je le compris parfaitement quand je fis une dernière tentative, directement auprès du président de la République. Je l'avais rejoint après le Conseil des ministres, il me reçut dans son bureau, en présence de Michel Charasse.

Il écouta la reprise de mes arguments.

Ce n'était pas la première fois qu'il les entendait mais ce fut la première fois, en dépit de nos relations anciennes et amicales, qu'il se montra irrité par mon insistance. Il finit par me dire :

– C'est une affaire réglée par le Premier ministre. Je ne reviendrai pas sur sa décision.

François Mitterrand n'avait pas élevé la voix mais le ton était ferme. J'avais épuisé mon dernier recours. Il me raccompagna jusqu'à l'escalier, me serra la main amicalement comme pour me laisser entendre qu'il était navré pour moi mais que l'État avait ses raisons et la République ses lois. Puis il partit avec Charasse pour un déjeuner qui était déjà prévu. Il ajouta avant de me quitter :

– À bientôt.

Pour moi l'affaire était terminée, mais ce n'était pas le cas pour tout le monde.

– XV –

« – QUI A PERÇU DES COMMISSIONS ?
– LA QUESTION NE SERA PAS POSÉE ! »

La rumeur concernant le versement de commissions à l'occasion de la vente des frégates enflait. Mais le jésuitisme gagnait du terrain chaque jour, chaque semaine, au fur et à mesure que l'instruction de « mon affaire » avançait. Le mystère qui entourait le versement de sommes importantes dans l'affaire des frégates, qu'il s'agisse du paiement des achats ou du versement des commissions, ne pouvait être dissipé que dans la mesure où une mise à plat du dossier permettrait d'y voir clair. C'était mon intérêt en même temps que celui de tous ceux qui prétendaient vouloir connaître la vérité.

Je m'employais donc à tenter de forcer les barrages et à faire en sorte que la question soit posée... Peine vaine malgré les déclarations officielles.

Le 10 novembre 1999, à l'émission « Les Quatre Vérités [1] », Alain Richard, ministre de la Défense nationale, interrogé sur la levée du secret défense à propos des

1. Le 10 novembre 1999, sur France 2, à 7 h 52.

frégates de Taïwan, répondait : « L'opposition n'a pas voté une loi que nous avons fait voter, qui donne effectivement, lorsqu'il y a une procédure judiciaire et lorsqu'il y a des délits qui sont poursuivis, *la possibilité de lever le secret défense sur la demande du juge. Si c'est demandé, naturellement nous le ferons*[1]. »

Deux jours plus tard, le ministre de l'Intérieur, Jean-Pierre Chevènement, faisait de son côté une réponse identique : « ... Seul le juge peut débrouiller cet écheveau et je crois savoir que le gouvernement ne s'opposera pas à une levée du secret défense sur l'affaire des frégates (déclaration d'Alain Richard) ».

Le Premier ministre, Lionel Jospin, à chaque occasion, avait confirmé les déclarations de ses ministres. Cependant, rien n'avait bougé.

Rien n'avait bougé depuis ce mois de novembre 1999, riche en pétitions de principe. C'est encore de Suisse qu'est venue la lumière, comme dans l'affaire Elf et toujours du côté du juge Perraudin, de Genève, qui, décidément, aura bien mérité qu'on lui soit reconnaissant du travail qu'il a accompli.

Ce juge finit en effet par mettre la main sur un magot de plusieurs milliards de francs appartenant, *« prima facié »* disent les Helvètes, à un certain Wang qui porte le délicieux surnom de « Monsieur shampooing », homme d'affaires taïwanais, fortement soupçonné d'agir pour le compte de quelqu'un d'autre ou de quelques autres et dont le pseudonyme en dit long sur ses activités. Ces sommes ont été saisies à la demande du gouvernement

1. Souligné par l'auteur.

de Taïwan. Une information a été ouverte en France et confiée à M. le juge Van Ruymbecke que j'ai rencontré dans le passé en ma qualité d'avocat et dont tout porte à croire qu'il ne faiblira pas. Mais sera-t-il aidé ? Telle est la question. Pour reprendre la formule célèbre prononcée par le président Delegorgue lors du procès du capitaine Dreyfus : la question sera-t-elle posée ?

Qui se souvient du président Delegorgue ? Personne ou presque, hormis une poignée d'historiens, de rares érudits ou quelques cybernautes insomniaques. J'imagine que leur nombre ne dépasse pas une bonne centaine de nos compatriotes. Ce fut pourtant cet homme qui dirigea les débats de la Cour d'assises et déclara Émile Zola coupable d'avoir diffamé les juges en publiant son célèbre pamphlet : « J'accuse ».

Zola avait voulu réveiller les consciences et démontrer par ce moyen l'innocence de Dreyfus, condamné par le tribunal militaire pour des faits de trahison auxquels il était étranger, puis déporté à l'île du Diable. L'Histoire prouvera son innocence... mais beaucoup plus tard.

Le président Delegorgue était décrit comme un homme « rond, pas méchant, partagé entre l'orgueilleux plaisir de présider une grande affaire et le souci de ne pas déplaire au gouvernement [1] »... Son nom a disparu dans la nuit de l'oubli mais le monde entier n'a rien perdu de la façon

1. Reinach : *Histoire de l'affaire Dreyfus*, citée par Jean-Denis Bredin dans *L'Affaire*, éditions Fayard-Julliard, 1983 (réédition en 1993).

dont il conduisait les débats, bâclant et bouclant le procès, refusant à Me Labori, l'avocat de Zola, le droit d'interroger les témoins comme il l'entendait : « La question ne sera pas posée. » La formule est restée célèbre. Le président Delegorgue la répéta ne bonne centaine de fois. Elle fit le tour du monde.

Mme Lucie Dreyfus, « la veuve du mort vivant », fut la première à faire les frais de cette attitude mémorable.

Et la cour ? demanderez-vous. La cour se déclara solidaire de son président dans un arrêt qui reste un modèle de référence parce qu'il fermait définitivement la porte à toute tentative d'aller au fond des choses : « Le président a refusé avec raison de poser à la dame Dreyfus les questions sollicitées par la défense. » La messe était dite. La question ne serait pas posée. L'arbitraire était entré dans le prétoire. La vérité en sortait par la porte de service. Un service, c'est bien ce à quoi les juges de l'époque avaient été conviés.

Delegorgue a fait des émules et la célèbre formule – même si elle n'a pas été reprise à la lettre – en inspira plus d'un.

« L'affaire des frégates de Taïwan » a donné lieu aux mêmes prouesses et poses de verrous tant au niveau de la police qu'à celui de la hiérarchie judiciaire ou du pouvoir politique. L'affaire était pourtant riche de révélations. Mais « la question n'a pas été posée » avant l'épisode suisse, et surtout avant que M. Van Ruymbecke ne s'empare du dossier à son tour et demande au ministre des Finances de bien vouloir procéder à la levée du secret défense, moi-même écrivant à Laurent Fabius en novembre 2001 pour enfoncer le clou.

Le contrat des frégates – ce marché extraordinaire – a été signé le 12 août 1991, à Paris, entre Thomson pour la partie française et la China Shipbuilding Corporation pour la partie taïwanaise. Après bien des discussions, des péripéties, de véritables aller-retour entre le « oui » et le « non » (cf. chapitre précédent), la France acceptait finalement de vendre à la République de Taïwan six vedettes de protection côtière (de la classe dite « La Fayette »), d'une longueur de cent six mètres chacune, toutes équipées et bourrées d'électronique mais non armées, pour un prix de treize milliards de francs porté à seize milliards après divers ajustements et aménagements qui concernaient Thomson et profitaient essentiellement à cette société.

Avant la signature de l'acte définitif de vente, un *Memorandum of understanding* (MOU dans le jargon du commerce international) avait été signé entre les mêmes parties le 28 juin 1990. Il s'agit d'un avant-contrat sur lequel je reviendrai car il constitue une pièce centrale du dispositif. Retenons pour l'instant qu'il a été conclu environ un an avant le « traité final » qui lui, a couvert l'opération une fois pour toutes.

Ce « MOU » avait été mis au point au Grand Hôtel de Taipei par la succursale locale de la Société générale et la DCN (Direction des constructions navales) assistées de la Sofrantem pour les Français et la China Shipbuilding Corporation pour les Taïwanais. Ce sont bien les mêmes parties qui allaient s'engager pour le même objet et sur les mêmes bases, un an plus tard.

Après la signature de ce premier document, les visiteurs français se sont succédé à Taïwan : Gory, collaborateur de l'Élysée, Le Drian, député-maire de Lorient, Delebarre, puis Roche, membres du gouvernement, puis Le Guen, enfin Fauroux, ministre de l'Industrie et bien d'autres... Quant à moi, je n'ai jamais posé les pieds sur l'île !

L'accord prévoyait que Taïwan paierait 40 % du prix initial des vedettes à la commande donc à la signature, soit 5,2 milliards de francs. Ce contrat était incontestablement une bonne affaire pour la France, pour notre commerce extérieur, pour nos finances et pour notre industrie de la construction navale qui battait de l'aile. Il l'était moins, je l'ai dit, pour notre diplomatie. Cet engagement fut tenu via les banques françaises dont le chef de file était la Société générale.

Le paiement du solde définitif du contrat (le prix ayant été porté à seize milliards de francs, cf. page précédente) – soit environ onze milliards de francs français – s'échelonnera jusqu'en août 1998, au fur et à mesure de la construction et des livraisons. Cette date – août 1998 – était prévue comme date d'achèvement du contrat et de la remise des bateaux.

L'opération avait été conclue en août 1991.

Première curiosité, le problème des commissions fut posé aux autorités françaises dès la fin 1991, mais elle ne soulèvera de vraies difficultés qu'en juillet 1992[1].

C'est en effet à cette date que Michel Charasse, secrétaire d'État au Budget, ministre de tutelle de l'Administration des douanes, compétent dans ces matières, donna son feu vert à M. Comolli, directeur de cette administra-

1. Selon les déclarations d'Alfred Sirven lors du procès en appel.

tion, pour que les demandes formulées au titre des commissions soient examinées, puis réglées par les entreprises françaises, à commencer par la plus importante et la plus directement concernée : Thomson.

Faisons une parenthèse.

La pratique des commissions est monnaie courante en France comme dans bien d'autres pays du monde capitaliste ou anciennement communistes. Elle obéit à des règles, à des principes qui n'ont rien à voir avec la morale mais répondent à un souci d'efficacité.

Un pays qui veut vendre ses produits, ses matériels civils ou militaires, essaie d'assurer ses ventes en offrant aux décideurs des pays acheteurs des sommes importantes – généralement tarifées – qui iront soit dans la poche des individus, soit dans les caisses des associations ou des partis politiques qui ont le pouvoir de prendre ces décisions et de s'y tenir. Toutes les grandes démocraties sont condamnées à en passer par là, bon gré mal gré. Qui veut faire acheter tel type d'avion, militaire ou civil, de préférence à tel autre, connaît les circuits qui facilitent ces opérations. Les intermédiaires sont peu nombreux mais ils ont pignon sur rue. Quelquefois les gouvernements s'en mêlent, appuyant les démarches de leurs entreprises nationales, fermant les yeux sur les tractations subalternes qui accompagnent les interventions politiques parallèles. J'ai eu l'occasion de le vérifier à plusieurs reprises.

La seule condition mise par les États est celle du respect de la régularité dans l'immoralité : couper court aux transferts d'argent qui résulteraient apparemment de ces tractations mais cacheraient des manœuvres frauduleuses sinon mafieuses consistant à présenter de faux dossiers de commissions pour récupérer leur montant, et les faire tomber dans l'escarcelle de ceux qui en demandent le versement soi-disant à des tiers. Ces opérations sont appelées « retour de commissions ». Elles sont illégales.

Le gouvernement français, comme celui des autres pays, surveille ces dossiers on ne peut plus délicats. Pour éviter les indiscrétions, les surenchères, l'espionnage de la concurrence, cette surveillance doit être sérieuse, discrète voire secrète. Pour toutes ces raisons, le contrôle de la décision et de l'exécution de versements de commissions à l'étranger est confié à l'administration des douanes, au-dessus de tout soupçon et généralement bien informée. Cette dernière diligente une enquête dont le principe et le résultat sont connus de quelques personnes au plus haut niveau de l'État, à savoir, pour la France : le président de la République, le Premier ministre, le ministre des Finances et le secrétaire d'État au Budget.

En phase finale, la décision d'autoriser ou de refuser le paiement de commissions n'est connue que de ces mêmes autorités. En aucun cas le Quai d'Orsay ne figure sur cette liste. Il n'est pas intervenu d'une quelconque manière dans ce processus, aussi bien pour Taïwan que pour d'autres affaires. Il ne le fit jamais de mon temps. À une exception près cependant. Le président de la République m'avait prié d'intervenir auprès du roi d'Arabie Saoudite parce que la concurrence était rude entre les compagnies d'aviation civile française et américaine. Washington ne se gênait pas pour intervenir au plus haut niveau. Pourquoi pas nous ? Mais en ce qui concerne Taïwan, le Quai d'Orsay ne s'en est pas mêlé.

C'est donc à la fin de l'été 1992 qu'un dossier complet de commission fut présenté à l'autorité gouvernementale française par le groupe Thomson pour les frégates de Taïwan. Il visait à obtenir l'autorisation pour cette grande et importante société de verser des commissions, prélevées sur le produit de la vente des frégates « La Fayette » pour Taïwan, d'un montant global de cinq cents millions de dollars US [1] dont il était indiqué que quatre cents millions de dollars devaient bénéficier, d'après le dossier fourni par les Français et remis aux douanes, au secrétariat général du parti au pouvoir à Taipei et cent millions de dollars au comité central du PC chinois à Pékin.

La facture avait été majorée en conséquence pour permettre de dégager les sommes nécessaires au paiement de ces commissions, passant, on l'a vu, de treize à seize milliards de francs.

Je tiens ces précisions de « la bouche du cheval », comme l'on dit. La révélation m'en fut faite au cours d'un déjeuner, le 18 mars 1997, au restaurant L'Imprimerie. Elle était suivie d'une autre confidence, à savoir : « C'est le président de la République lui-même qui m'a autorisé à faire verser par l'entreprise Thomson la somme de cinq cents millions de dollars à répartir entre les Chinois de Pékin et les autorités de Taïwan. Pour Pékin, il s'agissait essentiellement de calmer leur réaction. Vous n'en avez rien su. Cela s'est passé dans votre dos. Telle était la consigne. »

Et la personnalité d'ajouter : « J'ai su que c'est une fille

1. Plus de trois milliards de francs à l'époque.

fort jolie qui est venue tout exprès de Pékin prendre livraison de la somme destinée à la Chine communiste. »

Le président de la République avait agi dans le cadre de ses responsabilités, en particulier au regard de la Chine communiste dont on pouvait tout craindre. Il n'avait pas été consulté sur la nécessité de « l'arrosage » de Taïwan. Tout cela avait été traité par le ministre compétent et par les services des douanes. L'affaire avait été instruite comme à l'ordinaire.

Les fonctionnaires avaient fourni aux décideurs politiques les informations sur la destination des sommes, le taux de la commission envisagée, la qualification juridique donnée à l'opération. Une réforme récente voulue par le ministre du Budget de l'époque entrait pour la première fois en application : l'autorité qui donne le feu vert devait connaître le nom du bénéficiaire réel des commissions.

Une fois les destinataires des commissions identifiés, leur existence connue officiellement, l'investigation consistait, comme je l'ai indiqué, à s'assurer qu'il ne s'agissait pas, sous couvert de rémunération commerciale, de blanchiment d'argent frelaté, de produits du banditisme ou de fourniture de moyens au terrorisme local ou régional.

Le taux de la commission était-il trop élevé par rapport au marché conclu ? Plus de trois milliards pour un contrat de treize milliards de francs... C'était la seconde question que se posait l'administration des douanes. Elle devait y répondre positivement ou négativement.

Pour ce genre d'affaire, le taux de commission oscille entre 8 et 12 % suivant la nature du marché. En cas de dépassement, l'administration intervient dans le débat et demande aux prestataires de réduire le taux envisagé et considéré comme excessif. C'est ce qui fut fait.

Une dernière difficulté subsistait qui a été résolue une fois pour toutes : comment baptiser ce genre d'opération ? On utilisera un euphémisme, véritable stratagème dont l'opacité sera garante de la discrétion car il n'est jamais question de commission mais de... « frais accessoires déductibles », à ranger dans la catégorie des « procédures fiscales exceptionnelles ».

Détail d'importance : si l'autorisation de verser les commissions est accordée, les sommes arrêtées échappent à toutes les taxes françaises. Le ministre exige en fin de parcours, en général, une confirmation écrite établissant que les paiements ont bien été effectués, que les sommes ont bien été remises à ceux auxquels elles étaient destinées.

D'une manière générale, ces dispositions sont scrupuleusement respectées. Elles l'ont été dans le cas du marché des frégates « La Fayette ». Tout était donc en ordre. En apparence.

Pour les versements effectués à Pékin, c'est une dame Liu – « La jolie dame » – qui entretenait des liens privilégiés avec le président de Thomson, M. Alain Gomez, comme avec les hauts dirigeants chinois, qui s'est chargée du transfert[1]. Pour Taipei, les banques officielles ont fait le nécessaire. Les pièces du dossier ont été brûlées en fin de procédure administrative, qu'il s'agisse des enquêtes,

1. Voir Annexes, p. 430.

des notes ou des conclusions. Mais les banques restent tenues, c'est l'usage, de conserver la trace – donc la preuve – des versements opérés. C'est à partir de ces traces que le nouveau régime de Taipei, vainqueur des dernières élections, a voulu remonter les filières utilisées.

Le gouvernement taïwanais a fait procéder à des perquisitions dans les locaux de la Société générale à Taipei, recherchant les livres de comptes de cette succursale pour vérifier le montant et le transfert des commissions payées.

Très tôt – dès 1992 – commencèrent à circuler des bruits et des informations qui mettaient en doute la réalité du versement de commissions. Une partie de celles-ci aurait en effet alimenté des réseaux de corruption à l'intérieur de l'île mais aussi à l'extérieur de Taïwan.

Les « retours de commissions » allaient se transformer en « retour de flammes »... Les événements prirent une tournure dramatique...

Le 18 décembre 1993, M. Yin Quing-Fen, capitaine de vaisseau émérite appartenant à la marine taïwanaise, était assassiné. Son corps jeté à la mer fut retrouvé sur une des plages de Taïwan. Un hasard (!) : il avait fait partie de la commission chargée d'examiner, pour son gouvernement, les propositions françaises concernant les frégates « La Fayette » et leur prix. Il avait émis dans son rapport un avis défavorable à cet achat, suggérant l'abandon du projet français au profit du même type de navires mais de fabrication israélienne ou allemande, dont il prétendait qu'elles étaient de meilleure qualité, ajoutant qu'il soupçonnait que l'industrie d'armement française avait donné aux communistes de Pékin les caractéristiques des engins vendus pour apaiser leur courroux... et peut-être parer à leur utilisation. D'après cet officier, la France aurait donc joué double jeu en cette occasion. Je dois m'estimer heureux que mon sort ait été plus supportable que celui du capitaine Yin Quing-Fen. Je n'aurai fait que l'objet d'une tentative de déstabilisation pour m'être opposé à ce marché. Yin Quing-Fen y a laissé sa vie pour avoir dit et écrit que les Taïwanais devaient renoncer à cet achat et dire non à Thomson.

*
**

L'enquête taïwanaise devait faire apparaître qu'au moins l'un des responsables de Thomson dans la zone avait quitté précipitamment son port d'attache quelques heures après la mort de l'officier Yin Quing-Fen. La veuve de celui-ci n'en démord pas : pour elle, son mari a été assassiné à cause de l'affaire des frégates. Elle est disponible et ne demande qu'à être entendue par les juges français. Mais personne ne semble disposé à l'écouter en France. Il apparaît que c'est bien à cause de son rapport que l'officier de la marine taïwanaise a été exécuté. L'enquête se poursuit là-bas mais pas ici, malgré toutes les tentatives faites. Pas plus d'enquête française sur cette mort que sur la mort suspecte du fils du général Imbot [1] qui, pendant son séjour à Taipei, avait cherché lui aussi à connaître la vérité sur les dessous de ce marché.

Outre l'enquête criminelle, une information judiciaire a été ouverte par les autorités taïwanaises sur les commissions et les remises d'argent à différents intervenants. Cette enquête a progressé. Mais elle se trouve aujourd'hui

1. Ex-patron de nos services de renseignement.

bloquée parce que la France a refusé de collaborer avec les autorités taïwanaises, sans donner les raisons de ce refus.

Par ailleurs, le gouvernement français a rejeté une demande de visa de tourisme du ministre de la Justice de Taipei qui désirait séjourner chez nous à titre privé. Craignait-on que, à sa descente d'avion, il ne se précipitât dans le cabinet de l'un des juges français chargé du dossier et ne se mette à faire des révélations ? Le dossier reste donc inaccessible aux juges de Taïwan, pour le moment...

Après ce refus opposé aux autorités politiques, c'est le parquet de Paris qui à son tour a refusé au représentant officiel du gouvernement de Taïwan la possibilité de se constituer partie civile : « La question se sera pas posée... »

Les fonctionnaires ont fait leur devoir mais les résultats de ces investigations sont à ce jour insignifiants par la force des choses car l'enquête a atteint très vite les limites qui lui ont été fixées par le pouvoir politique. Cependant, le gouvernement taïwanais, de son côté, vient de désigner un procureur général d'État (M. Lu Ren-Fa) qui devra centraliser tous les éléments de cette affaire. Il n'a pas pu rencontrer ses collègues français jusqu'à ce jour.

La justice taïwanaise continue néanmoins son travail. Le nombre des officiers supérieurs inculpés de différents chefs (assassinats, détournements de fonds, corruption, etc.) au terme de ces investigations s'élève à treize. Le colonel Kuo-Li-Heng, adjoint du capitaine de vaisseau, a été renvoyé devant la cour martiale en avril 1994 sous deux chefs d'inculpation : trahison de secrets militaires et recel d'une somme de 9 millions de dollars de Taïwan (N.T. $) remise par le désormais fameux Andrew Wang (le « shampooing »). Il a été condamné à la prison à vie pour le premier crime et à dix ans pour le second.

L'hécatombe risque de s'allonger au cours des prochains mois. Mais la justice taïwanaise continue d'espérer que l'attitude de la France changera. Espoir vain pour le moment ! D'aucuns redoutent que « le retour de flammes » ne mette le feu aux poudres.

En 2001, dans une déclaration faite sous serment, en audience publique, au cours du premier procès auquel j'ai été mêlé, l'ancien directeur de la Société générale à Taipei a lancé dans le prétoire des chiffres qui parlent d'eux-mêmes et fait des révélations qui, en dépit de leur précision, jusqu'à ce jour, n'ont produit aucune réaction de la part des pouvoirs publics et des magistrats du parquet chargés de cette affaire tentaculaire qui ressemble à une pieuvre dont les bras s'agiteraient vainement dans les eaux de la mer de Chine.

Ajoutons les querelles de personnes, les disputes de préséance, le prurit de vanité qui font que chacun de ces magistrats semble « assurer l'événement » en se cachant des autres, et vous aurez compris que la maladresse le dispute à l'habileté.

Qu'a donc dit le courageux directeur de la Société générale ? « Thomson a versé hors contrat pour au moins deux milliards et demi de francs de commission, une partie à Taïwan, une partie ailleurs sous forme de rétro-commission. Thomson – ce point n'est contesté par personne – a obtenu l'autorisation de l'État de défiscaliser ces sommes en convainquant les pouvoirs publics que, pour vendre les frégates, il fallait "arroser" les autorités taïwanaises. J'ai commencé à me poser des questions. Je suis allé à la direction des relations économiques extérieures, aux douanes et à la Central Bank taïwanaise. J'ai comparé les mouvements de fonds entre les exportations françaises à Taïwan et les importations déclarées par Taipei. Je n'ai retrouvé que huit cents millions versés à Taïwan. »

Un calcul simple fait à partir de cette déclaration permet de constater que se sont volatilisés un milliard sept cents millions de francs de commissions... Je ne suis pas surpris outre mesure de cette « omerta ».

J'avais évoqué moi-même le problème trois années plus tôt, sans succès. C'était au cours de l'année 1998, pendant l'un des interrogatoires auquel je devais me soumettre... Alors que la plus insistante des juges d'instruction s'intéressait au prix et au paiement de la paire de chaussures sur mesure commandée chez Berlutti, cherchant à me faire commettre un faux pas, je suppose, et à me faire dire qu'elles m'avaient été offertes... Alors que le greffier, M. Rongère, avait levé les mains du clavier de son ordinateur, regardant la scène avec des yeux ronds, je me risquai à dire :

– Vous feriez mieux de vous intéresser au détournement fabuleux qui, sous le couvert de commissions versées pour la vente des frégates, commissions représentant plusieurs milliards de francs, est en réalité un détournement commis au préjudice de la France.

La réplique fut vive. J'eus droit à un rappel à l'ordre magistral sur le thème du patriotisme : « Il n'est pas admissible qu'un ancien ministre de la République formule de telles insinuations, véritables accusations à l'encontre d'une grande entreprise nationale, en risquant de porter ainsi atteinte aux intérêts du pays. »

Je n'en croyais pas mes oreilles ! Je n'ai pas trouvé sur le coup les mots pour répondre à une manifestation d'un patriotisme aussi exigeant. L'échange, qui n'a pas été transcrit sur le procès-verbal car il était hors sujet, a été enregistré par plusieurs personnes présentes dans le cabinet du juge. Mais les choses en restèrent là.

Dans les jours qui suivirent, je m'interrogeai sur le caractère insolite de cette réponse à ma réflexion qui avait pour seul but d'ouvrir une porte que d'aucuns voulaient tenir fermée à double tour.

Était-ce le manque de curiosité ? Une prudence procédurale qui, une fois encore, avait poussé les deux juges à ne pas courir le risque d'un dessaisissement ? Ou bien, la raison avancée, à savoir le réflexe patriotique, était-elle la bonne ? J'étais désireux de comprendre et continuai à chercher ce que cette attitude pouvait signifier. J'appris à cette occasion que les deux magistrats en question avaient fait des stages à quelques mois de distance à l'IHEDN [1], cet organisme où l'on traite des grands problèmes de géopolitique. Je me suis posé la question de savoir si cette réaction bizarre n'était pas le fruit de ces enseignements qui se situent aux confins de la diplomatie et de la stratégie militaire et qui prennent sur le temps précieux des magistrats, lesquels se disent par ailleurs débordés de travail. Cette découverte provoqua une réflexion que je gardai pour moi : ne serait-il pas plus opportun d'envoyer nos magistrats suivre des stages de perfectionnement à la Cour européenne des droits de l'homme, dont les décisions sont appelées à modeler le droit de chacun de nos pays euro-

1. Institut des hautes études de la Défense nationale.

péens, plutôt que ceux de l'Institut des hautes études de la Défense nationale ? Ils pourraient y apprendre par exemple ce que signifie le « procès loyal », l'instruction à charge et à décharge, l'administration de la preuve et surtout l'interdiction de se servir dans une procédure pénale de dénonciations anonymes...

Une telle remise à niveau me paraît d'autant plus nécessaire que le mal gagne du terrain. La France figure en tête des quarante pays du Conseil de l'Europe pour ses manquements graves au respect des règles démocratiques dans le fonctionnement de sa justice. Les statistiques de la Cour de Strasbourg font apparaître que pour les huit premiers mois de l'année 2000, plus de sept cents saisines concernent les tribunaux français. La France vient encore de faire l'objet d'une condamnation dans une affaire retentissante[1]... Viennent ensuite, loin en arrière, la Turquie avec cinq cents requêtes, et l'Ukraine avec quatre cent trente-deux requêtes[2].

L'enrichissement personnel que procure la fréquentation de l'IHEDN n'est pas douteux. Chacun peut en profiter. Les magistrats ? Pourquoi pas ? Je demeure cependant circonspect sur le bien-fondé de ces enseignements parallèles : mal assimilés, ils risquent de fausser l'esprit et le jugement de personnes formées à d'autres disciplines et qui se montent la tête en croyant accéder aux très hautes sphères de la politique mondiale alors qu'ils ne sont qu'expression d'une banalité déconcertante ! Jugeons-en plutôt.

1. L'affaire Papon.

2. Note d'information de la Cour européenne de justice en date du 3 août 2001.

Le comité n° 3, auquel appartenait Mme Eva Joly, inscrite en sa qualité de juge d'instruction, avait traité d'un sujet majeur : « Les États-Unis, l'Europe et la Méditerranée ». On relira dans le rapport général – ouvrage collectif de fin de travaux – des considérations sur les problèmes pétroliers aussi pertinentes que celles-là : « ... Cela doit nous faire prendre conscience à nous, Européens, des limites de l'engagement américain dans l'espace sud Méditerranée. Si la sécurité d'Israël ou les flux pétroliers ne sont pas concernés par la crise, ils [*les États-Unis*] n'interviendront pas, du moins militairement, de façon directe. »

Quelle découverte en vérité ? Un concert de lieux communs qui consacre un art consommé d'enfoncer des portes ouvertes.

À la question « Et la France dans tout cela ? » répondent quelques truismes du genre de celui-ci : « La France, pays charnière (grande puissance du sud de l'Europe et de la rive nord de la Méditerranée) doit pouvoir jouer un rôle moteur dans ce processus... » Comment ne pas comprendre, à la lueur de cet enseignement « supérieur », que le versement de commissions sur des ventes d'armes – pourtant interdites par le droit international – ne prend qu'une valeur relative dès lors que ces commissions sont appréciées par rapport aux intérêts stratégiques de la France vue de très haut !

*
**

L'interrogation sur les commissions rebondit avant la fin des débats judiciaires de première instance devant la

11e chambre du tribunal correctionnel, lorsque je fus appelé à y comparaître.

Le tribunal correctionnel, avant-dernière étape de ce parcours anecdotique sur les commissions, fut saisi par le bâtonnier Farthouat en mon nom, d'une demande d'avoir à verser une liste précise de pièces et de documents touchant aux frégates. Certains d'entre eux étaient couverts par le secret de la Défense nationale, d'autres ne l'étaient pas.

La liste de ces documents était dressée avec les détails utiles de dates et de contenus. Tous avaient à voir avec le contrat des ventes de frégates et des commissions. Fort des déclarations de deux ministres intéressés (celui de la Défense et celui de l'Intérieur), cette demande, formée dès septembre 2000, c'est-à-dire longtemps avant l'ouverture publique du procès, par courtoisie à l'égard des magistrats, ne semblait faire aucune difficulté. Il n'en fut rien. Le tribunal, soucieux de maintenir le couvercle sur toute cette affaire, le signifia par des « attendus » bien enrobés de formules juridiques. Encore une fois, la question ne devait pas être posée. J'ai pu croire un instant que le président Delegorgue s'était assis à la place de la présidente.

Du moins cette escarmouche judiciaire présentait-elle pour moi l'intérêt majeur d'une mise au point non équivoque désormais.

Dans son jugement du 30 mai 2001, le tribunal écrit : « Attendu que, aux termes de l'ordonnance de règlement, *il n'est plus reproché à Roland Dumas*[1] une intervention illicite dans la conclusion du contrat Thomson-Taïwan. Que dès

---

1. Souligné par l'auteur.

lors, la communication des documents protégés au titre du secret de la Défense nationale n'apparaît en rien nécessaire à sa défense... »

Chacun appréciera la subtilité du raisonnement...

Le prix à payer pour en arriver à ce constat grotesque aura été lourd de conséquences pour moi : plusieurs années de tourments, d'accusations sans fin et sans fond, et de calomnies. Et là, en deux phrases lues en dix secondes, il était fait litière de ce qui avait nourri l'imagination du public pendant quatre années depuis le déclenchement de la campagne médiatique sur Taïwan en juillet 1997 avec l'article du *Monde* : L'opération Bravo[1]. De l'aveu même du tribunal, l'instruction avait nourri ce soupçon : « *il n'est plus reproché*[2] »... Qui peut prétendre que ces deux simples phrases noyées au milieu de considérations qui couvrent une bonne cinquantaine de pages suffiront à effacer dans la tête de mes concitoyens l'impression produite par des centaines d'articles, des millions de mots, des colonnes entières d'allusions perfides et d'affirmations contraires ?

Aujourd'hui, le mal est fait. Je cherche en vain dans les attendus du jugement une excuse (n'en parlons pas, c'était trop demander), un regret (oublions cela), une réparation (ce n'était pourtant pas le bout du monde). J'en ai seulement retiré, en ce jour du mois de mai 2001, la confirmation que j'avais bien servi de paravent à une entreprise plus vaste qui dépassait ma personne. Mais ce combat n'aura pas été pour moi le dernier. Il ne le sera jamais.

---

1. Titre du premier article de la campagne du *Monde.*
2. Souligné par l'auteur.

Cette volonté d'étouffement avait atteint – comme une épidémie – toute la hiérarchie judiciaire. En effet, lors de la comparution au procès d'Alfred Sirven le 12 mars 2001, alors que ce dernier entreprenait d'expliquer son mutisme, à savoir qu'il attendait la fin de l'instruction de « l'affaire des frégates », il s'entendit répondre par la présidente de la 11e chambre, qui a l'habitude de poser des questions et d'y répondre avant que l'intéressé n'ait eu le temps de s'exprimer : « Les frégates n'ont rien à voir ici. »

L'attitude du procureur de la République à l'audience ne fut pas différente. Il se borna à confirmer qu'il existait bien une autre procédure qui, selon la formule habituelle, « suivait son cours » sans dire vers quoi, ni vers qui ce cours allait conduire. Le procureur de la République admettait cependant deux choses qui me tenaient à cœur : je n'avais pas changé d'opinion sur le projet de vente des frégates et je n'avais pas reçu d'argent à cette occasion. Pas plus que je n'en avais reçu d'Elf. Dont acte !

Dans un communiqué à l'AFP, daté de juillet 2000, mon défenseur, le bâtonnier Jean-René Farthouat, avait déjà mis les points sur les « i » de façon remarquable : « *Le Monde*, qui continue à bénéficier de fuites organisées dont le procureur de la République ne paraît pas s'émouvoir, révèle dans son numéro daté du 20 juillet 2000 divers éléments de l'information diligentée par les magistrats chargés d'instruire la plainte déposée en 1997 par les dirigeants de Thomson pour "tentative d'escroquerie". Le président Roland Dumas ne peut que se réjouir qu'après trois années d'inaction, le "dossier des frégates" soit enfin instruit, comme il n'a cessé de le demander. Il est bien évident que le procès qui lui est fait ne pourra être loyalement jugé sans que soit joint à la procédure le résultat des investigations actuellement poursuivies. Sans enfreindre un quelconque secret, le président Roland Dumas ne peut que confirmer que sa position personnelle sur la livraison des frégates à Taïwan est demeurée constante jusqu'au 10 juin 1991, date à laquelle est intervenu l'arbitrage présidentiel. » Illusion ! Désillusion !

Le texte, destiné à l'AFP, fut transmis selon les règles de la courtoisie au procureur Dintilhac qui n'en eut cure et ne daigna pas répondre, ne serait-ce que par un simple accusé de réception...

*
**

Il faut avoir de la chance dans la vie, dit-on. Aussi bien servante fidèle de la vérité que grain de sable qui fait échouer une tentative, elle joue à pile ou face, tour à tour, la réussite ou l'échec. Le destin peut faire pencher la balance d'un côté ou de l'autre. J'en ai eu la preuve dans cette affaire de manière tout à fait inattendue.

Un conflit au couteau opposait depuis plusieurs années les deux grands de l'armement que sont Lagardère-Matra et Gomez-Thomson. Ce dernier ambitionnait de déstabiliser le premier par le truchement d'un actionnaire manipulé. Dans son affrontement avec Matra, Thomson avait laissé entendre que Lagardère aurait vendu pendant la guerre du Golfe des missiles capables d'atteindre Israël ou encore – ce qui était pire – que Saddam Hussein était devenu actionnaire dans la société de Lagardère. Rien que cela.

Bref, les coups tombaient de toutes parts et la bataille

entre les deux géants de l'armement faisait rage ! En 1997, Lagardère déposa plainte contre X pour chantage et tentative d'extorsion de fonds. Cette procédure visait en réalité certains dirigeants de Thomson. Elle fut confiée à l'un des soixante juges d'instruction spécialisés qui composent ce qu'il est convenu d'appeler le « pool financier ». Le dossier échut à l'une des magistrates les plus consciencieuses, et les plus discrètes, Mme Peyron-Malignier. La plainte reposait sur le fait que les hommes de Thomson avaient fait dire à Lagardère que leur société cesserait de les attaquer moyennant le versement forfaitaire d'une somme de trente millions de dollars US.

Le juge donna commission rogatoire à la gendarmerie, préférée à la police judiciaire. Le juge avait ses raisons, sans doute avait-elle aussi bonne mémoire. Des pièces importantes n'avaient-elles pas disparu en pleine nuit des bureaux de la brigade financière de la PJ malgré les verrous, les portes blindées et les systèmes de sécurité ? Une caisse de documents précieux n'avait jamais été retrouvée et personne ne sait encore aujourd'hui ce qu'elle contenait exactement. L'expérience avait prouvé que les locaux de la gendarmerie étaient mieux gardés. De plus, les gendarmes sont des militaires. Ils ne parlent pas... ou peu. La mission de perquisitionner chez Thomson fut confiée aux hommes du lieutenant-colonel et chef d'escadron Rouaret aujourd'hui retraité dans le midi de la France, homme intègre, à la carrière sans tache de l'avis de tous.

Les gendarmes avaient pour mission de trouver tout ce qui pouvait concerner la procédure en cours, c'est-à-dire le chantage et la tentative d'extorsion de fonds. J'en eus la confirmation de l'intéressé lui-même.

La surprise vint de ce qu'ils découvrirent au milieu de

leurs recherches les dossiers consacrés à l'affaire des « frégates » et aux accords passés avec Taïwan, aux échanges divers, au paiement des achats et aux versements de commissions. Toutes ces pièces furent remises au juge, comme l'honnêteté le commandait. Elles furent placées sous scellés en attendant... Le juge, considérant à juste titre qu'elles n'intéressaient pas directement l'affaire dont elle était saisie, en référa à son parquet, demandant des réquisitions pour instruire sur ces pièces – qui toutes avaient trait au marché des frégates.

Certains cartons attirèrent cependant l'attention plus que d'autres. Leur contenu était relatif à l'assassinat du capitaine de la marine taïwanaise Yin Quing-Fen. Traces étaient découvertes aussi de l'action des agents de Thomson, notamment d'un dénommé Abessar et de bien d'autres, qui auraient quitté la « grande île » au moment critique. Tout était là. Les précisions sur le montage opéré contre le rival Lagardère mais aussi des détails croustillants sur « l'affaire des frégates ». Ceux qui prétendaient vouloir connaître le dessus et les dessous de cette affaire avaient à leur disposition une mine de renseignements.

Or, la demande de réquisitions pour instruire se mit à traîner. Des mois plus tard, elle se faisait toujours attendre. Le dossier avait remonté tous les échelons de la hiérarchie judiciaire : le procureur de la République, le procureur général, le garde des Sceaux. Rien ne revenait du sommet. C'est une vieille méthode, utilisée par les routiers de la machine judiciaire. Elle consiste à laisser dans le vide un document qui paralyse la machine s'il n'y est pas donné suite. Le juge est condamné à ne rien faire... En l'occurrence, la juge ne pouvait prendre aucune initiative tant qu'elle n'avait pas en main le feu vert du parquet. Pendant ce temps – plus de dix-huit mois – les jours et les semaines s'écoulaient et commençait à poindre l'idée qu'une prescription serait bienvenue.

Le garde des Sceaux de l'époque (Élisabeth Guigou) continuait de se gargariser de propos démagogiques selon lesquels la Chancellerie n'intervenait dans aucune affaire. Elle n'intervenait pas non plus là où elle aurait dû le faire.

Pendant ce temps, comme pour « amuser la galerie », ma propre affaire allait connaître une accélération soudaine, faite pour me mettre de nouveau sur le devant de la scène. La manœuvre aurait réussi si mon état de santé – j'en étais à ma quatrième opération accompagnée de quatre anesthésies – n'avait rendu impossible le défi qui m'était lancé. La chronologie parle d'elle-même.

La plainte contre Thomson qui traînait depuis deux ans s'était soudain réveillée. La première perquisition chez Thomson n'eut lieu qu'en décembre 1998, c'est-à-dire au moment même où mon affaire allait battre son plein. Les détails sur les frégates pouvaient attendre des mois et des mois. Mais « mon affaire » elle, ne pouvait attendre.

Le 11 mars 1999, alors que je séjournais à la clinique Bel-Air à Bordeaux pour y subir des examens préalables aux interventions, s'étaient présentées à mon domicile parisien les deux « sœurs siamoises » de l'instruction chargées de mon dossier. Ceci sans avertir mon défenseur qui y trouva à redire et protesta le jour même, allant jusqu'à déclarer à propos de cette descente inattendue et réalisée dans des conditions critiquables : « On se croirait dans une république bananière. » Il s'en ouvrit au procureur de la République qui s'abstint, comme d'habitude, de répondre à sa lettre. La courtoisie n'est plus ce qu'elle était !

Les deux juges d'instruction venaient à grand renfort de battage médiatique saisir les statuettes qui m'auraient été offertes par Christine Deviers-Joncour ou par Elf – je ne sais plus très bien à quoi m'en tenir des accusations. Le moyen avait donc été trouvé pour détourner l'attention de la presse sur autre chose que ce qui se passait dans l'autre cabinet de justice sur les frégates, ou plus exactement sur ce qui ne s'y passait pas. Une nouvelle forme d'acte judiciaire, à savoir « la perquisition diversion » était née.

Il y avait urgence. Je fus appelé dans ma chambre d'hôpital pour donner par téléphone mon accord sur cette saisie. Non seulement je ne m'y opposai pas mais je fournis oralement les explications qui désormais figurent au dossier. Le soir même, la télévision, une nouvelle fois prévenue, annonçait qu'une deuxième perquisition avait eu lieu chez Roland Dumas.

Les juges en avaient profité pour visiter les caves, faire ouvrir les placards, les tiroirs. Elles étaient venues flanquées d'une cohorte de policiers, environ dix me dit-on, pour trois statuettes qui furent saisies sur-le-champ. On me les aurait demandées qu'elles auraient été apportées directement chez le juge par moi-même ou par un mandataire. Point n'était besoin de ce tintamarre.

L'opération dura quatre heures. Elle n'avait pas d'autre but que de médiatiser de nouveau un événement sans intérêt et d'attirer ma personne sous les feux de la rampe. J'en eus la preuve par la suite dans le compte rendu qui me fut fait de la scène par l'admirable Mme Cazin, ma gouvernante, et par la lecture du procès-verbal.

Au cours de cette visite inattendue, l'une des dames juges se fit ouvrir l'armoire qui tient lieu de penderie, où sont suspendus les quelques costumes qui suffisent à mes semaines parisiennes. Sur l'étagère, cinq ou six paires de chaussures avec leurs embouchoirs qui donnent leur origine (toujours la même, Berlutti) étaient rangées à portée de main. Parmi elles, les fameuses chaussures qui ont fait tant de bruit.

Une minute d'arrêt. Interrogation. Échange de regards.

– Ces chaussures ?

– Ce sont celles de monsieur Dumas, répondit Mme Cazin.

– Elles viennent de chez Berlutti.

Coup d'œil circulaire, comme pour découvrir l'objet du litige, le corps du délit et s'interroger mutuellement. Cette paire de chaussures allait-elle passer à la postérité par une saisie judiciaire historique ?

Il n'en fut rien. La saisie n'eut pas lieu. Le placard fut refermé. La loi obligeait cependant à y procéder. La paire de chaussures parfaitement identifiable aurait dû tomber entre les mains de justice. Le corps du délit ! La preuve de la prétendue corruption ! Pourquoi avoir saisi les statuettes et laissé de côté la paire de chaussures ? La justice ne croyait-elle plus au recel d'abus de biens sociaux à propos de cette paire de chaussures Berlutti ?

Je continuai de me poser la question quand un éclair traversa mon esprit. Je ne pouvais admettre que les deux juges aient manqué à l'obligation légale de saisie sans raison. Était-ce la perspective des risées auxquelles cette saisie aurait donné lieu ? Dans ce cas, ne fallait-il pas tout faire pour les éviter ? La saisie des chaussures eût sans doute obligé la justice à les offrir à Elf à titre de réparation. Le juge a estimé que ces chaussures ne découvriraient pas forcément, parmi les salariés d'Elf, quelqu'un qui trouverait là « chaussure à son pied ».

Mais dans l'hypothèse où la société Elf ne les aurait pas acceptées à titre de réparation, la vente aux enchères se serait imposée. Imagine-t-on alors le commissaire-priseur chargé de la vente, armé de son marteau, proposant à Drouot : « Une paire de chaussures, faites sur mesure, authentifiées par le carton de saisie portant la mention du nom des juges et de leur greffier. Ces chaussures ont appartenu à l'ancien ministre des Affaires étrangères de la République... » Imaginons la salle des ventes saisie d'une immense rigolade provoquée par Dame Justice !

Mieux valait donc refermer la porte du placard sans saisir. La perspective du ridicule peut quelquefois retarder l'application stricte de la loi. Mais avec cet épisode nous n'avions pas atteint le fond du ridicule.

La rédaction du procès-verbal de la saisie a laissé place au plus cocasse. On y lit en effet ceci : « Nous procédons en présence de Me T. [1] et de Mme Cazin à une vérification sommaire des différentes pièces de l'appartement. Nous ne découvrons aucun élément utile à la poursuite de notre information. »

L'événement est du 11 mars 1999 entre 11 h 45 et 12 h 30. Un épisode historique de « l'affaire de la paire de chaussures » dont la relation se suffit à elle-même : à cette date, force est d'admettre que l'accusation ne croyait déjà plus au sérieux de sa poursuite. Restaient les statuettes, cadeau de Christine Deviers, qui n'avaient elles non plus

1. Représentant du bâtonnier.

rien à voir avec l'affaire des frégates. Tout cela n'était donc qu'une mauvaise comédie. Mais le but était atteint : l'attention, encore une fois, avait été détournée.

Et que devenait pendant ce temps le problème des commissions des frégates ? L'enquête allait subir un nouvel avatar, cette fois conduit de main de maître.

J'avais mis mes espoirs dans la demande qu'avait formulée le premier juge d'instruction M. Van Ruymbecke, désormais seul saisi de l'affaire. Celui-ci s'était en effet adressé au ministre des Finances pour obtenir la levée du secret défense, lequel interdisait à tout un chacun de prendre connaissance de son contenu. Dans une longue lettre à Laurent Fabius, j'appuyai la demande du juge. J'y évoquais la décision de rejet du tribunal correctionnel, mais je m'empressais d'ajouter que « cela n'allait pas suffire à compenser les impressions contraires produites par le déploiement médiatique dont j'étais victime et à dissiper, dans l'esprit de mes compatriotes et peut-être même dans l'inconscient des juges, tout malentendu ».

J'y évoquai également « le cas des hommes publics plus exposés que d'autres à la calomnie et aux faux-semblants utilisés par des tiers à des fins inavouables ». L'allusion à l'ignominie dont Laurent Fabius avait eu à souffrir ne me paraissait pas déplacée en la circonstance. J'en eus confirmation dans la réponse à ma lettre où le ministre des Finances m'annonçait son intention de saisir la Commission spécialisée faite pour exprimer un avis.

Tout paraissait aller de soi. La condition posée, à savoir une demande de l'autorité judiciaire, était remplie. Les deux ministres concernés[1] s'étaient prononcés positivement avant même la consultation de la commission. Enfin, le ministre des Finances, gardien du dossier de l'affaire des frégates, était libre de sa décision.

Or nous apprîmes bientôt que Fabius avait *refusé* de lever le secret défense, suivant en cela l'avis négatif de la commission spécialisée. Et dans le même temps, le président de cet organisme *refusait* de donner les raisons de ce rejet, renvoyant la balle dans le camp du gouvernement qui lui-même, à son tour, *refusait* de commenter ce sujet !

Une deuxième demande du même juge connut le même sort. Le ministre des Finances avait changé entre-temps. Laurent Fabius était parti. M. Francis Mer arrivait. Nouvelle requête. Le même sort lui fut réservé une fois encore ! Secret ! Secret ! Vous dis-je !

Voilà pourquoi votre fille est muette !

Ma déception fut grande et ma conviction renforcée. Je trouvais dans le stratagème, fait à base de parjures, une confirmation que ce refus qui s'éternisait était lourd de signification. Le secret devait être bien gardé. Ce n'était plus le secret défense mais la raison d'État qui prévalait. Tout porte à le croire car je ne pouvais imaginer que le gouvernement de la République, dirigé par un socialiste soucieux de transparence, se fût laissé aller à donner la préférence à l'intérêt mercantile plutôt qu'à une attitude honorable. Le changement de majorité n'a rien apporté de nouveau.

Le juge d'instruction ne lâcha pas pour autant le morceau, malgré les échecs répétés concernant la levée du

1. Celui de la Défense et celui de l'Intérieur.

secret défense. Il fit son métier, lui, et continue de le faire avec ténacité. Il convoqua Alain Gomez en avril 2002, l'interrogea sur ces versements de commissions, curieusement retrouvés en Suisse. Il tenta même de se présenter un matin de bonne heure chez Thomson où il fut éconduit, poliment dit-on, toujours sous le couvert du secret défense. Sans lâcher prise pour autant, le juge d'instruction poursuivit son enquête et finit par placer sous mandat de dépôt, en novembre 2002, un avocat américain, William Lee, qui avait été l'exécuteur des projets de Gomez. J'assistai du haut de mon balcon à la lutte entre des juges qui ne voulaient rien savoir, et d'un magistrat qui, lui, s'obstinait à traquer la vérité.

– XVI –

LA DOUBLE ARNAQUE

Pendant l'année 1998, ma confiance dans la justice s'était émoussée. En 1999, elle s'était amenuisée. En 2000 elle avait disparu. Mais je n'avais jamais cessé d'espérer que ma bonne foi serait reconnue, et ceci malgré les évidences contraires qui n'échappaient pas à mes amis.

Pendant ces trois années, j'ai vécu sous le régime de l'ordonnance de contrôle judiciaire du 28 avril 1998, sans jamais en demander la réduction ou plus simplement l'allégement ou le report. Par fierté sans doute, par orgueil aussi, j'avais décidé de ne pas m'abaisser. J'ai préféré boire le calice jusqu'à la lie, tant je jugeai cette décision insultante, et j'ai préféré attendre que cette ordonnance prenne fin avec le procès lui-même.

De plus, ma mise en examen, le 29 avril 1998, avait été accompagnée d'une mise en scène humiliante, préalable à l'arrivée des « visiteuses » dans ma propriété de Saint-Selve, en Gironde, où je me trouvais en convalescence. Le bruit, venu d'on ne sait où, comme toujours, et alimenté par une source inconnue, courait que la maison d'arrêt de Gradignan, près de Bordeaux, disposait bien d'une cellule aménagée pour un VIP (haute personnalité en français !). En bref, tout laissait croire que j'allais être mis en détention et tout était organisé pour me « faire craquer » : me livrer sans combat en reconnaissant tout ce qu'on aurait voulu me faire reconnaître.

Les deux juges avaient infligé deux bonnes heures de retard à mes avocats qui s'étaient déplacés depuis Paris, ainsi qu'à moi-même, ce qui suffisait à donner de la consistance à la rumeur. Je dus, après cette mascarade et cette impolitesse, écouter les griefs articulés contre moi et qui ont fait long feu depuis lors, le tout assorti de mesures dont la moins pénible ne fut pas l'exigence d'une caution d'un million de francs pour « assurer ma représentation », entendez par là que cette somme était destinée à m'interdire de quitter le territoire et m'obligeait à être bien présent à mon procès [1]. Je ressentis cette crainte de me voir fuir comme une blessure qui, sur le coup de son annonce, me fit blanchir. Mais ma pâleur ne m'empêcha pas de prendre la mesure du regard appuyé, sadique, qui en disait long sur cette manifestation et qui accompagnait le discours que l'on m'infligeait. Je me rappelai soudain le temps où à douze ou treize ans j'écoutais, les yeux écarquillés, le professeur d'histoire du lycée de Limoges nous parler de la Révolution française. Je trouvais de la noblesse à la réplique célèbre de Danton invité à fuir le danger qui le menaçait : « On n'emporte pas la patrie à la semelle de ses souliers. » Je ne me risquai pas

1. Le montant global de la caution fixée par les deux juges était de cinq millions de francs, somme pour laquelle je dus en partie contracter un emprunt. Un million pour assurer ma représentation, et quatre millions pour les conséquences financières du procès.

– je n'en avais pas l'humeur – à faire la moindre remarque sur ce sujet.

Disparaître ? Comme ça ? Pour qui me prenaient-elles ?

Sur le coup, je fis face de mon mieux. Je mis quelques minutes à me ressaisir. Quelques heures et quelques jours à mobiliser mes ressources, pour combattre le mensonge, crever l'abcès, ouvrir le cercle dans lequel on voulait m'enfermer. À la réflexion, je trouvais ridicules les injonctions qui m'étaient faites. J'attachais certes peu d'importance à l'interdiction de rencontrer les autres protagonistes de l'affaire... Et ce ne fut pas sans un sourire intérieur que j'entendis la juge à l'accent nordique me dire que je ne devais pas avoir de contacts avec Alfred Sirven ! Il n'y avait aucun risque à cela, compte tenu que personne ne savait où il était et que le peu d'empressement mis à le rechercher faisait disparaître tout danger de cet ordre.

Quant à revoir Christine Deviers-Joncour, je n'en avais nulle envie. Plusieurs livres publiés, des photos dans *Paris Match*, des déballages touchant à notre liaison, des déclarations contradictoires aux journaux : j'avais eu assez d'ennuis comme ça...

Je subissais aussi l'interdiction de ne pas me rendre dans certains pays. Monte-Carlo, par exemple. J'y avais certes des amis mais aucun désir d'y séjourner. En revanche, je n'ai pas pu aller à Martigny en Suisse visiter la superbe exposition de la Fondation Gianadda consacrée aux *Minotaures* de Picasso. Et là, j'en conçus un peu d'amertume et beaucoup de chagrin. N'avais-je pas réalisé, quinze ans plus tôt, le vœu du « génial peintre », comme l'appellent les Espagnols, de voir arriver en Espagne, après un long périple dû à la guerre, son chef-d'œuvre *Guernica* que j'avais escorté jusqu'au Prado et dont Picasso m'avait institué le gardien après sa mort ? J'avais été reçu alors en grande pompe par le roi Juan Carlos et son gouvernement. Le taureau rentrait dans son toril. Il triomphait du fascisme une fois pour toutes. La liberté avait ce jour-là pour moi la tête du *Minotaure* et cela me suffisait pour longtemps...

*
**

Dès 1998, ayant perdu mes dernières illusions sur la justice française, j'entrepris mes propres recherches. J'interrogeai mes collaborateurs, ne disposant que de ma mémoire et de documents incomplets. Je fis rassembler les notes, les lettres, je fis consulter les archives du Quai d'Orsay, celles de l'Élysée du temps de François Mitterrand. J'acceptai de recevoir les représentants de Taïwan qui souhaitaient me rencontrer : hommes politiques, ministres, hauts fonctionnaires, ainsi que des journalistes français et étrangers, anglais, américains, européens, chinois qui m'en faisaient la demande. Une première conviction se fit très vite jour en moi. À Taïwan, on savait plus de choses qu'en France sur ce problème de la vente des frégates et des commissions. L'assassinat de l'officier Yin Quing-Fen était bien exact. L'affaire des frégates avait traversé toutes les fractions de la politique taïwanaise. Les autorités de Taipei avaient très mal pris le refus de visa opposé au ministre de la Justice taïwanais qui espérait, à travers notre pays, faire avancer son enquête. Le président de la République de Taïwan avait désigné une « *task force* » – sorte d'administration ad hoc dotée des pleins pouvoirs – pour mener à son terme cette enquête. À la volonté de Taipei d'aller aussi loin que possible, répondait en

France une volonté manifeste de blocage dont j'avais eu déjà quelques aperçus mais dont je devais, au fur et à mesure de mes investigations, déceler les mécanismes, les complicités et les raisons. Je me mis à cerner les personnes en présence, les structures aussi, reprenant l'affaire à ses débuts, c'est-à-dire dans le dernier trimestre de 1992, quand étaient apparues pour la première fois des informations qui m'avaient été rapportées par le préfet Fournet, alors directeur de la DST, que j'interrogeai à nouveau. M. Fournet avait quitté ses fonctions en 1993 mais il se souvenait qu'il s'agissait, au travers de ces bruits, d'une tentative faite pour me déstabiliser de ma fonction de ministre des Affaires étrangères et qu'elle émanait des « milieux de l'armement ». Ceci fut confirmé par une déclaration qu'il fit plus tard au cours de l'instruction, puis à l'audience publique devant le tribunal correctionnel.

L'existence d'un lien entre Thomson-Gomez d'une part et Matra-Lagardère d'autre part, alors en conflit, se confirmait dans mon esprit. Les deux chefs d'entreprise se livraient et se livrent toujours un combat sans merci. J'apprenais en même temps qu'Alain Gomez disposait d'une « garde rapprochée » dont les procédés avaient été mis au jour et dont l'action dans les transferts d'argent commençait à être connue.

En revanche, le préfet Fournet ne possédait plus les documents de l'époque contenant tous les détails et les modalités ainsi que l'origine de l'information dont il me faisait profiter. Mais il avait la certitude que ces documents existaient toujours dans le service qu'il avait dirigé.

Prenant alors le taureau par les cornes, je décidai de saisir le ministre de l'Intérieur qui se trouvait immobilisé au Val-de-Grâce [1]. L'intérim était assuré par M. Jean-Jack Queyranne. Je confiai à ce dernier ma préoccupation, le but de mes recherches, et sollicitai de lui l'autorisation de prendre connaissance des documents de cette étrange affaire.

Il me fit répondre que les papiers existaient bien, que le directeur de cabinet de M. Jean-Pierre Chevènement, M. Charles Barbeau, conseiller d'État, prendrait rendez-vous avec moi pour assurer en toute confidentialité cette communication qui me concernait à titre personnel. Aussitôt dit, aussitôt fait. Au cours d'une conversation avec M. Barbeau, le jour et l'heure du rendez-vous furent arrêtés. Cette rencontre devait avoir lieu dans mon bureau au Conseil constitutionnel, où je pourrais étudier ces pièces et, par ce moyen, les dessous de l'affaire. J'éprouvais un certain soulagement et considérais que j'étais sur la bonne voie, celle qui conduit à la vérité. J'allais enfin savoir.

Quelques jours avant la date du rendez-vous, M. Barbeau m'appela fort courtoisement, me précisant que son ministre en titre – Jean-Pierre Chevènement –, rétabli, avait repris ses activités et qu'il l'avait prié de différer ce rendez-vous, préférant me parler « directement, à moi, en personne » de ce dossier. J'en admis le principe, ne trouvant rien à redire à cela. J'y voyais même de l'intérêt. Parler en direct, avec quelqu'un qui était mon ami, de ce problème qui me tenait à cœur ne pouvait que me rendre optimiste. Profitant d'une invitation que nous avions

1. M. Jean-Pierre Chevènement avait failli succomber à une anesthésie (il resta plusieurs jours dans le coma).

reçue, Jean-Pierre Chevènement et moi-même, à un dîner d'apparat à la présidence de la République, nous nous sommes mis à l'écart des convives officiels dans le grand salon Mac-Mahon, à l'Élysée, pour discuter de ce sujet. Nous nous connaissions depuis longtemps, nous avions eu des relations fortes, quelquefois tumultueuses (comme ce fut le cas à l'occasion de la guerre du Golfe), mais je le tenais pour un homme de caractère et de loyauté, jusque-là. Nous avions appartenu aux mêmes gouvernements. Tout m'inspirait confiance...

Ma déception fut à la mesure de ma surprise quand Chevènement m'indiqua que « ces papiers n'étaient pas intéressants, qu'ils ne m'apprendraient rien ». Il ajouta qu'il n'était pas question de me les remettre ni même que j'en prenne connaissance. J'étais déçu par son propos qui ne correspondait pas à ce que m'avait dit quelques semaines auparavant Jean-Jack Queyranne, son remplaçant.

J'appris par d'autres voies que le service des Renseignements généraux travaillait depuis plusieurs semaines voire plusieurs mois sur le même sujet, et plus particulièrement sur le « retour des commissions » versées à l'occasion du marché des frégates. Que les fonctionnaires avaient transmis à leur hiérarchie des documents que l'on appelle dans le jargon du milieu des « blancs » et que cet envoi de plusieurs notes avait provoqué de la part du ministre de l'Intérieur une réaction inattendue enjoignant le directeur central de ne plus « s'intéresser à M. Alain Gomez »... Je compris alors, au travers de ce refus et de cette précision, que cette porte allait se refermer et la vérité s'éloigner de nouveau.

Devant tant de refus, je décidai de frapper un grand coup pour faire progresser mes recherches. D'autant que la procédure qui me concernait s'accélérait et que la perspective d'un procès public se rapprochait. Une course contre la montre était engagée entre ma propre enquête et le bouclage du dossier. J'adressai alors au ministre de l'Intérieur une lettre manuscrite, plus affective qu'administrative [1]. Elle constituait une nouvelle tentative. Elle est restée sans réponse. J'y évoquais la cabale dont lui-même, Jean-Pierre Chevènement, avait été victime quelques mois auparavant et j'ajoutais : « Je te redis, à toi personnellement, que je n'ai rien à me reprocher dans l'affaire Elf... Malgré l'ampleur inaccoutumée des moyens déployés et les résonances médiatiques, aucune démonstration contraire n'a été faite... De bonne source, il me revient que les services du ministère de l'Intérieur et ceux de la Défense (DGSE [2]) disposent d'éléments sur les questions que je pose... Je te demande, cher Jean-Pierre, de pousser les feux pour que les investigations entreprises aboutissent et que je sois autorisé – moi ou le bâtonnier – à prendre connaissance de leur résultat. J'entre dans ma soixante-dix-huitième année, rien ne compte plus aujourd'hui pour moi que cette découverte de la vérité. »

Les semaines passèrent, puis les mois. Devant ce nouveau silence, je m'adressai au Premier ministre – Lionel Jospin – qui, le 26 octobre 1999, me fit savoir qu'il avait transmis au ministre de l'Intérieur ma lettre pour qu'il y soit « donné suite » (sic)...

---

1. Voir Annexes, p. 417.
2. Direction générale de la sécurité extérieure.

Officiellement cette fois, Jean-Pierre Chevènement confirma l'essentiel de ce qu'il m'avait dit lors de notre dernière entrevue dans le salon Mac-Mahon à l'Élysée, ajoutant quelques détails qui attirèrent mon attention et me rendirent soupçonneux[1].

Il évoquait d'abord le caractère particulier des notes des Renseignements généraux dans les termes suivants : « Elles sont destinées à informer le gouvernement et n'ont jamais eu d'autres destinations ayant mon aval que le gouvernement lui-même... » Il prenait ce prétexte pour me faire comprendre que ces notes ne seraient pas transmises. Or, je savais que cette affirmation était contraire à la vérité puisque à plusieurs reprises des notes de ce type avaient été remises à des juges d'instruction. Dans l'affaire dite des ventes d'armes à l'Angola, dite également « affaire Falcone », le juge d'instruction avait lui-même saisi deux commandes d'information faites à ce même service par le gouvernement. Et une note de la DST relative à l'affaire des otages du Liban était parvenue à un juge d'instruction. Alors ? Deux poids, deux mesures ?

Malgré cette obstruction, je finis par me procurer le texte. Je pus alors constater que l'affaire était bien cernée par les Renseignements généraux et que son contenu expliquait le blocage auquel je me heurtais. Deux autres notes suivirent. Elles étaient tout aussi édifiantes.

Le ministre de l'Intérieur ajoutait que s'il avait eu des renseignements de cette importance, il n'aurait pas manqué de les transmettre (en vertu de l'article 40 du Code de procédure pénale) au magistrat. Il interprétait

1. Voir Annexes, p. 419.

cette obligation légale de façon restrictive et inexacte. La rédaction claire de l'article ne permet aucun doute à ce sujet : « Toute autorité constituée, tout officier public ou fonctionnaire qui dans l'exercice de ses fonctions acquiert la connaissance d'un crime ou d'un délit est tenu d'en donner avis sans délai au procureur de la République et de transmette à ce magistrat *tous* les renseignements, procès-verbaux et actes qui y sont relatifs. » Cette phrase ne donne pas lieu à interprétation, et encore moins à rétention. Pourquoi de tels agissements ? Pourquoi un comportement aussi surprenant ?

Poursuivant mes recherches, mes fouilles systématiques, je n'allais pas tarder à trouver la réponse à cette question. Il s'agissait de documents qui allaient tout éclairer et avaient été portés à ma connaissance en 1991. J'en avais gardé le souvenir mais pas la preuve. Cette preuve a fini par tomber entre mes mains. Il s'agit du *Memorandum of understanding*[1] signé le 28 juin 1990 entre Thomson-CSF et la China Shipbuilding Corporation à une époque où les demandes d'intervention battaient leur plein et où le président de la République avait renoncé à la vente des frégates avant de changer d'avis une nouvelle fois. Plusieurs notes accompagnaient le dossier. Elles y dormaient d'un sommeil de « walkyrie ».

Replaçons ce document dans son contexte. Nous étions en juin 1990, dans cette phase où le président de la République, après avoir hésité, avait dit « non » à la vente des frégates à Taïwan et l'avait fait savoir à ses ministres. J'en avais conçu quelque satisfaction. Or, malgré cette inter-

1. Mémorandum d'accord.

diction, l'industriel Alain Gomez (Thomson), avec l'agrément du ministre de la Défense (Jean-Pierre Chevènement), concluait un accord de vente, lequel reprenait les termes de la négociation qui avait eu lieu six mois plus tôt avec la partie chinoise. Mon directeur de cabinet, Bernard Kessedjian, accompagna la note qui révélait ce manquement grave aux règles fondamentales de la République d'un commentaire de sa main, dont je rappelle les termes : « On nous refait le coup du fait accompli. Les nouvelles négociations violent délibérément l'interdit du président. » Mon autre collaborateur plus directement chargé du dossier, Dominique Girard, me conseilla dans une note annexe, pour éviter tout incident porté sur la place publique, de faire en sorte que « le ministre de la Défense et moi-même fassions connaître nos points de vue respectifs ».

Aussitôt proposé, aussitôt accepté. J'écrivis le même jour une lettre « à cheval » à mon collègue le ministre de la Défense nationale pour protester contre son attitude et lui rappeler la décision prétorienne du président de la République. Cette lettre resta sans réponse. Ce silence ne cessa de me turlupiner. Je comprends mieux avec le recul qu'en 2000 le ministre de l'Intérieur – Jean-Pierre Chevènement – n'ait pas voulu lever le lièvre qui aurait mis dans l'embarras le ministre de la Défense – Jean-Pierre Chevènement – de 1990. Dix ans ! N'est-ce pas pour certains le temps de l'oubli ? Pas pour moi, en proie à la rage de savoir.

Mes recherches m'ont permis de découvrir un autre document, daté de la même époque, émanant, lui, du chef d'état-major particulier de l'Élysée, le vice-amiral d'escadre J. Lanxade. Cette note s'adressait à François Mitterrand. Elle traite du même sujet, à savoir l'indélicatesse – à l'égard du président de la République – du ministre de la Défense de l'époque : « M. Chevènement m'a confirmé qu'il avait donné son accord à la vente de six frégates non armées par un contrat avec un chantier de Taïwan. Il ne remet pas en cause cet accord. Néanmoins, il semble que la DGA[1] soit allée un peu plus loin dans les conversations avec les Taïwanais et notamment ait signé un document avec la marine taïwanaise en contradiction avec les instructions répétées de ne pas traiter directement avec les autorités de Taïwan. Ce point va être réglé entre le Ministre et M. Sillard. *Il serait gênant s'il devenait public*[2]. »

C'est alors que les services de renseignements américains eurent connaissance de cet arrangement qui déplaisait au gouvernement de Washington. Le président Bush s'est mêlé de l'affaire en appelant François Mitterrand.

La presse française estima que les choses étaient rentrées dans l'ordre à partir de ce coup de téléphone. Il n'en est rien. Nous savons maintenant que François Mitterrand a changé d'opinion.

Le document du vice-amiral Lanxade est édifiant. Je ne l'ai découvert que pendant l'année 2000... Or, le vice-amiral n'a jamais été entendu par quiconque, pas plus par la police, ce qui peut se comprendre, que par les juges d'instruction chargés de cette affaire, ce qui est moins logique. Il avait pourtant beaucoup de choses à dire et s'est déclaré à plusieurs reprises prêt à s'expliquer sur ce

1. Direction générale de l'armement.
2. Souligné par l'auteur. Voir Annexes, p. 425.

passage délicat du dossier qui éclaire d'un jour nouveau toute cette affaire des frégates. On a continué de jouer la partition classique : « La question ne sera pas posée... »

Sur le strict plan du droit, cette date de juin 1990 revêt une importance particulière. La réaction de l'amiral Lanxade et celle de mes services, qui coïncident, montrent qu'une fois pour toutes le cadre de la négociation était bien arrêté, de façon immuable, et ceci en dépit des instructions données à l'époque par le président de la République.

Outre quelques clauses de sauvegarde du secret, d'autres dispositions du mémorandum méritent d'être soulignées en raison de leur caractère et de leur conséquence. Celle-ci par exemple : « Le contracteur (Thomson) est responsable de l'obtention de l'accord final de l'administration gouvernementale qui sera une condition de l'entrée en vigueur de l'accord. Une autre condition de l'entrée en vigueur sera l'affirmation d'un contrat par l'utilisateur final à CSBC [*China Shipbuilding Corporation*] pour la fabrication des Mop's [*frégates*]. » En d'autres termes, aucune autre condition que celle relative à l'autorisation finale du gouvernement français, et considérée comme suspensive, ne pouvait contrarier le cours des choses avant la finalisation du marché. Or, cette condition suspensive sera réalisée en 1991 sous la férule d'Édith Cresson. L'obligation de fournir une licence d'exportation sera remplie et le marché se réalisera en 1992.

*
**

La fabrication des frégates commencera. L'argent de Taïwan rentrera. Les Taïwanais, demandeurs à l'accord, exécuteront fidèlement leur contrat sans qu'il soit besoin de solliciter du gouvernement français le versement de commissions à Taipei en octobre 1992. Ces commissions n'étaient en effet pas dues. Les Taïwanais ne les avaient jamais demandées et le contrat en leur possession n'en supposait pas l'existence ! Pire, la découverte de ces éventuelles commissions risquait de remettre en cause le contrat lui-même et d'obliger les vendeurs français à rembourser les sommes déjà acquises au terme de cet accord.

Une clause d'arbitrage international existe d'ailleurs dans la convention entre la France et Taïwan, qui précise cette éventualité, et en fixe les modalités. Et il est très symptomatique qu'une demande d'arbitrage ait été formulée par les Taïwanais[1] sur ce sujet, et que les principales sociétés concernées, à commencer par Thomson, aient cru devoir provisionner leur bilan du montant de ce risque de remboursement[2].

À la fin du compte, c'est le Trésor français qui supportera les conséquences de cette double tromperie puisqu'il n'a pas perçu les impôts relatifs à ces commissions qui ont été déduits normalement (voir le chapitre sur les commissions) et puisque, pour tromper la vigilance des fonctionnaires des douanes, le mémorandum d'accord ne figure pas dans le dossier qui a été porté à leur connaissance et à leur appréciation. L'aurait-il été que ces fonctionnaires n'auraient pas manqué de signaler cette anomalie et donc de refuser le versement des commissions qui juridiquement n'étaient pas dues.

On comprend mieux à la lumière de ces faits que

1. L'arbitre français désigné par Thomson sera M. Cambrau de Naves.

2. La provision prévue par Thomson au titre du remboursement éventuel est fixée à trois cents millions de dollars US.

Laurent Fabius, ainsi que son successeur, n'aient pas donné satisfaction au juge Van Ruymbecke : ils auraient fait courir un double risque aux entreprises et à l'État. Peu importait que le ministre de la Défense, Alain Richard, ait affirmé le contraire. Il n'était pas le décideur final, et en tirait un autre avantage personnel : le rocardien disait « oui » et le fabiusien disait « non ». Mais c'est ce dernier qui portera le chapeau du seul fait du refus de communiquer le dossier au juge.

Aucune explication satisfaisante ne fut donc mise au jour quant à la manœuvre opérée en 1990 dans le dos du président de la République et dans le mien au bénéfice du « lobby », conduit par l'équipe dirigeante de Thomson, avec le « concours » et l'approbation du ministre de la Défense de l'époque, pour reprendre l'expression de mes collaborateurs.

Il fallait à tout prix réussir cette opération commerciale, contre vents et marées, c'est-à-dire contre le chef de l'État, fût-ce au prix « d'une double arnaque ».

C'est l'équipe rapprochée du président de Thomson qui fut chargée de ce montage et par la suite de veiller aux transferts des sommes qui n'avaient aucune raison d'être versées aux Chinois de Taïwan et qui sont donc allées dans d'autres poches.

Le « dossier » des commissions perçues sur le marché des frégates n'est pas clos. Celui des retours de commissions encore moins ! Ils posent encore des problèmes et des explorations méritent d'être entreprises ou approfondies. Comment ont été opérés les circuits financiers par les sociétés off shore et les sociétés écrans en Afrique du

Sud (Thomson SA) ? Quelles raisons ont poussé Thomson à acheter des sociétés filiales, aujourd'hui dissoutes dans ce pays ? Comment expliquer les voyages des responsables de Thomson, toujours en Afrique du Sud, et que rien ne justifiait jusqu'à des dates récentes ? Quels ont été les tenants et les aboutissants dans la garde rapprochée du président de Thomson, faite en partie d'anciens de la DST, aujourd'hui à Genève ? Qu'en est-il de ces vieux briscards de la direction des Renseignements généraux et de la brigade financière de la préfecture de police reconvertis dans le privé, souvent interrogés mais jamais atteints ?

Comment expliquer les refus de toutes sortes qui se sont succédé quant à l'ouverture des dossiers, lesquels subsistent :

– refus de transmettre le rapport de la DST concernant la déstabilisation dont j'ai été l'objet ;

– refus de révéler le contenu du rapport des Renseignements généraux sur l'ensemble de l'affaire ;

– refus opposé au juge Van Ruymbecke de communiquer la liste des bénéficiaires des commissions existant dans le dossier des douanes ;

– refus de laisser le juge d'instruction se rendre chez Thomson ;

– refus systématique d'aider la justice taïwanaise ;

– refus de fournir les indications sur l'état des procédures ouvertes par les autorités helvétiques concernant la saisie des fonds trouvés dans les banques suisses ?

Aussi longtemps que ces questions n'auront pas été résolues, le mystère demeurera. Plus grave encore sera la certitude qu'il reste désormais en France des domaines où la justice n'est pas admise à mettre le nez.

– XVII –

UNE OBSESSION : LE SUICIDE DE BÉRÉGOVOY

Pendant ces interminables assauts, un étrange phénomène s'est produit en moi qui me faisait me vider de toute énergie au fur et à mesure que les jours s'écoulaient. Les nuits ne finissaient pas, les pensées les plus noires envahissaient mon esprit. Le tumulte intérieur tournait autour d'une idée fixe, une seule : que vais-je devenir ?

Le phénomène s'amplifiait. Il était impossible de m'y soustraire. Malgré la gentillesse de mes proches, les soins des spécialistes en dépression, les encouragements d'amis sincères, la spirale ne s'arrêtait pas. Ma volonté était anéantie.

C'est une étrange sensation. On quête sur le visage des uns et des autres le moindre signe, le sourire pâle qui s'affiche, la façon dont les amis vous prennent la main, les silences dont ils ponctuent la conversation. On reste seul, désespérément seul. Le noir balaie le moindre coin de ciel bleu. On rabâche plus qu'on ne réfléchit. L'idée fixe gagne du terrain. L'esprit essaie de se raccrocher à tout et à rien ; à commencer par les avocats qui sont la seule branche solide, la branche du salut. Bien que j'aie fréquenté ce monde pendant près d'un demi-siècle, je ne m'y reconnaissais pas. J'étais un tiers par rapport à eux : un étranger démuni. Je n'avais pas envie de rire à leurs jeux de mots, à leurs plaisanteries quand il leur arrivait d'en faire en ma présence. Se développait en moi ce que Freud avait appelé un « état d'attente angoissé permanent ».

Les moments de mon existence défilaient dans ma mémoire : ceux qui avaient compté, ceux qui avaient été douloureux, comme les autres. C'était le retour de l'enfance d'abord, l'adolescence, la guerre, les malheurs de la famille. L'esprit finit par se complaire dans un anéantissement qui convient à cet état d'âme. J'étais un enfant quand on discutait dans ma famille limousine de la campagne ignoble, évoquée plus haut, qui avait abattu Salengro, le ministre de l'Intérieur du Front populaire, accusé par une presse affamée d'avoir été déserteur pendant la Première Guerre mondiale. Le souvenir m'en était resté comme d'un événement historique qui, en la circonstance, reprenait toute son ampleur. J'entendais de nouveau le mot célèbre de Léon Blum, parlant de la « feuille infâme » qui avait eu raison d'un homme innocent, son ami, son ministre.

Puis j'évoquais la longue conversation que j'avais eue avec Pierre Mendès France à propos de la campagne destructrice menée contre François Mitterrand lors de l'affaire de l'Observatoire. Il était atteint par le déshonneur et par le ridicule. Pierre Mendès France m'avait dit : « Je lui ai écrit une lettre très personnelle et à la main car j'ai eu peur que cela finisse comme pour Salengro » (c'est-à-dire par un suicide).

Je pensais aussi à Robert Boulin dont j'avais appris la mort alors que j'allais plaider en province. J'avais arrêté ma voiture et je m'étais mis à réfléchir sur ce destin.

Je me disais que Blum, Mendès France, François Mitterrand avaient su trouver les mots justes et sensibles face à l'acharnement qui avait eu raison des uns et des autres. Cet acharnement aurait-il raison de moi ? Car, je n'ai pas honte de le dire, j'ai songé à disparaître. Pourquoi ne pas l'avouer ? Je ne sais ni pourquoi ni comment je n'ai pas cédé à ce désespoir. Je m'interroge encore aujourd'hui sur la récupération de mes forces. J'ai échappé à cette inexorable destinée. À quel moment ? Pour quelles raisons ai-je pu résister à la meute ? Je l'ignore.

Mais c'est Bérégovoy qui me revenait le plus souvent en mémoire. La fin de Pierre Bérégovoy continue de me hanter. Elle n'a cessé de m'obséder ainsi que sa longue souffrance. Pierre Bérégovoy s'est donné la mort le 1er mai 1993, le jour de la fête du Travail. Il a choisi pour mourir cet endroit du canal de la Loire dénommé « La Jonction » où il venait habituellement se détendre, écouter le bruit du vent dans les peupliers, le faible frémissement de l'eau. Quand il a vacillé, le cerveau traversé par une balle, Pierre a jeté un dernier regard en direction du ciel qu'il ne voyait plus depuis que s'était déclenchée contre lui – c'est-à-dire depuis février 1993 – cettc traquc qui devait l'amener là, sur le chemin de halage où il mit fin à ses jours.

On prétend que dans la seconde ou les minutes qui précèdent la mort, le film de la vie se déroule à très vive allure. Est-ce que ce fut le cas ? Est-ce que sa mémoire, soudain, l'a fait remonter à ses origines par le choix du lieu qu'il avait fait ? Bérégovoy ne vient-il pas du russe qui signifie « la rive » ? Il est venu mourir précisément à cet endroit-là.

Je revoyais sa vie, son parcours. Mitterrand l'avait conduit par la main à la conquête de la Nièvre quand lui-même prenait la direction de l'Élysée.

L'éloge funèbre prononcé le 4 mai devant le palais ducal de Nevers par le président de la République traduisait cette communion des idées entre lui et son dernier Premier ministre de gauche. Mitterrand était au bord des larmes. Je m'en suis rendu compte, là où j'étais placé, à quelques mètres du catafalque.

Tout avait commencé au début de février 1993. Pierre Bérégovoy, qui avait su que quelque chose se tramait contre lui, comme plus tard contre d'autres, m'avait dit : « Ils feront éclater la campagne de presse avant les élections législatives. »

Il ne s'était pas trompé.

Trois tirs croisés et bien ajustés (*Le Point*, *Le Canard Enchaîné* du 3 février et *Le Monde* sous la plume d'Edwy Plenel) ouvrirent le feu sur l'affaire du prêt d'un million de francs, sans intérêts, que lui avait consenti Patrice Pelat pour l'achat de son appartement de la rue des Belles-Feuilles.

Le juge, paré des foudres de la loi, s'empara de l'affaire à la façon d'un bouledogue qui ne lâche jamais le morceau qu'il tient dans sa gueule. Il alimentait les journalistes, multipliait les initiatives à grand tapage. Bérégovoy n'avait-il pas organisé le rachat de Vibrachoc et le raid de la Société générale, opérations dans lesquelles Patrice Pelat aurait trouvé quelque profit ? La cible était toute désignée.

Aucun barrage ne résistait face à cette offensive médiatico-judiciaire. Aucune contre-offensive ne prenait. Les calomniateurs affirmaient dans la presse que le prêt consenti à Bérégovoy avait été la contrepartie des générosités qu'il avait eues pour Patrice Pelat.

On affirmait en outre que Patrice Pelat était intervenu afin d'obtenir des avantages pour une entreprise dans laquelle il avait des intérêts. La preuve contraire fut apportée par Bérégovoy qui rendit publique la lettre par laquelle il avait refusé la garantie de l'État à une opération financière en Corée du Nord. Cette lettre l'innocentait totalement et Pierre Bérégovoy comptait là-dessus pour mettre un point final à la querelle. Il n'en fut rien. La justice ne s'en soucia pas plus que d'une guigne. La presse poursuivit sa campagne, puisant ses informations plus ou moins exactes à « bonne source ».

À la remarque que le prêt remontait à 1986, c'est-à-dire à une époque où Pierre Bérégovoy n'était plus ministre et que le fait était prescrit, le juge répondait à qui voulait l'entendre : « Je sais, mais cela m'intéresse. » En quelque sorte : « Circulez ! Cela ne vous regarde pas. Je fais ce que je veux. »

L'horrible machine à tuer était en marche. Rien ne pouvait l'arrêter. Le juge partisan continuait son œuvre, qu'il appelait son travail. La presse continuait le sien. Deux mois de calvaire au cours desquels chaque mercredi au Conseil des ministres, assis à ma droite, Bérégovoy me disait : « Ils ne me lâcheront pas, ils m'auront. »

Il ne parlait plus que de cela, il ne pensait qu'à cela.

Son indignation, son désarroi tenaient moins à l'avancée des procédures qu'à la facilité avec laquelle la presse *(Le Monde*, *Le Canard Enchaîné)* était informée. Il ne cessait de répéter : « Je ne suis pas juriste... » Mais il se savait innocent. Cela ne suffisait pas.

Dans le mois qui précéda son suicide, il téléphonait chaque jour et tôt le matin à son avocat, l'excellent Me Maisonneuve. La spirale de la dépression l'emportait. Sa préoccupation devenait obsédante. Ses proches, tout en le rassurant, s'en inquiétaient. Ils le voyaient sombrer, se nimber de gris et de noir.

Il mit ses derniers espoirs dans un événement qui aurait pu tout faire basculer, pensait-il. Il savait que la veille de la parution de l'article meurtrier du *Point*, un journaliste enquêteur, de ceux que l'on dit « d'investigation », se trouvait dans le bureau du juge. Deux gendarmes présents et soucieux de ne pas être mis en cause en référèrent à leur hiérarchie. Des rapports furent rédigés. Posséder ces documents aurait permis de démasquer l'auteur des fuites, le juge lui-même, et de démontrer l'existence d'un complot politico-médiatique.

Les rapports des gendarmes furent établis dès le 3 février 1993, soit le lendemain de la rencontre chez le juge. Les gendarmes étaient formels. Mais entendus par la police judiciaire et soumis sans doute à des pressions croisées, ils se rétractèrent. L'affaire en resta là car, sur la demande du ministre de la Défense, aucune confrontation n'eut lieu pour ne pas « traumatiser la gendarmerie » (sic).

Bien plus. L'enquête devait révéler que le garde des Sceaux, sur ordre de son collègue de la Défense, avait téléphoné lui-même au procureur de la République pour que l'enquête fût classée sans suite. Ah, les camarades !

Quant au ministre de la Défense, il n'eut de cesse que ces preuves soient hors de portée de Bérégovoy. À son départ du ministère, il enfouit lesdits rapports dans ses archives personnelles et les frappa d'un embargo de cinquante années. Il refusa à tout le monde – y compris au président de la République – leur communication. La vérité, qui sort difficilement du puits, ne devait pas sortir des caisses...

Le matin de sa mort, Pierre Bérégovoy appela en vain. C'est après ces coups de fil infructueux qu'il décida d'en finir, pauvre bête traquée qui avait vu cette dernière porte se refermer devant lui.

La connaissance et la divulgation des rapports des gendarmes n'auraient peut-être pas changé son destin. Mais lui pouvait croire que cela modifierait le cours des choses. Aurait-il dans ce cas renoncé à son projet ? Je l'ignore encore aujourd'hui.

Après le changement de gouvernement, le président de la République ordonna au nouveau ministre de la Défense – François Léotard – de rouvrir l'enquête. Ce fut fait le 16 juin 1993. Cette investigation confirma en tous points la thèse des gendarmes. Il y avait bien eu contact entre le journaliste et le juge d'instruction. Contraint d'admettre la rencontre, le juge fait savoir aujourd'hui à la cantonade qu'ils n'ont parlé de rien concernant l'affaire. Ils n'auraient devisé que sur la pluie et le beau temps... Mais nous en retiendrons que ce qu'un ministre de gauche n'avait pas accepté de faire – faire éclater la vérité – un ministre de droite le fit. Pierre Bérégovoy était mort le 1er mai 1993.

Quoi qu'il en soit, le juge avait menti en niant cette visite opportune et inopinée des journalistes. Confronté au risque d'être démasqué dans le procès qu'il avait engagé contre l'hebdomadaire *Globe-Hebdo*, il préféra à la dernière minute se dérober aux débats. Quelques jours avant l'audience de désistement, des journaux publiaient à leur tour l'essentiel des rapports de gendarmerie. On y lit sous la plume du directeur général de la gendarmerie qu'un adjudant de son service, qui s'était rendu chez le juge à la demande du magistrat, « s'était trouvé en présence du journaliste ». Et le directeur de la gendarmerie d'ajouter : « Alors qu'il se trouvait dans le bureau du juge, ce dernier expliquait en long et en large au journaliste le contenu du dossier qu'il instruisait dans le cadre de l'affaire Heulin-Pellerin[1]. »

La vérité finissait par apparaître mais le mal était fait. L'homme que nous avions aimé, Pierre Bérégovoy, n'était plus de ce monde. Je revois sa silhouette légèrement penchée vers l'avant quand il marchait tout en expliquant ce qu'il avait à dire, parlant d'une voix douce, intéressé par les réactions de ses interlocuteurs. Attentif, Bérégovoy était un mélange de modestie et de fausse assurance. Il avait gardé de son milieu familial, de ses fréquentations passées, de sa vie réalisée à la force du poignet, une sorte de défense naturelle et émouvante. « Tu sais, se plaisait-il à me dire, je ne suis qu'un autodidacte. Toi, tu es un grand avocat international, tu parles plusieurs langues, tu connais le monde entier. Ce n'est pas mon cas. »

Il s'exprimait avec sincérité, sans complexe d'infériorité, mais comme quelqu'un qui veut faire comprendre qu'il connaît ses limites. Il lui arrivait aussi d'afficher un rien de satisfaction qui trahissait son bonheur d'être devenu

1. C'était bien la procédure judiciaire qui avait permis au juge d'instruction de remonter jusqu'à Bérégovoy.

ce qu'il était, lui, l'ancien ouvrier parvenu au sommet de l'État et de la République.

Certains en déduisaient que sa modestie avait fait place à de l'orgueil. Ce n'était pas le cas mais sa façon de trancher, son rire aigu qui ponctuait la fin de ses phrases pouvaient le faire croire. Certes il aimait commander et sans doute se regardait-il le faire, mais moins que d'autres. Je n'ai jamais décelé chez lui la moindre superbe. Et je l'ai apprécié dans ses fonctions ministérielles. Son exemple était un véritable encouragement.

Il avait une qualité intellectuelle essentielle : il assimilait à grande vitesse n'importe quel problème et le simplifiait avec justesse. Il possédait une faculté exceptionnelle d'explication qui donnait à ses exposés une clarté, une pertinence que beaucoup lui enviaient. Il était bon camarade et généreux. Il aimait la compagnie des autres, la discussion.

Assis à côté de lui au Conseil des ministres, où les « petits billets » circulent de l'un à l'autre, j'avais droit à ses confidences sur tous les sujets : les exposés des ministres en séance, l'aggravation de la crise, le chômage, les perspectives électorales ou, plus simplement, l'évolution de la maladie du président pendant l'année 1992.

*
**

Le 1er mai 1997, pour le quatrième anniversaire de la mort de Pierre Bérégovoy, je me suis rendu de nouveau, comme chaque année, à Nevers. J'y ai retrouvé les membres de l'Association des collaborateurs, d'abord au cimetière où nous avons attendu l'arrivée de Gilberte, son épouse. Pierre a voulu une tombe simple : une dalle de pierre non taillée. « La pierre brute... »

Le rituel est désormais chaque année le même. Nous avons déjeuné avec Gilberte Bérégovoy, Fabius, Soisson, Zuccarelli et surtout Olivier Rousselle, président de l'association, l'ancien chef de cabinet de Pierre, qui prononça à la fin du repas un discours sympathique et sensible. Bien d'autres étaient là.

J'ai revu à plusieurs reprises l'endroit où Pierre Bérégovoy a décidé de mettre fin à ses jours. Un lieu paisible. L'eau coule à peine dans ce canal qui conduit à une pièce d'eau où des régates ont lieu chaque année à la même date. La vie continue. Ce rapprochement m'impressionne. Il ne peut en être autrement. Entre les feuilles des chênes, des platanes, des files de plantations alignées de chaque côté de l'eau, les rayons du soleil donnent un peu de gaieté à ce paysage triste. La nature. Le chant des oiseaux. C'est tout. Je reviens chaque année seul devant cette simple stèle de quelques centimètres de haut qui marque l'endroit où Pierre s'est effondré dans la verdure. Le jour est identique, la lumière est pareille à celle de cette journée de 1993. Trois pots de fleurs sont posés à même le sol. Ils témoignent d'un peu de présence en ce lieu sans signification particulière. Sur la pierre je lis ces mots : « Un juste a retrouvé la paix. Dans la nuit du monde, le juste brillera. »

Notre réelle amitié datait de ce jour du 31 juillet 1982 où Pierre Bérégovoy a prononcé son premier discours de ministre des Affaires sociales à la tribune de l'Assemblée nationale. Je n'étais pas encore membre du gouvernement. Je n'allais le devenir que dix-huit mois plus tard, mais j'avais tenu à être là, sur les travées, comme simple député. Il l'avait remarqué et à sa descente de la tribune, sur une feuille volante, il m'écrivit : « Ta présence à l'Assemblée ce jour de ma première prestation me fait plaisir et j'apprécie ton amitié. Je t'en remercie sincèrement. »

Onze ans plus tard, Pierre Bérégovoy disparaissait après un long calvaire. Quelles furent ses souffrances ? Personne ne le sait. Moi, je peux les deviner.

Il n'avait échappé à son persécuteur qu'en empruntant ce qu'il croyait être sa seule issue. Quant au persécuteur, dépouillé du costume de scène qui le protégeait, il embrassait au grand jour, à son tour, la carrière politique à laquelle il aspirait depuis si longtemps, devenant l'élu d'un petit parti d'extrême droite, puis son trésorier. Chacun a trouvé sa place dans l'histoire. Le juge d'instruction dont Pierre eut à souffrir connaît à son tour des difficultés avec ses collègues de Paris. Malgré ce qui s'est passé pour Pierre Bérégovoy, je n'approuve pas leur attitude à son égard qui, pour le peu que j'en sache, me paraît relever plus de l'acharnement et de la jalousie que de la démarche judiciaire normale.

Pierre Bérégovoy aura été le compagnon fidèle, le ministre des Finances puis le Premier ministre qui a marqué son temps, qui a compris qu'il fallait faire l'Europe et que la France devait y être forte pour la réussir. Il eut le mérite de faire voir à ses amis politiques quelle était la bonne route. Cette orientation n'était pas évidente. Il fut l'apôtre du franc fort. Il s'imposa à tous ses collègues, lui le *self made man*. Son ancien homologue allemand, Waigel, a déclaré récemment « qu'il ne se passait pas un jour sans qu'il pense à lui ». Je pourrais écrire la même phrase. À chaque étape de mon Golgotha, je pensais à lui. À son ultime décision. Et donc en réalité à moi, et à l'effroyable tentation d'en finir...

– XVIII –

UN LONG FLEUVE SI PEU TRANQUILLE : LE PROCÈS

La procédure a suivi son cours inexorablement comme une embarcation propulsée par des rameurs invisibles vers l'embouchure du fleuve. En dépit des demandes formulées mais insatisfaites, des obstacles juridiques sérieux mais contournés, les contorsions des membres du parquet et la soumission des juges d'instruction finirent par l'emporter. La haute mer – je veux parler du procès public – apparaissait à l'horizon. Il allait falloir s'y préparer tout en gardant l'espoir que quelque chose d'imprévu allait se produire. Mais quoi ?

Comme à l'habitude, le premier coup de canon fut tiré par *Le Monde* dont je dois reconnaître à la fin de ce livre qu'il fut durant toute « l'affaire » d'une constance qui en dit long sur les instructions qui circulent dans certaines salles de rédaction de la presse française.

Le journal du soir publia un document, en exclusivité s'il vous plaît, sous le titre racoleur de : « Le réquisitoire qui accable Roland Dumas : le texte préparé par le procureur de la République », sans tenir compte le moins du

« monde » de ce qui avait disparu, à savoir les griefs du début, ce qui eût été la moindre des obligations déontologiques.

Cette publication eut l'effet attendu. De nouveau ma maison de Saint-Selve se transforma en Fort-Chabrol. De jour, de nuit, les photographes évoluant en meute, dotés d'appareils photographiques perfectionnés, du dernier cri, opérèrent dans les échancrures de verdure, ignorant le respect dû à la vie de famille ou les injonctions de déguerpir qui leur étaient adressées : « Nous sommes libres de stationner, nous sommes libres de travailler », répondaient-ils à qui voulait intervenir, à commencer par les quelques amis alertés qui me rendaient visite. Je me cantonnais dans les pièces protégées de la maison. J'écoutais de la musique classique, le chant des oiseaux qui finissait par traverser les rideaux de ma chambre. Tout était triste. L'ancien champion d'Europe de boxe, mon ami Ruffino, se déplaça pour me saluer. Il était décidé, dans son indignation, à faire le coup de poing. Je l'en dissuadai. Il n'aurait plus manqué que cela ! M'en prendre à la liberté de la presse !

Avant d'adresser ma lettre de démission de président du Conseil constitutionnel au président de la République, j'avais tenu à me recueillir sur la tombe de mes parents au cimetière de Louyat à Limoges. Chacun pourra comprendre les raisons de ce détour. En outre, depuis plusieurs années j'avais programmé de mettre de l'ordre dans ce caveau en procédant à ce qu'il est convenu d'appeler la réduction des restes, c'est-à-dire l'inventaire des corps enterrés et à l'agencement de la place libre pour ma sœur et moi-même. Je voulais en même temps donner à mon père, Georges Dumas, un cercueil convenable, car après son exécution par les Allemands, en 1944, il avait été enseveli à même la terre dans une fosse commune, puis quelques jours plus tard placé dans un cercueil de fortune, à la va-vite, de nuit, grâce à deux Périgourdins courageux qui habitaient Brantôme à l'époque du massacre, les frères Dujarry. Ils avaient agi du mieux possible. Il ne faisait pas bon manifester trop d'ardeur, ni trop de zèle pour « les résistants fusillés », fût-ce pour les ensevelir dignement. Pour les familles de ces fusillés, pour la mienne et pour moi, chaque 26 mars, depuis 1945, est un jour sacré. C'est la commémoration de la journée où les vingt-six otages ont changé le cours de l'histoire de ce beau et paisible chef-lieu de canton de Dordogne. Les municipalités de Limoges et de Brantôme donnent à cet anniversaire un éclat particulier. J'y assiste régulièrement ; ma mère le fit aussi jusqu'à sa mort. Mon frère veillait aux soins de la tombe familiale à Limoges. Un rituel était établi depuis près d'un demi-siècle : quelques fleurs, quelques couronnes, des drapeaux d'organisations de Résistance, une minute de silence à Limoges ; une chorale d'enfants des écoles et *Le Chant des partisans* à Brantôme.

J'avais demandé à ma sœur d'être présente à cette cérémonie du toilettage de la tombe dont je ne compris que plus tard ce qu'elle signifiait au fond de moi. J'avais pris rendez-vous avec l'administration municipale pour éviter d'ouvrir le caveau une deuxième fois et je fis installer une dalle supplémentaire destinée à me recevoir le jour venu. Les hommes du cimetière avaient déposé le cercueil neuf destiné aux ossements de mon père sur une tombe voisine. Le vieux cercueil – celui de la Libération – était réduit en poussière. Les croque-morts avaient enfilé des gants en plastique bleu. Avec des gestes délicats, ils plaçaient les ossements les uns après les autres dans un ordre qui voulait reconstituer le squelette avant sa dislocation. Les tibias d'abord, le crâne ensuite. J'observai au passage la trace laissée par la balle tirée dans la nuque : le coup de grâce. La denture était intacte.

Les autres ossements – les plus frêles – avaient été placés dans un seau ordinaire par l'homme qui se trouvait dans la fosse. Ils firent l'objet de manipulations respectueuses puis furent placés à leur tour avec la même précaution. Les hommes, constatant mon émotion et ma pâleur devant ces va-et-vient mortuaires, ce spectacle d'un corps désarticulé qui n'avait plus de signification, me faisaient des gestes d'amitié.

J'échangeai quelques mots avec ma sœur qui me fit connaître sa décision d'être incinérée.

J'avais programmé cette halte sur la route qui me conduisait vers mon « champ opératoire ». Tout était en ordre et pour moi, une nouvelle épreuve avait sonné. Il s'agissait cette fois d'une opération de la hanche. L'intervention chirurgicale avait été fixée par le chirurgien de Bordeaux, Jean Gautier, au 8 mars 2000. Mon avocat avait calculé que l'audience à laquelle je devais me soumettre, en tenant compte des délais de citation et de l'encombrement des rôles, ne pouvait être fixée au plus tôt qu'au mois de septembre de la même année, voire en fin d'année. Il m'avait donc engagé à me soigner puis prendre le temps de me remettre pour affronter les juges : « Faites-vous opérer. Retapez-vous. Vous avez le temps d'ici l'automne. » Il était donc prévu dans son esprit comme dans le mien que ce procès ne viendrait pas avant cette date. C'était le délai normal, prévisible vu le rythme auquel les affaires ordinaires de droit commun pour le commun des mortels arrivent devant les formations de jugement.

Mais plus rien n'était normal ! Les choses allaient s'accélérer par la volonté du procureur de la République. La traque à l'homme politique était ouverte depuis plusieurs mois. Je figurai sur le tableau de chasse parmi d'autres mais – noblesse oblige – je représentais un gibier de choix pour ce monde en effervescence.

Je n'étais pas au bout de mes peines avec la dernière révélation du *Monde* sur les réquisitions écrites du parquet, qui traduisait une infâme trahison des responsables, gardiens de la loi. Le bâtonnier Jean-René Farthouat prit de nouveau la plume pour dénoncer cette divulgation. Il s'adressa à la hiérarchie judiciaire pour stigmatiser ce comportement. Entendez qu'il écrivit au procureur général, supérieur hiérarchique du parquet, et par son canal à la Chancellerie. Sa lettre ne pouvait être plus cinglante : « Cette prise de position a le mérite de la clarté et consacre l'obsolescence définitive du secret de l'instruction dès lors que celui-ci n'est pas respecté par ceux-là mêmes qui en ont la garde. »

Le procureur de la République reconnut sans difficulté les faits. Il admit que cette publication pirate et scélérate constituait bien un délit, que l'article 11 du code de Procédure pénale avait été violé mais qu'il n'était pas possible de faire autrement si l'on voulait éviter de faire attendre la presse (sic) car « il s'agissait d'une affaire sensible ».

À la lecture de cette réponse, les bras m'en tombèrent. Je me posai la question de savoir s'il n'eût pas fallu soutenir le contraire à savoir qu'une affaire « sensible » bénéficie d'un surcroît de protection ! Le procureur de la République n'en avait cure. Il ajoutait dans sa réponse au garde des Sceaux : « Par ailleurs, tout ce qui figure dans ce texte était déjà connu de la presse et du public. » Belle excuse ! Beau raisonnement ! Quand on sait que le travail de divulgation avait été accompli par les mêmes tout au long de la procédure. Ils s'en réclamaient avec cynisme. *« Nemo propiam turpitudinem... »*

Le ministre de la Justice dont je n'avais plus rien à attendre, si ce n'est qu'elle fasse un effort pour faire respecter la loi, s'en tint là. Je pris conscience ce jour-là de la réalité de la situation. Les cors de chasse avaient sonné l'hallali. J'étais cerné. Le 1er mars 2000, j'appelai la mort dans l'âme l'Agence France-Presse à 8 heures du matin pour annoncer que je donnais ma démission de la présidence du Conseil constitutionnel à laquelle m'avait nommé François Mitterrand cinq années plus tôt, avant de quitter l'Élysée. J'eus au bout du fil un jeune garçon ému et troublé quand je lui dis mon nom. Il resta quelques secondes silencieux. Puis me fit téléphoner par son chef de service qui croyait à une supercherie. Ce jeune garçon intimidé m'avait fait souvenir, l'espace d'un éclair, de mes débuts à l'Agence économique et financière où je travaillais dans l'immédiat après-guerre, dès 5 heures du matin, pour gagner ma vie tout en préparant mes examens de licence en droit.

Son chef d'agence me rappela donc. Je lui dictai deux phrases qui se résumaient en une : « Je démissionne. »

C'en était fait. La flèche avait atteint son but. J'avais perdu la bataille sans perdre la guerre. Je ne renonçais pas pour autant au combat pour la vérité, contre la tricherie, la veulerie, mais je ne voulais pas ajouter le ridicule à mon désespoir en déposant une plainte contre le procureur de la République entre les mains de ce même procureur ! Deux ans plus tard ce dernier quitta ses fonctions. Je ne pris pas – je l'avoue – cette annonce pour une mauvaise nouvelle.

Puis viendra le tour des deux magistrates de l'instruction. L'une partira pour Chartres, l'autre disparaîtra dans le brouillard de sa Norvège natale, sans que l'opinion sache très bien ce que peuvent être ses nouvelles fonctions en dépit d'un concert de louanges et d'autosatisfaction de l'intéressée.

Mais entre-temps, une deuxième avalanche allait s'abattre sur moi alors que je gagnais Bordeaux en voiture pour me faire enfin opérer de cette hanche qui avait atteint sa limite d'usage et empoisonnait ma vie depuis si longtemps. Un flash d'information tombait qui annonçait que mon procès serait évoqué en séance publique en... juin 2000 ! Nous étions en mars. Tous les pronostics du bâtonnier et tous les calculs faits ensemble étaient déjoués. Une volonté à peine dissimulée de précipiter les choses existait quelque part. La présidente du tribunal qui prendra l'audience avouera plus tard à mes défenseurs que cette date lui avait été imposée, qu'elle n'avait pas été consultée et qu'il lui avait fallu prendre ses dispositions pour faire de la place sur le rôle. En bref, bousculer les audiences pour juger rapidement Dumas.

J'étais pris dans la nasse. La perspective d'en finir par un non-lieu salvateur avait disparu. Une mise en scène aussi bien réglée ne m'annonçait rien de bon. Mon moral

– ou ce qu'il en restait – venait d'encaisser un coup sérieux. Je poursuivais néanmoins ma route. Le billard m'attendait.

Une dernière conversation au téléphone avec le bâtonnier, qui me fit part de son indignation, me confirma que le manège était bien en place.

Un autre appel me toucha aux larmes. Celui de Me Charrière-Bournazel, qui avait accepté depuis le début de mes malheurs de s'occuper de mes démêlés judiciaires avec la presse. Il a débuté à mes côtés, recommandé par son père. Son grand talent a fait de lui un avocat dont la renommée ne cesse de s'affirmer... Inquiet lui aussi, il me dit avec simplicité et affection, sachant que je me rendais à Limoges dont il est également originaire : « Ne faites pas de bêtise, ils n'en valent pas la peine ! »

La présidente de la 11e chambre correctionnelle du tribunal de Paris désigna deux experts qui se révélèrent courtois et compétents pour juger de mon état. Ils conclurent qu'il était exclu que je puisse comparaître en juin comme l'avaient programmé les « tueurs judiciaires à gage ». Ils étayèrent leur rapport en invoquant mon état de santé physique aussi bien que mon état psychique.

Tout laissait à désirer dans ce dernier domaine, en effet, au point que ma famille et mon entourage inquiets prirent la décision de me confier quotidiennement à un psychiatre. Chaque jour devenait plus pénible. La dégringolade s'accélérait. L'abîme se rapprochait, une marche franchie après l'autre. Un abattement consécutif aux événements et à l'absorption de médicaments fit de moi une sorte de « zombie » ambulant. Je vivais les fenêtres fermées, volets clos, parlant peu sauf pour articuler de temps à autres un : « Je crois que je vais me reposer. » Je n'avais pas conscience du délabrement qui s'opérait en moi.

*
**

Le procès fut finalement programmé pour janvier 2001 dans les pires conditions. Me faisant l'effet d'un animal blessé, poussé dans les dédales, je me préparais à avancer le long des couloirs jusqu'au lieu où devait se produire l'abattage. Le jour approchait. Ma résignation était totale. Les bruits les plus contradictoires circulaient sur l'indépendance des magistrats composant la 11e chambre. J'allais assez vite pouvoir en juger.

Un éclair cependant vint curieusement réveiller mon esprit. Je m'interroge encore aujourd'hui sur ce phénomène sans bien comprendre ce qui s'est passé. À cette époque je m'endormais tard, et encore, grâce à des barbituriques prescrits à forte dose. Mais, malgré les médicaments, les nuits prenaient fin vers 3 heures du matin par un réveil en sursaut sans que je puisse dire s'il s'agissait d'un cauchemar ou d'un retour sur les événements qui s'étaient succédé depuis plusieurs mois, provoquant une nouvelle errance de l'esprit en même temps qu'un nomadisme dans l'appartement. Le silence est plus pesant la nuit que le jour. Il accentuait l'angoisse à laquelle j'étais en proie. Une peur inexplicable mais tenace m'envahissait pendant ces longues heures passées dans la solitude de la nuit. J'allais et venais dans ces pièces où trois années plus tôt avait eu lieu la perquisition qui continuait de me hanter.

Par une de ces nuits semblable aux autres, le hasard de mes pas me mit soudain en présence d'une canne qui datait de l'avant-guerre et avait appartenu à mon père dans les années trente alors qu'il avait subi un accident qui entravait sa marche. Cette canne de frêne était là depuis des années au milieu d'une collection de cannes anciennes, de parapluies de toutes sortes. Elle avait suivi les déménagements successifs et s'était retrouvée à Paris et non à Saint-Selve où sont entassés les souvenirs plus ou moins fétiches d'une existence riche en traces de plusieurs vies. Mon attention se fixa sur l'idée qu'il était ridicule de ne pas me servir de cette canne au lieu de celle qui m'avait été imposée par le chirurgien et que l'on dénommait bizarrement « canne anglaise ».

Bref, j'avais devant moi une canne bien française et familiale de surcroît. En proie à l'insomnie, je restai là planté, quand mon esprit se mit à vagabonder parmi les images du passé, les rues de Limoges, la guerre, l'Occupation, cette vie agréable et simple dans une famille sans histoire jusqu'au jour où s'était produit cet accident qui avait valu à mon père l'achat de cette canne de frêne. Me revenaient les scènes que j'avais vécues au cimetière en compagnie des hommes gantés de bleu. Je les revoyais replacer dans un cercueil neuf les bouts de cadavre épars. Ce cadavre reconnu après la libération de la France. L'examen que j'avais dû faire à l'époque de ce corps mutilé pour éviter ce triste spectacle à ma mère, puis les manifestations qui se répétèrent pendant un demi-siècle. Je méditais dans le couloir sombre de mon appartement parisien. Que restait-il de mon père en dehors de ces ossements, de quelques symboles comme cette canne ? Et pour chacun de nous, que restait-il de lui ? Qu'avons-nous fait de l'amour inconditionnel et de l'admiration que nous lui portions ? Une vie horriblement arrêtée à quarante-six ans. La mort avait tout chassé, tout anéanti, les plus grandes joies comme les plus grandes douleurs. Et ma pensée s'égara vers mon procès, vers l'attitude des magistrats auxquels j'avais eu affaire, vers la campagne dont j'avais été la victime. Valaient-ils la peine, ceux qui m'avaient consacré tant de leur énergie, que je me mette dans cet état ? Que voulaient-ils de moi ? Méritaient-ils mon comportement actuel qui me conduisait à mon tour à l'anéantissement à très court terme ? Tous ceux qui prennent des libertés avec la loi, avec la morale, avec la vie, sont-ils habilités à donner des leçons ? J'en étais là de mes réflexions quand je me posai la question de savoir si ma disparition ne serait pas comme un aveu de culpabilité.

Se suicider dans cette tourmente, se laisser engloutir par la dernière vague, ne plus rien entendre certes mais ne rien pouvoir dire non plus. J'entendais déjà les commentaires de certains dans les salles de rédaction, ces caisses de résonance où triomphent si souvent le sarcasme et le commentaire narquois. Non, je ne signerais pas ces aveux-là ! Plus que la mort, ce serait une désertion. Mettre fin à mes jours, il n'en était plus question. J'avais fait des choses plus difficiles dans ma vie et le sursaut serait ma règle. Il serait conforme à ce qu'avaient été mon existence, mes choix et l'exemple que j'avais reçu.

Les choses ont basculé dans ma tête. Ma résolution face à la rigueur du destin fut prise à ce moment-là. J'allais résister. J'allais livrer une nouvelle bataille : celle du procès. Je rassemblerais mes forces comme le buis qui se récupère, comme le fauve qui se ramasse sur lui-même avant de bondir. On se raccroche à tout, même à l'inimaginable, à l'incroyable, à l'impossible quand plus rien n'existe autour de vous que votre seule détermination.

*
**

De remise en report, de nouvelles dates en nouveaux renvois, le procès s'est ouvert le 22 janvier 2001 dans un indescriptible tumulte.

La salle où siège habituellement la 11e chambre du tribunal de grande instance s'était révélée trop petite. Tout le monde – magistrats, avocats, inculpés, journalistes – s'installa dans les locaux de la 17e chambre, plus vastes et plus connus du grand public. La presse du monde entier était présente, certains journalistes durent s'asseoir dans le box des prévenus, vide pour cette circonstance et pour l'instant, Sirven étant toujours en fuite.

La foule des curieux qui n'avait pas pu pénétrer dans la salle d'audience était contenue, sur le parvis, par des cordons de gardes et de policiers en tenue. Tous étaient venus, plus nombreux que d'habitude, attirés par la publicité, curieux comme des midinettes de voir « ce couple sulfureux », un ancien ministre en difficulté, et une dame qui trouvait là un brin de notoriété. Les journalistes de la presse étrangère, eux, étaient plutôt mobilisés par l'aspect politique du procès.

Entré par une porte discrète, mais non secrète, j'avais fait bonne figure en parcourant les dernières marches qui conduisaient au premier étage, appuyé sur ma canne. Je m'étais assis comme les autres prévenus et j'attendais la suite.

Chacun passa à son tour à la question, à l'interrogatoire conduit par la présidente comme le veut le code. Quand vint mon tour, je demandai à disposer de temps pour faire une déclaration préalable de manière à « mettre en perspective » les faits qui m'étaient reprochés. Cela me fut accordé, non sans une moue de contrariété qui me mit en éveil. « Est-ce bien utile ? » semblait dire la mimique présidentielle...

Je m'adressai au tribunal mais aussi à la presse française et étrangère, au public présent et lointain. Mon intervention dura deux heures environ. J'examinais point par point les reproches qui étaient faits, la conduite de l'instruction, l'ambiance créée par quelques éditoriaux, les étranges collusions entre magistrats et certains journalistes. J'avais fait précéder ce long exposé d'une entrée en matière qui s'était voulue simple, personnelle, plus émouvante et plus humaine : « Chacun comprendra que c'est un crève-cœur pour moi de me trouver ici, ce jour, en ce lieu où j'ai pendant de nombreuses années pu exercer le métier qui fut le mien, de courir aujourd'hui le risque du déshonneur au terme d'une vie commencée dans le malheur, poursuivie dans l'effort avant d'entamer une carrière d'homme politique. » À la fin de cette introduction, j'entendis une réflexion qui semblait venir d'ailleurs que de la présidence de l'audience, être presque extérieure à la salle : « Ce n'est drôle pour personne ! » Je pouvais en convenir mais n'en fis pas la remarque. Je voulais surtout m'en tenir à ce que j'avais à dire et donner au début de cette audience une note d'humanité qui manquait, à l'évidence, d'entrée de jeu. Tout était calme et se déroulait normalement. Soudain les choses se gâtèrent, l'orage éclata sur un incident qui m'opposa au procureur de la République.

L'accusation était soutenue par deux personnes supposées s'épauler, se compléter, se remplacer le cas échéant. L'une avait été détachée, par une décision administrative d'une légalité douteuse, de la Cour des comptes – on se demande bien pour quelle raison – qu'elle regagna sitôt le procès terminé. L'autre était membre du parquet, et j'avais noté son attitude hostile et son parti pris au cours de l'instruction. C'était un ancien confrère dont le passage au barreau de Paris n'avait pas laissé un souvenir impérissable et qui avait trouvé dans la magistrature une situation plus confortable que celle qu'il avait auparavant dans un cabinet dont les membres ne manquaient pourtant pas de talent : une situation plus en harmonie avec ses choix personnels et plus à la mesure de ses dons. C'était M. Champrenault. Il dégaina le premier.

J'avais bien observé le manège de la présidente de la 11e chambre, confortablement installée dans son fauteuil. Celle-ci opéra un mouvement de tout son corps comme pour le caler davantage en annonçant :

– Monsieur le procureur, vous avez la parole.

Cette invitation se situait après mon audition et en conformité avec le Code de procédure pénale. Rien à redire, si ce n'est une impression très fugitive – une impression seulement – qui me faisait interpréter la petite phrase rituelle comme signifiant : « On va voir ce qu'on va voir. » On allait voir en effet. Entendre surtout !

Négligeant ce qui avait été jugé par l'ordonnance de non-lieu partiel rendu par le juge d'instruction, puis acté par le bâtonnier Jean-René Farthouat quelques jours auparavant pendant le cours des débats, piétinant allègrement le principe de loyauté du débat judiciaire maintes fois réaffirmé par la Cour européenne des droits de l'homme, le procureur entendait revenir sur mes comptes personnels qui avaient fait l'objet de nombreuses enquêtes et sur les versements en espèces que j'y avais effectués. On se souvient que ce sont ces comptes qui avaient fait l'objet d'une « dénonciation anonyme ». Interrogé à de nombreuses reprises, j'avais pu fournir toutes les explications souhaitées. Le dossier ayant été confié entre-temps à la sagacité des fonctionnaires de l'administration fiscale, le résultat avait été le même. Je compris très vite où le procureur voulait en venir par ce moyen biaisé : profiter de la présence de la presse française et étrangère, attentive et légitimement curieuse, pour reprendre un procès déjà jugé et clos à mon avantage. Cela n'avait plus rien à voir avec l'affaire Elf, si ce n'est, par une intervention insinuante et sinueuse, de faire entendre à quelques journalistes prévenus, et qui en feraient des gorges chaudes, que des agissements suspects auraient échappé à la justice.

Le procédé était déloyal mais le doigt semblait avoir été mis intentionnellement là où la cicatrice, après plusieurs mois d'instruction, faisait encore mal. L'insinuation était trop forte et mon sang ne fit qu'un tour. Sans doute ma résolution des jours qui avaient précédé l'ouverture du débat y était-elle pour quelque chose. Je porte encore aujourd'hui en moi la trace indélébile d'une névrose dont je reconnais volontiers qu'elle apparaît en bien des circonstances : une révolte à l'égard du comportement de certains magistrats, traîtres à leur statut, qui pendant l'Occupation usèrent des pires reniements et acceptèrent de siéger dans les cours de justice dites spéciales pour juger selon les ordres reçus. Plus encore que leur manque de patriotisme, je leur en veux pour la bassesse de leur attitude personnelle face à leur conscience. Ils acceptèrent de condamner à des peines plus sévères des patriotes pour des faits qui avaient déjà été jugés et qui fournissaient en réalité un badigeonnage judiciaire à ce qui n'était qu'une prise d'otages. Les condamnations allèrent jusqu'à la peine capitale pour de simples distributions de tracts déjà jugées et sanctionnées.

Avant d'invoquer ce parallèle, audacieux j'en conviens, encore que le procédé intellectuel soit le même, je fis état dans le détail des enquêtes, des commissions rogatoires, des recherches de toutes sortes qui avaient été menées sur mes fils, ma fille, mes belles-filles et mes petites-filles. Et jusqu'à ma propre mère, décédée en 1964, dont l'instruction a été jusqu'à rechercher quelle était sa situation de fortune depuis son veuvage. J'exprimais à la fois mon indignation et ma peine avant d'en finir avec ce qui fut considéré comme mon « emballement ».

– Vous auriez pu siéger dans les sections spéciales. [...] Lorsque je serai libre de toutes entraves, je prendrai soin de vous. [...] Je retrouverai bientôt ma liberté de parole.

Les mots venaient sans préparation et partaient comme des balles de fusil. Je m'entendais les prononcer mais mon esprit ne pouvait plus rien sur mon discours. J'assistais à un véritable dédoublement de ma personne. Le bâtonnier, penché sur le banc réservé aux avocats, tentait de me calmer. Je l'entendais mais ne l'écoutais pas.

– Reprenez-vous. Calmez-vous ! répétait-il.

Ces avertissements amicaux s'adressaient à quelqu'un d'autre. Comme un cheval fou lancé au galop et que rien n'arrête, je n'écoutais plus. Je me suis immobilisé de moi-même à la fin, au terme d'une course effrénée. J'ai à peine entendu la présidente du tribunal enjoindre la greffière de noter mes propos, mes menaces et annoncer qu'elle levait l'audience. Le tumulte était à son comble. Les robes noires s'agitaient dans tous les sens. « Qu'est-ce qui lui a pris ? » ai-je entendu soudain. Les défenseurs allaient de l'un à l'autre, se plaignant au bâtonnier de mon attitude, de mon éclat qui allait nuire à tous.

La présidente se retira avec dignité, le procureur rassembla ses papiers épars, prit un air courroucé et s'éloigna d'un air martial.

Les journalistes rassemblés sur le parvis de la chambre commentaient entre eux les conséquences qu'aurait mon comportement.

Le bâtonnier sut trouver habilement et humainement les mots pour expliquer ma blessure et l'atteinte portée à ma famille par un procédé déloyal. Puis il négocia avec la présidente et le parquet mon retour dans la salle d'audience. La présidente, qui avait déjà dû subir les conséquences d'une récusation dans le procès de Robert Hue, craignait par-dessus tout que nous engagions la même procédure. Je ne l'ai pas voulu.

Mon fils qui était dans le public au fond de la salle se leva, vint m'embrasser et me dire sa fierté. Il avait compris que l'on m'avait poussé à bout.

À la reprise, je fis des excuses, retirant les menaces que j'avais proférées tout en maintenant ce que j'avais dit sur la façon dont les choses avaient été conduites, sur le fait que les juges avaient fouillé dans les tiroirs, les dossiers, le passé de tous les miens... Je m'en tenais très exactement à ce qui avait été convenu, sans rien renier de mon appréciation sur le fond, limitant mon propos à ce qu'il devait être.

*
**

Le procès avait repris son cours quand se produisit le coup de théâtre : « Sirven revient. » Arrêté le 2 février

2001 dans les circonstances déjà évoquées, transporté dans un luxe de médiatisation, incarcéré à la prison de la Santé en pleine nuit, sous les projecteurs, celui que la presse appelait depuis des années le n° 2 d'Elf arrive au tribunal dans une cohue indescriptible le 27 du même mois.

On attend beaucoup de cette arrivée. On n'en tirera pas grand-chose.

Les journalistes ont évacué le box des prévenus pour aller se placer aux endroits qui leur sont réservés d'habitude.

Il est très exactement 14 h 20 quand Alfred Sirven, amaigri, un rien bronzé, fait son entrée de vedette. Comme au théâtre, les applaudissements fusent dans le public. Sirven a revêtu pour la circonstance un beau costume, pose ses mains comme un prélat sur le rebord du box et répond d'une voix grave et posée aux questions de la présidente sur son identité.

Les avocats parlent entre eux. Les défenseurs de Sirven font quelques confidences à leurs confrères. Chacun commente ce retour spectaculaire. Le juge d'instruction n'a-t-elle pas demandé au président du tribunal de grande instance un crédit exceptionnel pour « sabrer le champagne » à l'occasion de cette arrestation ? Certains prétendent connaître la réponse du président, lequel aurait fait remarquer qu'aucun crédit n'était prévu dans ce but et qu'il n'était peut-être pas décent, ni convenable, de fêter de cette façon un événement pareil.

Après avoir répondu aux questions, Sirven toise la salle. Les uns et les autres se précipitent pour le saluer, lui parler. Christine Deviers-Joncour lui saute au cou. J'ai connu M. Sirven, je l'ai dit, lorsqu'il travaillait à Elf. Il accompagnait la plupart du temps le président Le Floch. Je le salue donc de loin, puis me décide à faire quelques pas en direction du box et lui serre la main à mon tour. Je ne veux pas être en reste. Il m'accueille d'un sonore : « Bonjour, monsieur le ministre. » Puis il reprend la pose et contemple de nouveau la salle, adressant quelques sourires dans une direction qui ne dit rien à personne. Il observe le public longuement, puis lance un regard narquois, presque amusé, alentour. On le croirait dans une loge de théâtre, scrutant le parterre...

Le tribunal s'est retiré dans un brouhaha général et chacun en profite pour venir bavarder avec la star du jour. La chroniqueuse de *Sud-Ouest* va jusqu'à son box et prend une interview de l'inculpé alors qu'il est censé ne parler à personne. Le procureur donne le mauvais exemple, appuyé sur le rebord de son bureau, en tenant conférence de presse. Chacun va et vient comme dans un cocktail. Les journalistes font des gorges chaudes de la proposition de champagne survenue la veille. « Vous imaginez le pool financier transformé pour la circonstance en abreuvoir ! » Tout le monde rit. On se croirait n'importe où, sauf dans une enceinte de tribunal.

*
**

Mon incident, pour grave qu'il avait été, paraissait oublié.

Le jugement fut prononcé, après les plaidoiries et le réquisitoire, le 31 mai 2001. Une condamnation avec peine de prison, dont six mois ferme, était prononcée contre moi. La sanction était assortie d'une forte amende.

Devant un chapelet de contrevérités, de déclarations

nullement étayées, d'interprétations fallacieuses comme le fait que j'aurais ouvert dans un restaurant des Champs-Élysées un compte mais que mes dépenses étaient loin de représenter celles de Christine Deviers-Joncour, l'abus de biens sociaux paraissait caractérisé. Le tribunal avait oublié de mentionner que Christine Deviers-Joncour habitait à côté de ce restaurant et qu'elle y avait table ouverte, recevant régulièrement ses proches, ses parents, ses amis avec la Carte bleue d'Elf. La paire de chaussures, les statuettes, rien ne manquait. La justice avait raclé les fonds de tiroir, interprétant, inventant quand il fallait.

Le chien « enragé » était condamné. Mais il n'était pas mort. J'interjette appel le 6 juin.

*
**

Les débats à la cour débutèrent le 4 novembre 2002. J'en attendais beaucoup. Le climat avait changé, certes, mais mes espoirs avaient été si souvent déçus dans le passé que je restais sur mes gardes.

D'autres procédures concernant d'autres personnalités politiques, conduites par les mêmes magistrats, n'avaient pas résisté à la lumière crue des projecteurs. Elles avaient fondu comme neige au printemps. Les critiques commençaient à se faire jour. Elles allaient jusqu'à remettre en question l'existence même du pool financier et les « bons allaient payer pour les mauvais ».

Le rassemblement eut lieu dans les locaux de la 1re chambre de la cour d'appel de Paris, la chambre solennelle où se tiennent les grandes manifestations de la vie judiciaire, les « affaires » qui défrayent la chronique. À la libération du territoire, étudiant en droit, j'avais assisté à ce même endroit à tous les procès de la collaboration. Par un chaud après-midi d'été, j'avais écouté, assis dans le fauteuil dur et cossu qui lui avait été attribué, le maréchal Pétain faisant sa déposition d'une voix chevrotante qui avait quelque chose d'émouvant malgré tout. Il n'eut pas l'outrecuidance de rappeler qu'il avait en face de lui quelques magistrats qui lui avaient prêté serment en 1940.

La presse était déjà en place quand je suis entré dans la salle d'audience, quelques minutes avant l'heure figurant sur la convocation : 13 h 30. Aussi nombreux qu'en première instance, les journalistes français et étrangers s'étaient répartis en deux groupes, rangés de part et d'autre de l'axe central dans les deux box, d'ordinaire réservés aux délinquants. Les stars des médias occupaient le premier rang, à touche-touche, tant la place manquait. Les deux grands quotidiens de Paris, celui du matin *(Le Figaro)* et « l'autre », celui du soir, *Le Monde*, avaient changé leur équipe. Des femmes avaient remplacé les hommes.

Au milieu des correspondants des principaux organes étrangers habituels, je remarquai la présence de journalistes manifestement venus d'Extrême-Orient. Leurs trois visages ronds et leurs yeux bridés me laissaient penser qu'il s'agissait des représentants de la presse écrite et de la radio de Taïwan et de Pékin. Je voulus en avoir le cœur net, cela me fut confirmé. Pensaient-ils pouvoir glaner quelques informations utiles destinées aux lecteurs mais surtout aux autorités de leur pays ? Sans doute.

L'« affaire des frégates » continuait de faire des vagues dans cette région du monde. Ils suivirent tout le procès de leur place – toujours la même – sans se mêler à leurs confrères. À la dernière audience, à la fin du jour, l'un d'eux – une femme – s'approcha de moi pour me demander une interview. Je déclinai poliment – à la chinoise – cette invitation.

L'aventure débuta par une manifestation incongrue. Un hurluberlu, qui prétendait s'exprimer comme simple citoyen, voulut déposer des conclusions dans lesquelles il dénonçait « la solidarité qui existait entre socialistes, les francs-maçons et tous les autres ». La présidente crut s'en débarrasser en lui promettant qu'il aurait « la parole le moment venu ». Il n'en fut rien. À chaque audience, il récidiva avec la même insouciance et obtint le même résultat. Il n'eut la parole qu'à la fin des débats, comme le veut la loi. Il ne la garda pas longtemps. Son flot de paroles remontant au déluge et sa mise en cause de tout ce qui existe dans la République lui valut d'être réduit au silence. Ce fut un moment de distraction dans une ambiance qui en manquait par ailleurs et qui ne prêtait pas à rire.

Puis vint la demande de mise en liberté d'Alfred Sirven. La décision fut ajournée. Pendant le délibéré, les gens bavardaient calmement...

Assis sur une chaise, écoutant les uns et les autres, j'entendis Gilbert Miara raconter une des nombreuses séances d'instruction au cours de laquelle il avait été interrogé par Mme Joly :

– Dites ce que vous savez sur Dumas : je délivre immédiatement un mandat d'amener contre lui et je l'arrête !

– Vous n'y pensez pas, avait répondu Miara. Roland Dumas n'est pour rien dans toute cette affaire. Dumas est resté en liberté et moi je suis allé au trou.

Le deuxième jour fut consacré aux exceptions, entendez aux nullités de procédures. Rien n'en sortit dans l'immédiat si ce n'est que l'avocat général, invité à prendre la parole, lança une petite pierre dans le jardin des juges d'instruction :

– Il ne fallait pas prononcer la disjonction de ce dossier.

Tout le monde a compris dans cette parole qu'il n'était pas convenable, ni conforme, que cette partie du dossier qui concernait cinq ou six personnes soit séparé du gros de l'affaire Elf. L'avocat général ajouta :

– Nous allons faire avec ce que nous avons.

Cette phrase provoqua des sourires et des murmures.

Les faits furent évoqués de nouveau, comme en première instance, mais les interrogatoires avaient une tout autre allure. Au fil des jours, les lacunes de l'instruction apparurent de plus en plus clairement. On se rendit compte par exemple qu'aucune enquête n'avait été entreprise pour rechercher les signataires du ou des bons de paiement qui avaient permis à Christine Deviers-Joncour d'encaisser sous forme de commissions les quelque soixante millions de francs qui ont été en partie retrouvés.

La cour a eu à cœur de combler les manques de l'information, dc rattraper les erreurs commises sans pour autant accabler les auteurs de ces insuffisances. Elle procéda par exemple, pour la première fois, à l'audition du directeur de la comptabilité d'Elf (M. Josselin), qui n'avait jamais été sollicité. Cette audition fut décisive.

Alfred Sirven ne fit pas sauter la République. La présidente dut même l'inciter à ne pas parler la « langue de bois ». Nous étions loin des rumeurs qui avaient couru à ce sujet...

L'ambiance se modifia avec l'entrée en lice de Christine Deviers-Joncour. Celle-ci fit une véritable crise de nerfs, éclatant en sanglots. Il était 17 heures. L'audience allait vers sa fin.

– J'ai menti. Les juges m'ont menacée de me remettre en prison. Il me fallait à tout prix « noircir » Dumas. [...] J'ai tout inventé : l'hôtel Mozart, les statuettes... Oui, j'ai tout inventé.

La salle, les journalistes, le public, tout le monde attendait la suite. La présidente se montra humaine : « Ressaisissez-vous, madame... »

La partie civile fut cruelle avec Alfred Sirven et Loïk Le Floch-Prigent. L'avocat général fit de son mieux pour réparer les erreurs et les fautes. Quelques phrases suffirent à remettre le travail à plat : « Bien des difficultés existent dans ce dossier, qui furent démontrées par les audiences auxquelles nous avons assisté. » Un euphémisme diplomatique, en quelque sorte.

Puis il reprit chacune des thèses et des problèmes juridiques que posait cette affaire, les traitant les uns après les autres sans esprit polémique. Il a terminé ses réquisitions par moi, abandonnant des pans entiers de l'accusation.

Le bâtonnier Farthouat plaida le premier. Il le fit avec talent et amitié, mêlant le sérieux à l'ironie, les connaissances juridiques aux survols historiques.

Les autres avocats s'exprimèrent pour leurs clients. Puis, les lumières se sont éteintes jusqu'au 29 janvier 2003... après Noël.

*
**

Au jour fixé pour le rendez-vous judiciaire, tout le monde était présent, sauf Loïk Le Floch-Prigent, dont les avocats annoncèrent qu'il était malade. La 9e chambre de la cour d'appel avait réintégré son local habituel, où s'entassait une foule compacte : les parents des prévenus, les curieux, les habitués, les journalistes en très grand nombre qui se serraient au fond de la salle, pour la plupart debout, des carnets à la main.

Je m'efforçai de cacher mon angoisse. Des bruits avaient circulé pendant ce long délai, et c'était encore le cas. Je balançais... Je me remémorais les réquisitions de l'avocat général, Me Guirimand. Certes, il avait recadré le procès, allégé ses demandes, souligné les erreurs de droit et de fait des premiers juges, mais la cour ? La cour a le dernier mot... Je n'avais pas envie de parler à mes défenseurs, j'écoutais les autres avocats, qui tenaient des propos pessimistes. J'en revenais toujours là : qu'en pensait la cour ? Les magistrats qui la composaient avaient-ils démonté le mécanisme qui avait si bien fonctionné contre moi en première instance ? J'avais travaillé le dossier avec la collaboratrice du bâtonnier, Me Isabelle Duquesne-Clerc, femme intelligente et consciencieuse. Nous avons fouillé les scellés, repris et retourné un à un les arguments qui avaient servi à me condamner. Un travail de bénédictins ! Je nous revois, enfermés dans un cagibi de verre, au greffe de la cour, recensant les dépenses, voyages et repas qui auraient été payés pour moi par Christine Deviers-Joncour avec la Carte Bleue d'Elf.

Une supercherie parmi d'autres, mais celle-ci était de taille. Chaque déjeuner m'était imputé par Christine Deviers pour justifier le débit de ses comptes (« repas pris avec Roland Dumas »), ainsi que des voyages dans des pays où je n'avais jamais mis les pieds ; tout était à l'avenant ! Nous avons passé au crible mes carnets de rendez-vous, mes déplacements officiels, le tout heureusement conservé et placé sous scellés. La preuve était apportée là, de façon incontestable, que je me trouvais aux mêmes dates à l'Élysée ou ailleurs pour des réceptions de chefs d'État, ou loin de France lors d'un dîner que j'aurais eu à Paris, ou dans mon ministère pour y accueillir un homologue, membre d'un gouvernement étranger.

Ce travail aurait dû être fait par les juges d'instruction. À quoi auront servi toutes ces saisies de documents ? Mais, pour les juges, il était plus simple d'aller au plus court, au plus efficace. Elles ont globalisé, totalisé, sans examiner : j'étais « entretenu » ! Le jugement en première instance a avalisé cette méthode inqualifiable. Ainsi, dans un restaurant parisien célèbre où Christine Deviers-Joncour avait ses habitudes, elle aurait dépensé dix fois plus d'argent que moi, sans doute moins bon client : les juges en ont déduit que ces repas avaient été pris par moi, et offerts par Elf. Le recel d'abus de biens sociaux était caractérisé !

Il nous a fallu rétablir la vérité. Avec Me Duquesne-Clerc, nous avons dressé un tableau de tout, rapproché les dates, apporté les preuves. Cela nous a pris huit bonnes journées, à raison de quatre ou cinq heures par jour. La démonstration était certes lumineuse pour moi, mais « qui veut noyer son chien... ».

J'arrêtai bientôt mes supputations inutiles. Je me retournai pour croiser le regard des miens. Le sourire de mes belles-filles, de ma fille, un geste de mes fils, de ma sœur (tous étaient là) comptaient plus qu'un raisonnement dont je ne savais s'il serait partagé par la cour d'appel. Quelques éditoriaux venimeux, dans les jours qui avaient précédé cette audience en dépit de toutes les règles qui se veulent protectrices d'un délibéré de justice, m'avaient laissé une mauvaise impression et avaient accru mon angoisse. La curée médiatique n'avait-elle pas contribué à faire mon malheur pendant les cinq années écoulées ?

La voix de stentor de l'huissier annonça : « La cour ! » Le silence se fit. La présidente, Mme Beauquis, ouvrait la marche, son dossier sous le bras, suivie de ses deux conseillers, Mme Filippini et M. Morel.

La lecture de l'arrêt ne dura que quelques minutes. Elle commença par moi avec cette simple phrase : « Monsieur Roland Dumas est renvoyé des fins de la poursuite. »

Le public, mal habitué au jargon judiciaire, s'interrogeait. Les journalistes aussi. Je compris pour ma part que mon sort se trouvait heureusement scellé. Mais je ne connaîtrais les attendus de l'arrêt qu'un peu plus tard, quand le bâtonnier Farthouat aurait pris connaissance du texte exact de la décision.

Sous le coup de l'émotion, je sentis monter les larmes, mais je ne voulais pas m'afficher de la sorte. Jean-René Farthouat était aussi ému que moi. Il m'a pris la main. Nous nous sommes compris sans rien dire, si ce n'est un

« merci » de ma part. Ma sœur, mes enfants et leurs conjoints pleuraient. Ils m'embrassèrent les uns après les autres.

Déjà les journalistes se précipitaient pour solliciter des déclarations. Je n'étais pas en état d'en faire. Je remis tout cela à plus tard. J'avais besoin de connaître les détails de l'arrêt de la cour d'appel. J'avais toutefois compris, aux quelques mots prononcés par la présidente, que toutes les accusations portées contre moi disparaissaient : non, je n'avais pas fait nommer Loïk Le Floch-Prigent à la tête d'Elf par François Mitterrand ; non, je n'avais pas fait embaucher Christine Deviers-Joncour par Loïk Le Floch-Prigent ; non, je n'avais pas profité de l'argent d'Elf directement ou par l'utilisation de la Carte Bleue ! Et pour les statuettes, j'étais exonéré.

Quant aux bottines... Ah, les bottines ! Je ne pus m'empêcher de hausser les épaules. Cinq années pendant lesquelles il avait été répété que des « bottines » m'avaient été offertes... D'abord il n'y a jamais eu de « bottines », mais des souliers. Des souliers que j'avais commandés et pour lesquels il avait bien fallu prendre mes mesures. Curieux cadeau surprise...

Bref, tout s'envolait.

Cinq années d'inventions, de trucages, pour en arriver là ! Cinq années de souffrance...

J'empruntai le couloir de la police judiciaire pour éviter les caméras. Un journaliste réussit cependant à se glisser dans la cage d'escalier et à m'interpeller : « Allez-vous demander réparation ? »

Je laissai la question sans réponse. J'avais sur les lèvres une phrase : « Je ne vais tout de même pas faire payer à la République, que j'ai tant servie et que j'aime toujours autant, les fautes commises par des personnages que je laisse à leur conscience ! Peut-être acquerront-ils ce qui leur manque et constitue la vraie grandeur : le courage de reconnaître leurs erreurs ? »

Une brève réunion de ma famille, ressoudée par les événements et dont le cercle s'était élargi au bâtonnier et à sa collaboratrice, fut improvisée dans l'appartement du quai de Bourbon où tout avait commencé en janvier 1998 à 6 heures du matin. Les rires étaient encore crispés. Jean-René Farthouat donna connaissance des attendus et me glissa à l'oreille : « Après une joie pareille, on redevient des enfants... »

Je pris le premier appel téléphonique. C'était Hans-Dietrich Genscher, mon ancien collègue, ministre des Affaires étrangères d'Allemagne, avec lequel j'ai tant travaillé pendant dix années et qui est devenu l'un de mes amis les plus proches. Il éclatait de bonheur. Il me répéta n'avoir jamais douté de moi.

Les messages du monde entier commencèrent à tomber, des amis fidèles m'appelèrent, certaines personnalités du parti socialiste se manifestèrent aussi, quelquefois publiquement. Une poignée d'indécrottables essayèrent de reprendre leur rengaine en dépit de l'arrêt. Le bonheur sincère des uns, l'aigreur des autres...

*
**

Le lendemain de ce jour heureux, pour me délivrer de l'émotion trop forte, je suis allé écouter *Le Barbier de Séville* dans la brillante mise en scène de l'Opéra-Bastille. Son directeur, Hugues Gall, venu m'accueillir, me dit avec un sourire : « Vous venez pour écouter le grand air de la calomnie ! Cela ne vous a donc pas suffi ? »

Je souris à mon tour : l'avantage de l'art est, entre autres, de nous prouver parfois que nous ne fûmes pas les seuls à souffrir, et mon retour à la vie a de quoi balayer les rancunes inutiles.

Car c'est bien d'un retour qu'il s'agit. Un retour au vrai, à l'important, à la valeur d'une existence qu'on m'a presque donné l'envie de quitter. Celles et ceux qui ont cru m'abattre pour des raisons encore obscures et qui ont presque réussi à me précipiter du sommet de la roche Tarpéienne devront se contenter de ne plus me voir sur les hautes marches du Capitole.

ANNEXES :

LES PREUVES

À ceux qui s'étonneraient de cette production de « preuves », je répondrai, parodiant Martinaud-Deplat, ministre de l'Intérieur auquel on faisait le même reproche : « Il n'est pas interdit, quand on a été ministre des Affaires étrangères, d'avoir une bonne mémoire. » Cette mémoire m'a permis de retrouver ces preuves.

CONCERNANT ELF

Échange de lettres entre le roi d'Arabie Saoudite et François Mitterrand après la guerre du Golfe.

Le président de la République désigne la société Elf comme chef de file de la politique pétrolière française en Arabie Saoudite. Sa mise en place se fera, non sans mal, pendant les années 1991, 1992 et 1993.

Votre Excellence, Monsieur François Mitterrand
Président de la République Française

Excellence,

Je voudrais donner à Votre Excellence l'assurance de l'amitié solide qui lie le Royaume d'Arabie Saoudite à la France, amitié qui a prouvé sa loyauté et sa vitalité en maintes occasions, au niveau bilatéral comme au niveau international, car la coopération entre nos deux pays s'est traduite en une action efficace en faveur de la paix, que tous les Etats du monde, quelles que soient leurs orientations, tentent d'instaurer.

Je voudrais également réaffirmer l'amitié personnelle qui m'attache à Votre Excellence, car l'échange de vues que nous avons pu avoir à maintes reprises, de même que notre détermination à coopérer dans divers domaines, ont été fort fructueux pour les deux pays comme pour la paix mondiale.

C'est en ayant tout cela à l'esprit que j'ai accepté la coopération pétrolière entre nos deux pays, selon des modalités qui garantissent à la France un approvisionnement continu de pétrole en provenance du Royaume d'Arabie Saoudite, et qui garantissent au Royaume d'Arabie Saoudite des marchés et des services de commercialisation en France.

C'est sur ces bases que les spécialistes des deux pays ont commencé de négocier, par intermittence. Les spécialistes saoudiens ont proposé un projet de partenariat pour les deux pays qui émanait d'une politique pétrolière connue et déclarée, menée par le Royaume d'Arabie Saoudite depuis des années, et qui fait l'objet de la satisfaction et de la considération de tous. De leur côté, les spécialistes français ont proposé un projet qui traduisait leur façon de voir le partenariat et ses modalités.

Nous avons constaté que le projet français était en contradiction avec les constantes de notre politique pétrolière; et s'il devait être appliqué tel quel, il nous mettrait dans un grave embarras vis-à-vis des autres Etats du monde, et des autres compagnies, y compris nos compagnies nationales, sans compter qu'il exigerait un changement radical de nos législations pétrolières, fiscales et autres.

Etant donné la difficulté de réaliser un tel projet ou de le concilier avec ce que nous avons proposé dans le cadre de notre politique, et en vue de favoriser l'aboutissement à un accord, je propose que les négociations se poursuivent entre les deux parties, dans les limites de la politique pétrolière du Royaume d'Arabie Saoudite et dans le cadre du projet qu'il a proposé.

J'ai chargé notre Ministre du Pétrole et des richesses minières de remettre cette lettre à Votre Excellence, afin qu'il puisse vous expliquer les détails de notre politique et répondre aux questions de Votre Excellence.

J'espère que les négociations se poursuivront dans ce domaine comme dans d'autres, afin qu'elles puissent porter tous leurs fruits, pour le plus grand bien des deux pays.

Votre ami
Le gardien des Lieux Saints
Fahd Bin Abdul Aziz Al Sand
Roi du Royaume d'Arabie Saoudite

Jeddah, le 16 Rabih Premier de l'an 1412 de l'Hégire
correspondant au 24 septembre 1991

PRÉSIDENCE
DE LA
RÉPUBLIQUE

MINISTÈRE DES AFFAIRES ÉTRANGÈRES
CABINET DU MINISTRE
25 OCT. 1991
ARRIVÉE

Paris, le 23 octobre 1991

Le Secrétaire Général Adjoint

PP
le/ps [illegible]

NOTE pour MONSIEUR LE MINISTRE d'ETAT
MINISTRE DES AFFAIRES ETRANGERES

Je vous confie comme convenu la lettre que le Président de la République adresse à sa Majesté le Roi FAHD BIN ABDULAZIZ AL SAUD.

Anne LAUVERGEON

Monsieur Roland DUMAS
Ministre d'Etat
Ministre des Affaires Etrangères
37, quai d'Orsay
75007 PARIS

LE PRÉSIDENT DE LA RÉPUBLIQUE   Paris, le 23 octobre 1991

→ PP pour info-
J'ai fait porter
l'original au Ministre
(24.X)

Majesté,

Je remercie Votre Majesté de l'important message que m'a remis en son nom, le 2 Octobre, le Ministre du Pétrole du Royaume d'Arabie Séoudite, le Cheikh Hisham NAZER.

Je voudrais à mon tour assurer Votre Majesté de la profondeur des liens d'amitié qui lient la France au Royaume d'Arabie Séoudite. Comme le rappelle la lettre de Votre Majesté, nos deux pays ont, à maintes reprises, témoigné de cette amitié par un resserrement de leurs relations bilatérales et par la concertation de leurs actions sur la scène internationale. Cette coopération étroite s'est illustrée dans la participation directe de nos deux pays à la défense des principes du Droit auxquels ils sont, l'un et l'autre, attachés.

Je souhaiterais aussi remercier Votre Majesté des sentiments qu'Elle exprime à mon égard dans Sa lettre. A mon tour, je voudrais réitérer le prix que j'attache à la qualité des liens personnels que nous avons tissés à l'occasion de nos rencontres, dans l'intérêt de nos deux pays et en faveur de la paix dans le monde.

S'agissant de la coopération pétrolière entre la France et le Royaume d'Arabie Séoudite et à la suite des messages qui m'ont été apportés par le Ministre des Affaires Etrangères du Royaume, S.A.R. le Prince SAUD BIN FAYCAL le 28 Novembre 1990, puis dernièrement par le Cheikh Hisham NAZER, j'aimerais réaffirmer à Votre Majesté l'importance que j'accorde, comme Elle, à son développement dans un cadre global couvrant en particulier l'amont. L'aboutissement des négociations engagées, qui prendraient nécessairement en compte les règles juridiques et les principes régissant les différents aspects de l'activité pétrolière, tant en France que dans le Royaume d'Arabie Séoudite, aurait une signification et une portée toutes particulières pour l'approfondissement de nos relations bilatérales.

Sa Majesté le Gardien des Lieux Saints
FAHD BIN ABDULAZIZ AL SAUD,
Roi du Royaume d'Arabie Séoudite

J'ai donc prié le Président de la Société Nationale Elf Aquitaine de prendre contact avec le Ministre du Pétrole et des Ressources Minérales du Royaume d'Arabie Séoudite, afin de poursuivre avec lui les négociations dans le respect des politiques pétrolières menées par chacun de nos deux pays.

Je souhaite comme Votre Majesté, que ces négociations portent leurs fruits pour le plus grand bénéfice des relations étroites qui nous unissent.

Je prie Votre Majesté de croire à l'expression de mes sentiments les meilleurs, de très haute considération

François Mitterrand

François MITTERRAND

La première lettre anonyme arrivée sur le bureau de la juge d'instruction, le 5 août 1997.

DDOL

Si vous trouvez le
nom de la
Sté étrangère
propriétaire du
19 rue de Lille où
vit Me Devier
vous trouverez
"le bon Suisse"
de Elf

Copie certifiée conforme
à l'originale
Le Greffier.

puisque il
appartient à
la Mafia
des voleurs

Transcription intégrale de la lettre anonyme.

Si vous trouvez le nom de la Sté étrangère du 19, rue de Lille où vit Me Devier, vous trouverez le trou suisse de Elf, puisqu'il appartient à la mafia des voleurs.

Madame le Juge, demandez lui donc des comptes sur la maîtresse de Roland DUMAS, Me Christine DEVIER JONCOUR, 19, rue de Lille salariée à vie par Loïk LE FLOCH PRIGENT. Madame DEVIER JONCOUR n'a jamais travaillé pour ELF.

Choisir son PDG, ce qui a permis d'enrichir la parvenue. Le trou suisse, c'est Me JONCOUR DEVIER. Visitez son Palais de la rue de Lille : tableaux, tapis, meubles. Vous serez édifiée. Le pauvre EDERN HALLIER, disparu ne pourra plus sortir son nouveau livre qui vous aurait édifié.

Le scanner de Sarlat acheté par DUMAS à JONCOUR, ex mari de Christine payé par ELF.

DEVIER = porteuse de valise qui en a bien profité
DUMAS = escroc voleur.

***Le Monde* du 25-26 janvier 1998. Un moment fort de la campagne dirigée contre moi, campagne qui durera toute l'année 1998.**

(montage)

Le Monde

DIMANCHE 25 - LUNDI 26 JANVIER 1998

Enquête sur une affaire d'État

• Entre diplomatie et escroquerie, le dossier Elf devient explosif • Bénéficiaire d'une commission occulte, une proche de Roland Dumas affirme avoir eu pour rôle d'« intervenir » auprès de lui • Au cœur de l'État, certains redoutent l'audition de l'ancien ministre comme témoin

L'AFFAIRE ELF est-elle en train de devenir l'affaire Dumas ? C'est, en tout cas, ce qu'ont redouté les plus hautes autorités de l'État, fin 1997, quand des informations policières ont fait état du projet des deux juges chargés de ce dossier d'ordonner une perquisition au domicile du président du Conseil constitutionnel. Il n'en fut rien, et l'ancien ministre de François Mitterrand peut à bon droit affirmer que la justice ne le met pas en cause. Mais, au ministère de la justice et à l'intérieur, chacun s'accorde à penser, au vu des premiers résultats de l'enquête judiciaire, que l'audition de ce témoin hautement sensible sera difficile à éviter.

Dévoilant les secrets de ce dossier, notre enquête explique pourquoi. Au cœur de cette affaire, une énorme escroquerie dont a failli être victime Thomson-CSF : en marge de la vente à Taïwan de six frégates, qui se heurtait à une forte opposition de la Chine et du Quai d'Orsay, un réseau d'intermédiaires abrité par le groupe Elf a cherché à soutirer une commission de 150 millions de francs. Personnage central de ce réseau, mise en examen et incarcérée depuis plus de deux mois, Christine Deviers-Joncour a perçu sa « part », évaluée à 45 millions de francs. Cette proche de M. Dumas était chargée par Elf d'une mission de « *relations publiques* » auprès de lui alors qu'il était ministre des affaires étrangères. Elle a affirmé être intervenue auprès de M. Dumas, sans parvenir à l'influencer, dit-elle, pour tenter de débloquer la vente des frégates. Cependant, plusieurs documents confidentiels, révélés par *Le Monde*, montrent que les affaires étrangères ont fini par évoluer.

L'affaire d'État qui inquiète M. Dumas

Lors de la vente par Thomson de frégates à Taïwan en 1991, des collaborateurs du groupe Elf ont prétendu jouer les intermédiaires. Au passage, une ancienne collaboratrice de l'actuel président du Conseil constitutionnel a touché 45 millions de francs. Deux juges d'instruction persistent à s'interroger sur le rôle de l'ancien ministre des affaires étrangères. Entre diplomatie et escroquerie, notre enquête dévoile les secrets de ce dossier

UNE *perquisition chez Roland Dumas ? »* Fin 1997, quelques jours avant Noël, l'hypothèse fit souffler un vent de panique jusqu'aux sommets de l'État. C'était, à la vérité, plus qu'une simple hypothèse. Un « tuyau » policier remonté jusqu'au ministère de l'intérieur, puis à la chancellerie, disait à peu près ceci : la brigade financière de Paris a été discrètement mise en alerte par le juge d'instruction Eva Joly ; celle-ci envisage sérieusement d'ordonner une perquisition chez le président du Conseil constitutionnel ; un interrogatoire pourrait suivre ; ce n'est peut-être qu'une question de jours. Plusieurs témoignages accréditent alors la menace. Début décembre, la magistrate avait évoqué une telle initiative, lors de conversations informelles. De fait, le groupe d'enquêteurs qui travaille depuis des mois avec Mme Joly sur l'affaire Elf s'était déjà procuré les diverses adresses – personnelles et professionnelles – de Roland Dumas.

Ancien avocat, ancien ministre, le président du Conseil constitutionnel est homme d'instinct autant que de réseaux. Depuis l'incarcération, le 7 novembre 1997, de Christine Deviers-Joncour, il a senti la menace. Agée de cinquante et un ans, cette femme fut chargée de mission à Elf-Aquitaine, avant de devenir la collaboratrice de Roland Dumas, salariée de son cabinet d'avocat. Mais elle est, surtout, une amie personnelle. *« C'est moi qu'on cherche »*, confie-t-il à son entourage, avant même que *Le Monde* du 15 novembre 1997 titre en première page : *« Deux juges enquêtent sur l'entourage de Roland Dumas. »*

Le 5 décembre, dénonçant une *« campagne de calomnies destinée à* [le] *compromettre »*, M. Dumas écrit au procureur de Paris pour lui demander, sans attendre, *« la saisine de la Cour de justice de la République »*, seule compétente pour instruire le cas d'un ministre soupçonné dans l'exercice de ses fonctions. Qu'importe si la parade est irrecevable en droit. Ce n'est pas l'homme de loi, mais bien le politique, qui forge alors sa défense. C'est donc en politique qu'il confie, quelques jours plus tard : *« Le coup a réussi. Plus personne ne parle de l'affaire. »* Il se trompait : loin de s'apaiser, ladite affaire, en s'approchant de lui jusqu'à un souffle, a pris la dimension d'une affaire d'État.

Les sociétés en cause, les sommes en jeu, les personnes concernées en font sans doute le dossier le plus sensible depuis que le combat contre la corruption agite les palais de justice. En démêlant l'écheveau des gigantesques détournements commis au préjudice du groupe Elf sous la présidence de Loïk Le Floch-Prigent, de 1989 à 1993, les juges Eva Joly et Laurence Vichniewsky ont croisé la piste d'un réseau d'escrocs qui tenta, en 1991, de soutirer pas moins de 150 millions de francs à un autre groupe industriel français, Thomson-CSF. A l'intersection de ces deux affaires, une homme et une femme : Alfred Sirven, ancien directeur des « affaires générales » d'Elf, et Christine Deviers-Joncour, l'amie de M. Dumas.

Président du Conseil constitutionnel, ce dernier occupe l'une des positions les plus éminentes de la République, qui est aussi l'une des plus stratégiques, en période de cohabitation. Ancien ministre et confident de François Mitterrand, aujourd'hui président de l'institut qui lui est consacré, il apparaît en outre comme le gardien de la mémoire du mitterrandisme, pour ne pas dire de ses secrets. Homme de lumière et familier de l'ombre, ami des arts et praticien du secret, serviteur de l'État et avocat fortuné, M. Dumas se sait touché par le soupçon. Le 18 décembre, à la fin de la dernière réunion du Conseil constitutionnel avant les fêtes de Noël, il a voulu donner à ses huit collègues quelques explications sur l'« affaire ». Ce jour-là, c'est en homme blessé, *« visiblement ému »*, selon l'un des présents, qu'il a protesté de son innocence, invoquant des *« raisons personnelles »* pour refuser de répondre aux *« rumeurs »*.

OR, le dossier des juges Eva Joly et Laurence Vichnievsky se nourrit aussi de faits établis, de témoignages recoupés, au fil desquels le nom de M. Dumas apparaît fréquemment. Certes, aucun élément ne le met, à ce jour, formellement en cause. Mais l'instruction semble inéluctablement converger vers lui. C'est pourquoi, dans les derniers jours de 1997, l'imminence d'un « coup de force » des juges chez le président du Conseil constitutionnel avait inquiété plus qu'elle n'avait surpris. Ne disposant d'aucune immunité particulière, M. Dumas peut être interrogé, avaient alors conclu les juristes de la chancellerie – mais uniquement à titre de témoin. Et rien ne s'opposerait à une perquisition.

Un mois a passé. Aucune perquisition n'a eu lieu, M. Dumas n'a pas été interrogé. Pour autant, l'enquête des deux magistrates n'est pas restée au point mort. Et ce qu'elle dévoile est digne d'un roman noir.

– I –
L'ARNAQUE AUX FRÉGATES

Une tentative d'escroquerie à l'ombre du secret d'État. Voilà ce que fut la face cachée de l'opération « Bravo », ainsi baptisée, un jour d'optimisme, par les ingénieurs français de l'armement. Le nom de code désignait un marché hautement sensible : la vente, en 1991, au gouvernement de Taïwan, de six frégates dotées d'équipements ultra-modernes de détection. Signé le 31 août 1991, le contrat a rapporté 14,6 milliards de francs à Thomson-CSF et à la Direction des constructions navales (DCN), promoteurs du projet. Mais il fut long et difficile à conclure : Pékin n'appréciait guère que la France arme ainsi son ennemi taïwanais.

Près de sept ans plus tard, Thomson refuse toujours de céder aux exigences d'une fiduciaire suisse, Frontier AG Bern, qui revendique une commission de 150 millions de francs. Cette société avait un contrat, signé le 19 juillet 1990, sur la recommandation d'Alfred Sirven. Se prévalant de ses hautes fonctions au sein du groupe Elf, celui-ci avait vanté à Thomson l'efficacité du « réseau Elf » en Chine, auquel la société suisse servait de paravent. L'opération « Bravo » avait en effet été bloquée, six mois plus tôt, par l'Elysée, sous la menace d'une crise diplomatique avec Pékin. Roland Dumas, alors ministre des affaires étrangères, s'était opposé au projet taïwanais. Le contrat de Frontier AG ne définissait pas l'*« intervention »* attendue, mais il fixait le montant de la commission à verser en cas de succès : 1 % du prix des frégates, soit 150 millions de francs.

L'obstacle chinois ayant finalement été levé, la société suisse à réclamé à Thomson son « dû » devant la Cour internationale d'arbitrage de Genève. Devant les trois arbitres désignés – un ancien bâtonnier de Genève, un ancien ministre espagnol et l'avocat français Jean-Denis Bredin – défilèrent alors les témoins du « réseau Elf ». Alfred Sirven en tête, tous mirent en avant le rôle *« décisif »* dans la conclusion du marché des frégates du *« représentant »* du groupe pétrolier en Chine, un homme d'affaires de Hongkong nommé Edmond Kwan. Ce dernier affirma avoir œuvré en faveur de Thomson auprès du *« gouvernement de la Chine communiste »*, et avoir rendu compte de ses diligences à ses deux *« correspondants à Paris »* – M. Sirven lui-même, et un autre intermédiaire, Gilbert Miara : *« Je leur donnais des informations qu'ils transmettaient à Thomson et également au ministère des affaires étrangères... »*

Ancien président d'Elf, Loïk Le Floch-Prigent témoigna par écrit. Il confirma avoir *« autorisé »* son bras droit, Alfred Sirven, à proposer à Thomson les services de M. Kwan *« après toutefois avoir pris la précaution (...) de demander conseil au ministre des affaires étrangères »* – c'est-à-dire Roland Dumas. *« M. Sirven*, ajoutait-il, *m'a informé de la position du ministre : tout ce qui pouvait être fait pour améliorer la situation entre la France et la Chine devait être encouragé. »* Au printemps 1991, lorsque le contrat des frégates fut sur le point d'aboutir, concluait-il, *« le ministre a exprimé son opinion que* "nos correspondants avaient vraiment fait du bon travail" *en Chine »*.

C'ÉTAIT plus qu'il n'en fallait. Le 23 août 1996, les arbitres condamnèrent Thomson à payer. Cette décision fut confirmée par le tribunal fédéral de Lausanne, le 30 janvier 1997. Elle reposait pourtant sur une imposture – *Le Monde* en détient la preuve.

C'est une lettre de quatre pages *(voir ci-dessous)*, adressée par Edmond Kwan, le 1er août 1997, à celui qui apparaît clairement comme son commanditaire : Alfred Sirven. Dans ce texte, rédigé en anglais, l'intermédiaire chinois, qui avait été présenté comme le négociateur unique du « réseau Elf » reconnaît, noir sur blanc, qu'il ne devait percevoir, pour ses *« bons efforts »*, qu'un infime pourcentage des 150 millions de francs réclamés à Thomson : *« Notre accord d'origine, conclu en 1990*, écrit-il, *stipulait que l'on me paierait la somme de 2 millions de dollars »* – soit entre 11 et 12 millions de francs. La lettre ne précise pas à qui, si Thomson avait payé, devaient être versés les quelque 138 millions restants...

Redoutant les conséquences de l'enquête des juges français, M. Kwan indique qu'il lui a été conseillé *« de ne plus* [se] *rendre en France »*.

Aussi réévalue-t-il ses *« honoraires »* à 4,45 millions de dollars, en guise de *« dédommagement »*. Avec cette précision significative : *« Je ne veux pas que le règlement de mes honoraires soit suspendu au paiement de Thomson. (...) Dès lors que les arrangements relatifs à mes honoraires auront été réglés, je suis plus que prêt à me montrer coopératif en signant tous les documents pour lesquels vous avez besoin de ma validation, afin de régler l'affaire Thomson et de répartir les honoraires dus par Thomson de la manière que vous-même et les autres parties aurez convenue... »*

La lecture de ce document, saisi le 2 décembre 1997 au cabinet de l'un des avocats de M. Kwan, ne laisse aucun doute sur la répartition des rôles de cette comédie, dont Alfred Sirven fut à la fois le metteur en scène et l'interprète. Dans ce casting frauduleux, Edmond Kwan fit office de *« doublure »*, Loïk Le Floch-Prigent joua les seconds rôles – sans doute à son corps défendant. Plus discret, le personnage de Gilbert Miara – aujourd'hui incarcéré – fut plus important. *« Je crois comprendre qu'il a un lien avec le ministère des affaires étrangères »*, avait dit de lui M. Kwan. *« Il effectuait un certain nombre de liaisons »*, avait glissé Alfred Sirven. Le 19 juillet 1994, cet agent immobilier reconverti dans la production de cinéma avait été interrogé par les arbitres, exceptionnellement réunis à Paris, au cabinet de Me Bredin. Ce jour-là, il fut questionné sur ses relations avec Roland Dumas. Ses réponses sont hélas inaccessibles : sa déposition est la seule qui n'ait pas été consignée par écrit.

Recueillies les 15 mars 1994 et 21 novembre 1995, celles d'Alfred Sirven restent, en revanche, les seules déclarations dans un cadre officiel de cet homme sulfureux, en fuite depuis près de deux ans. Evoquant, *« en dehors des contacts officiels (...), toute une action de persuasion, de négociation "sous la table" »*, il se présentait alors comme *« le responsable de l'action d'un certain nombre de réseaux »*. Au générique manquait alors un seul acteur – ou plutôt une actrice : Christine Deviers-Joncour.

– II –
LA FEMME FATALE

L'ancien PDG de Thomson, Alain Gomez, l'a révélé aux juges, le 8 décembre : avant même l'intervention d'Alfred Sirven, c'est Christine Deviers-Joncour, l'amie de Roland Dumas, qui avait, la première, fait une offre de service à Thomson. La scène s'est déroulée lors d'un déjeuner avec deux cadres supérieurs du groupe : « [Elle] *prétendait qu'elle pouvait faire quelque chose pour Thomson, pour dominer la résistance chinoise. (...) À partir du moment où Sirven arrive, on n'entend plus parler de Mme Deviers-Joncour... »*

Pour ses interlocuteurs, elle est, à cette époque, chargée par Elf d'une mission de *« relations publiques »* auprès du ministre des affaires étrangères : Roland Dumas. Ses liens personnels avec lui sont-ils connus ? Les témoins de l'époque ne le disent pas. Christine Deviers est issue d'une vieille famille socialiste de Dordogne. Sa mère a tenu la permanence du candidat Dumas à Sarlat, aux élections législatives de 1988. Malice du destin, son ex-mari, lui, est l'adversaire de Roland Dumas : le futur ministre Jean-Jacques de Perretti, qui allait devenir, l'année suivante, maire (RPR) de Sarlat. Son second mari, Claude Joncour, ancien directeur du marketing de la Compagnie générale de radiologie (CGR), comptait parmi les amis les plus proches d'un autre vieux compagnon de François Mitterrand, Georges Dayan, décédé en 1979.

C'est par Claude Joncour qu'elle fera la connaissance d'Alfred Sirven. Peu après son arrivée à Elf, dans le sillage de Loïk Le Floch-Prigent, en 1989, celui-ci imposera son recrutement. Son premier contrat est alors signé par l'un des piliers du groupe, André Tarallo. *« M. Sirven m'avait dit qu'elle serait utile politiquement,* s'est souvenu M. Tarallo, *car c'était une très proche de Roland Dumas, qui était un des contacts politiques importants de M. Sirven. »* La version donnée aux juges par l'intéressée est assez proche : *« Elf tenait beaucoup à ce que je vienne travailler avec eux, en raison de mes relations avec Roland Dumas. » « Par honnêteté,* a-t-elle précisé, *lorsqu'on m'a proposé ce travail, je suis allée voir Roland Dumas pour lui en faire part et lui demander si je pouvais accepter. Celui-ci m'a répondu par l'affirmative, en me disant que j'étais tout à fait apte à remplir la mission qui m'était demandée, et que si ce n'était pas moi qui était recrutée, ce serait une autre personne, de toute façon. »*

Femme élégante et raffinée, elle fera office d'agent de liaison. Hormis les voyages du ministre, dont elle est presque toujours, elle transmet des dossiers et fait, parfois, *« accélérer une demande de rendez-vous de M. Le Floch-Prigent »*. Parallèlement, sa petite agence de communication, Kairos, réalise une plaquette de présentation du Quai d'Orsay, préfacée par le ministre, ainsi que des brochures pour la présidence du Gabon, ou le conseil général des Hauts-de-Seine. L'importance stratégique de sa mission aux yeux d'Alfred Sirven lui vaut, en outre, des faveurs exceptionnelles : salaire de 55 000 francs – dont 40 000 francs versés en Suisse –, appartement de fonction, carte de crédit débitée sur le compte d'une filiale à Genève, avec laquelle elle effectuait entre 150 000 et 200 000 francs de dépenses par mois...

Sa récompense, dans l'*« arnaque »* des frégates, devait pourtant atteindre une toute autre dimension. *« Alfred Sirven m'avait dit que si cette affaire se faisait, c'est une commission de 45 millions de francs qui me reviendrait »*, déclare-t-elle aux juges le 12 décembre 1997. Quel rôle pouvait valoir une telle somme ? *« M. Sirven pensait que je pouvais intervenir auprès de Roland Dumas, puisqu'on savait que le ministère des affaires étrangères avait opposé son veto sur ce contrat. »* Mais elle assure que la mission échoua : « [M. Dumas] *m'a expliqué que le veto opposé à ce contrat par le ministère des affaires étrangères résultait d'un accord pris avec la Chine du temps du général De Gaulle, aux termes duquel la France s'engageait à ne pas vendre d'armes à Taïwan. M. Dumas m'a ainsi indiqué que la Chine menaçait de geler ses relations diplomatiques pour le cas où le contrat Thomson serait signé. L'entretien s'est donc terminé assez froidement, Roland Dumas m'ayant indiqué qu'il n'était pas question de revenir sur cette position. »* Le 7 janvier, elle affirme néanmoins avoir continué *« à lui en parler à l'occasion de rencontres plus privées, ou aussi professionnelles, dans le cadre d'Elf. »* Mais toujours en vain. Questionné par *Le Monde*, M. Dumas n'a pas exclu qu'une telle conversation ait pu avoir lieu, mais il dit n'en avoir gardé *« aucun souvenir »*.

RESTE alors une énigme : pour quelle raison, alors que ses démarches auprès du ministre semblent avoir été infructueuses et que Thomson n'a jamais versé les 150

Alfred Sirven
[redacted]
[redacted] Bld de Courcelles
75017 Paris

Dear Alfred:

As you and I have discussed, now that the arbitration award has come down (and been affirmed), obligating Thomson to pay approximately US$25 million and FF12.5 million to Frontier AG, I would like to confirm the final amounts now owing to me with respect to my services.

Our original agreement which we reached in 1990 was that I would be paid the sum of US$2 million. This payment, and the work I did in order to earn the payment, was to be highly confidential and I was assured by you and your group that it would never receive any publicity. Even when I made two trips to Switzerland to testify before the arbitration panel, I was again assured that my name and good efforts would not be publicized.

With respect to the documents you wish me to sign, my position is clear. Once my fee arrangements have been settled, I am more then willing to be cooperative in signing whatever documents you need me to execute in order to settle the Thomson matter and distribute the fees payable by Thomson in what ever way you and the other parties have agreed. I stress that I do not seek any form of additional compensation other than what is referred to above, and I will waive any claim to any such additional amounts if necessary.

Please let me know if the proposals above are acceptable to you and, if so, we can discuss how best to proceed.

With best regards.

Sincerely yours,

Edmond Kwan

La preuve de l'« arnaque » aux frégates : « Notre accord d'origine (...) stipulait que l'on me paierait la somme de 2 millions de dollars », écrit l'homme d'affaires Edmond Kwan à Alfred Sirven. A Thomson, ils réclament pourtant 150 millions de francs...

millions, Christine Joncour encaissa-t-elle la part qui lui avait été promise ? Car les 45 millions furent bien versés – *« au début 1992 »*, dit-elle –, sur ordre d'Alfred Sirven. D'où venaient-ils ? Les enquêteurs soupçonnent qu'ils ont été soustraits des caisses d'Elf. Ils savent, en revanche, où ils sont allés : sur le compte, à la Discount Bank de Genève, de... Gilbert Miara. Et à quoi ils ont en partie servi : à acheter, en mai 1992, pour 17 millions de francs, le somptueux appartement parisien, rue de Lille, où résidait Christine Joncour, avec ses deux enfants – et dans lequel Roland Dumas a indiqué au *Monde* s'être rendu *« quelques fois »*.

L'explication du paiement, Gilbert Miara l'a donnée en ces termes, le 2 décembre : « [Lorsque] *Kwan me dit qu'il veux faire un procès à Thomson, Christine s'affole en disant qu'un procès c'est quelque chose de visible, (...) qu'elle veut trouver un arrangement. Elle est dans tous ses états. Un jour, elle me dit que Sirven (...) est d'accord pour lui verser sa part.* » Non sans ambiguïté, Christine Joncour précisera, le 12 décembre : *« J'ai eu peur qu'à un moment ou à un autre, ce procès puisse rejaillir sur Roland Dumas, qui n'était pour rien dans cette affaire. J'ai donc menacé Alfred Sirven d'aller voir les arbitres, et de leur dire la vérité. (...) C'est à ce moment qu'Alfred Sirven m'a donné une commission de 45 millions, pour que je ne les embête plus. »* Récit complété, le 7 janvier, par cette remarque : *« Ce qui ne devait absolument pas apparaître, c'était mes relations avec M. Dumas. Le fait que j'aie été vue en parallèle chez Thomson, chez Elf et au Quai d'Orsay était gênant. »*

– III –
UN SECRET D'ÉTAT

Christine Joncour, Alfred Sirven, Edmond Kwan, Gilbert Miara. Avec ces quatre noms, le *« réseau »* est-il au complet ? À l'évidence, les juges se posent toujours une question : Roland Dumas est-il personnellement impliqué dans cette sombre intrigue ? Ministre des affaires étrangères, il était l'interlocuteur des autorités chinoises à l'époque ou celles-ci s'opposaient à la vente des frégates. Durant cette période, entre décembre 1989 et juillet 1991, il fut aussi en contact régulier avec Alfred Sirven et Christine Joncour. Mais cette proximité ne suffit certes pas à démontrer une complicité.

Couvertes par le « secret défense » et le « secret diplomatique », les archives du Quai d'Orsay, du ministère de la défense et de l'Elysée ont conservé, elles, le détail des tractations entre la France et la Chine, au terme desquelles le gouvernement d'Edith Cresson avait fini par autoriser la vente des frégates. Certains de ces documents, auxquels *Le Monde* a eu accès, permettent de comprendre l'attitude de Roland Dumas dans cette partie d'échecs diplomatique. Ils attestent que le ministre des affaires étrangères ne fut jamais un partisan du marché des frégates. Mais ils montrent aussi comment, au printemps 1991, évoluant de l'opposition radicale vers l'approbation prudente, il ne fut pas pour rien dans la modération de l'obstruction chinoise.

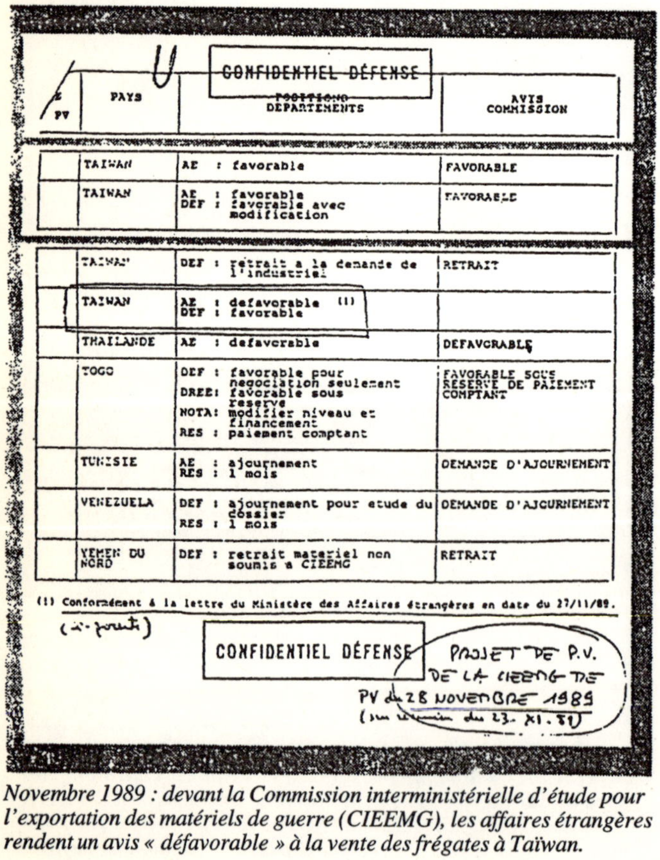

CONFIDENTIEL DÉFENSE

PV	PAYS	POSITIONS DEPARTEMENTS	AVIS COMMISSION
	TAIWAN	AE : favorable	FAVORABLE
	TAIWAN	AE : favorable DEF : favorable avec modification	FAVORABLE
	TAIWAN	DEF : retrait a la demande de l'industriel	RETRAIT
	TAIWAN	AE : defavorable (1) DEF : favorable	
	THAILANDE	AE : defavorable	DEFAVORABLE
	TOGO	DEF : favorable pour negociation seulement DREE: favorable sous reserve NOTA: modifier niveau et financement RES : paiement comptant	FAVORABLE SOUS RESERVE DE PAIEMENT COMPTANT
	TUNISIE	AE : ajournement RES : 1 mois	DEMANDE D'AJOURNEMENT
	VENEZUELA	DEF : ajournement pour etude du dossier RES : 1 mois	DEMANDE D'AJOURNEMENT
	YEMEN DU NORD	DEF : retrait materiel non soumis a CIEEMG	RETRAIT

(1) Conformément à la lettre du Ministère des Affaires étrangères en date du 27/11/89.

CONFIDENTIEL DÉFENSE

PROJET DE P.V. DE LA CIEEMG DE PV du 28 NOVEMBRE 1989

Novembre 1989 : devant la Commission interministérielle d'étude pour l'exportation des matériels de guerre (CIEEMG), les affaires étrangères rendent un avis « défavorable » à la vente des frégates à Taïwan.

« A. E. : Avis défavorable. » À la veille de la réunion de la très officielle Commission interministérielle d'études pour l'exportation des matériels de guerre (CIEEMG), au mois de novembre 1989, les instructions du représentant des affaires étrangères (« A. E. ») sont claires. Redoutant la réaction de la Chine à une livraison d'équipements militaires au voisin taïwanais, le Quai d'Orsay s'oppose à Matignon et à tous les autres ministères concernés (défense, finances, commerce extérieur). Au cours de la séance du 23 novembre 1989, seule la confirmation de *« l'accord au plus haut niveau »* obtenu par le chef de l'état-major particulier du président de la République, l'amiral Jacques Lanxade, le fait changer d'avis. Prudent, l'émissaire du Quai d'Orsay insiste néanmoins pour que l'objection initiale figure au procès-verbal. *« En l'absence de cette mention*, écrit-il dans une note interne, *notre position apparaîtrait soit comme un refus (avec un arbitrage délicat à la clé), soit comme un avis favorable, ce qui n'a en rien été notre position jusqu'ici. Cette précaution me paraît utile pour l'avenir. »*

L'intervention de l'Elysée permet ainsi à la CIEEMG d'autoriser la vente des frégates, le 23 décembre 1989. Mais le 2 janvier 1990 au soir, l'ambassadeur de Chine à Paris, Zhu Jue, demande à être reçu par Roland Dumas. *« Il a demandé que ce contrat soit annulé, si possible, et a élevé une mise en garde en indiquant que son gouvernement* "n'avalerait pas ce fruit amer" », rapportera le lendemain M. Dumas, dans une lettre adressée au président et au premier ministre, Michel Rocard. Cette protestation sera vite entendue. Le 6 janvier 1990, dans un message *« secret »* au président, Roland Dumas confirme avoir convoqué l'ambassadeur *« pour lui faire part de la décision dont nous étions convenus hier soir de ne pas donner suite au contrat avec Taïwan »*.

Dans les mois qui suivent, le Quai d'Orsay restera vigilant. En juin 1990, les diplomates découvrent un accord clandestin conclu par Thomson avec Taïwan : il prévoit d'expédier des coques de frégates en pièces détachées, pour les assembler sur un chantier naval taïwanais. M. Dumas proteste alors par écrit auprès de son collègue de la défense, Jean-Pierre Chevènement – vieil ami du PDG de Thomson, Alain Gomez –, soupçonné d'avoir donné son *« aval »* à cette manœuvre. Au chef de l'État, le ministre des affaires étrangères rappelle, dans une note datée de la même période, que *« le commerce des armes* [avec Taïwan] *devrait, à* [son] *avis, être examiné avec une grande réserve, s'agissant d'un domaine sensible pour les autorités chinoises »*. *« Or je constate à nouveau,* poursuit-il, *que ce type de commerce paraît faire l'objet de l'essentiel de nos efforts de prospection. Ainsi en est-il de l'actuel projet de vente à Taïwan de six frégates. (...) Je me permets de souligner le caractère particulièrement inopportun d'un projet (...) d'une telle ampleur. »*

Thomson, qui n'a pas renoncé, a de fait lancé plusieurs opérations de *lobbying*, en France et en Asie. C'est à cette époque que le groupe industriel signe, sur la recommandation d'Alfred Sirven, le fameux contrat avec la société suisse Frontier AG, paravent du vrai-faux *« réseau Elf »*. Deux autres contrats de *« consultants externes »* ont été conclus par ailleurs, pour favoriser le projet « Bravo » : le premier avec un cabinet taïwanais ; le second avec une femme d'affaires chinoise, Lily Liu, amie personnelle de l'ancien président américain Jimmy Carter et de plusieurs dirigeants de Pékin. Les interventions de ces deux intermédiaires ne seront, elles, jamais contestées par Thomson – et d'ailleurs rémunérées, plusieurs dizaines de millions de francs chacun.

Du 30 avril au 1er mai 1991, Roland Dumas effectue une visite officielle en Chine. Le 7 mai, le conseiller diplomatique du premier ministre, Jean-Maurice Ripert, fait état, pour la première fois, dans une note confidentielle, d'une *« décision »* favorable sur la vente des frégates : *« Lors*

> « Ce qui ne devait absolument pas apparaître, c'était mes relations avec M. Dumas. Le fait que j'aie été vue en parallèle chez Thomson, chez Elf et au Quai d'Orsay était gênant »

de sa visite à Pékin, Roland Dumas a informé son homologue, M. Qian Qichen, de notre décision de procéder à la vente de quatre frégates à Taïwan. Le ministre a pris acte de notre intention, tout en manifestant sa réprobation très vive. » La note signale les *« démarches »* concomitantes de l'ambassadeur de Chine à Matignon, au Quai d'Qrsay et à l'Elysée, afin de *« réaffirmer la position de principe du gouvernement chinois »*, Pékin *« ne saurait absolument pas accepter »* le projet français, répète-t-il, qui pourrait constituer une *« très grave violation de la souveraineté de la Chine »*.

Pourtant lorsqu'il résume lui-même ses entretiens en Chine, dans une note *« secrète »* au président, M. Dumas laisse apparaître une inflexion sensible de sa position. *« S'agissant de l'opération elle-même,* peut-on lire, *et en dépit du risque de tension véritable des relations franco-chinoises, je vous suggère de donner le feu vert sous une triple condition.* » Les conditions qu'il évoque portent principalement sur le désarmement total des frégates. Ce conseil s'est-il avéré déterminant, ou le ministre s'était-il finalement rallié à l'avis majoritaire ? Les archives ne le disent pas. Le 5 juin 1991, à l'issue d'une réunion à Matignon, le nouveau premier ministre, Edith Cresson, donne son feu vert à la vente des frégates. Le compte rendu des débats atteste que M. Dumas y évoqua, une fois encore, le risque d'une *« réaction chinoise »*, mais qu'il suggéra *« d'accorder une autorisation de principe d'exportation des six navires »*.

A cet instant, Pékin est encore sur une ligne dure. Le même 5 juin, un télégramme de l'ambassadeur de France à Pékin, Claude Martin, rapporte au cabinet du ministre les menaces de sanctions économiques proférées par le premier ministre chinois, Li-Peng, devant le PDG de GEC-Alsthom, Jean-Pierre Desgeorges, avec lequel il entretient des relations amicales. À Paris, officiellement informé de l'autorisation donnée à Thomson, l'ambassadeur de Chine exprime à nouveau, le 6 juin, son opposition formelle. Mais il entrouvre une porte en proposant la tenue de *« consultations à Pékin et à Paris afin de trouver en commun une solution adéquate »*. Ces *« consultations »* se tiendront secrètement à Paris, les 26, 27 et 28 juin 1991, en présence d'une délégation de neuf représentants chinois, conduite par le vice-ministre des affaires étrangères, Tian Zeng Pei. Signe que les choses évoluent, ce dernier ira jusqu'à mettre en avant, face au secrétaire général du quai d'Orsay, François Scheer, le *« désir de ne pas porter atteinte à des relations franco-chinoises satisfaisantes »*, pour assurer que *« la partie chinoise est disposée (...) à trouver une solution avec la partie française au problème de la vente de coques sans armement à Taïwan »*.

Informant François Mitterrand du *« succès »* de ces *« conversations secrètes et informelles »*, Roland Dumas conclura, le 8 juillet 1991, *que « la Chine renonce à ouvrir une crise avec la France »*. Le 30 septembre, après l'annonce de la signature du contrat taïwanais l'ambassadeur Claude Martin transmettra, une dernière fois, l'expression *du « vif mécontentement des autorités chinoises »*. Son interlocuteur chinois, ironise-t-il, *« s'était composé pour la circonstance un visage sévère, mais l'entretien est resté courtois, chacun étant très conscient de jouer un rôle convenu. »* Le 1er octobre, dans un message classé « confidentiel défense », l'ambassadeur se fera l'écho de la *« reconnaissance »* du ministre chinois des affaires étrangères, telle qu'elle venait de lui être exprimée par un officiel, au cours des cérémonies de la fête nationale. Transmis à François Mitterrand durant le conseil des ministres du 2 octobre 1991, le document archivé porte une annotation manuscrite du directeur du cabinet de M. Dumas, Bernard Kessedjian, dont le texte peut, sept ans plus tard, paraître à double tranchant, si l'on songe à l'enquête judiciaire sur l'escroquerie aux frégates : *« Encore un succès de la diplomatie dumassienne ! »*

Aujourd'hui, tant au ministère de l'intérieur qu'à celui de la justice, nul ne sait pourquoi les juges Joly et Vichniewsky n'ont finalement pas fait mouvement vers Roland Dumas. Mais chacun s'accorde à penser, au vu des premiers résultats de leur enquête, qu'elles ne pourront pas faire l'économie d'une audition de ce témoin hautement sensible.

Hervé Gattegno
Dessin : Serguei

L'éditorial du 1er décembre 1998 du journal *Le Figaro*, intitulé « Lynchage », signé de son président-directeur – Yves de Chaisemartin – en réaction à la campagne du *Monde*...

(montage)

LE FIGARO

MARDI 1er DÉCEMBRE 1998 (n° 16.889)

Lynchage

Le Figaro s'était abstenu, jusqu'à ce jour, de prendre position dans le débat qui, ces derniers temps, agite le petit microcosme parisien : le président du Conseil constitutionnel doit-il ou non démissionner ?

Aujourd'hui, devant l'ampleur inouïe d'une campagne qui tourne à la chasse à l'homme, nous sommes contraints de réagir. Oh ! il ne s'agit pas pour nous d'émettre un jugement quelconque sur le fond ni de venir au secours de M. Roland Dumas ! Personne ne peut soupçonner *Le Figaro* de partager toutes les idées ou les valeurs de l'homme politique, voire de l'homme privé.

Nous n'en sommes que plus à l'aise pour réaffirmer avec force notre attachement à des principes qui sont les fondements mêmes de notre démocratie.

D'abord, la Justice doit exercer sa mission, toute sa mission, rien que sa mission. Aucun texte, aucun principe n'oblige un citoyen mis en examen à démissionner. Les juges ont ce pouvoir, immense : les mesures de contrôle judiciaire dont ils décident souverainement leur permettent d'interdire à un ministre ou à un chef d'entreprise de remplir ses fonctions. Quand les juges n'estiment pas devoir le faire, au nom de quoi les médias ou les politiques devraient-ils le décider à leur place ?

La jurisprudence Balladur, obligeant tout ministre mis en cause à démissionner, a rendu le plus mauvais des services aux juges. Elle a transféré à ceux-ci, qui n'en demandaient pas tant, le pouvoir indirect de faire ou défaire les gouvernements avant tout jugement.

On a pu constater l'absurdité du système quand des hommes comme Michel Roussin ou Gérard Longuet ont vu d'un jour à l'autre leur carrière brisée, pour être ensuite, mais trop tard, complètement blanchis par la Justice, à laquelle s'étaient imprudemment substitués le pouvoir politique et certains médias.

Laissons les juges instruire, juger, condamner ou relaxer. Respectons leur travail et leurs décisions. Ne faisons pas, sans leurs connaissances, leur expérience et leur formation, leur métier à leur place.

Ensuite, respectons également la vie privée de chacun, y compris des hommes publics. Les mêmes qui ont défendu, à juste titre, le président Clinton contre l'hypocrisie de la morale puritaine, incarnée par le procureur Starr, martèlent inlassablement : « *M. Roland Damas doit démissionner parce qu'il avait une maîtresse, qui plus est sulfureuse.* » Mais de quel droit s'arrogent-ils le pouvoir de juger la « moralité » des relations privées des uns et des autres ? Il faut dire halte aux Starr médiatiques français. Les dérives du système américain sautent aux yeux : rien n'y fait. Nous faisons tout pour les reproduire, en piétinant le principe de la présomption d'innocence.

Eh bien, non ! Que la France reste le pays de la liberté et des droits de l'homme, que personne ne soit inquiété pour ses mœurs, sa religion, sa race, sa vie privée.

Le lynchage médiatique n'est ni plus ni moins qu'une régression au temps de l'exécution sommaire. Que M. Roland Dumas soit jugé, qu'il soit condamné s'il le mérite, mais qu'il ne soit pas lynché par voie de presse.

Respect de la Justice, de la vie privée et de la présomption d'innocence : voilà trois principes qu'il appartient au Conseil constitutionnel de protéger. Dans ces conditions, la démission de son président serait pis qu'une erreur, une faute.

Ce n'est pas l'homme que nous défendons ; c'est l'honneur de la Justice.

PAR YVES DE CHAISEMARTIN

Communiqué du Pr Maurice Duverger concernant la « forfaiture » des deux juges d'instruction.

LA FORFAITURE DE DEUX JUGES D'INSTRUCTION

Parlant le 19 mars dernier à l'Ecole de Journalisme de Lille, qui est l'une des meilleure de France et probablement d'Europe, je ne peux oublier que j'ai moi-même écrit pendant un demi-siècle environ vingt-cinq articles par an, soit plus que de femmes conquises par Don Juan dans sa vie ("gia mille et tra..." disait-il) Et dans quel journal ! Le Monde d'Hubert Beuve-Méry, disparu avec lui quand les principes imposés par son fondateur ont été abandonnés par ses successeurs. Ce que les illustrations de certains hebdomadaires font en passant de l'érotisme à la pornographie, les articles du quotidien qui a remplacé Le Temps en 1946 le font en passant du scandale à la diffamation. Le Monde d'aujourd'hui pousse dans une voie exactement opposée à celle d'autrefois : par exemple quand le journal vante les mérites des deux juges d'instruction qui enquêtent avec acharnement sur le président du Conseil Constitutionnel. Cela manifeste aussi l'insuffisance de l'information en ce qui concerne les obligations des magistrats et l'innocence de leur prévenu. Pour être fidèle aux leçons de celui qui fut un maître avant de devenir un ami, j'ai décidé d'écrire dans une note, distribuée aux étudiants qui ont suivi ma conférence, le texte que j'aurais publié dans Le Monde de Beuve-Méry.

En assumant mes responsabilités de professeur de droit constitutionnel, j'accuse les deux juges d'instruction Eva Joly et Laurence Vichnievsky de manquer aux devoirs de leur charge et de commettre des irrégularités proches de la forfaiture dans les poursuites qu'elles ont engagées contre Roland Dumas. Même si celui-ci avait été coupable des faits qui lui sont reprochés pendant qu'il était ministre des Affaires Etrangères, ils ne relèveraient que de la Cour de Justice de la République, d'après l'article 68-1 de la Constitution issu de la loi de révision du 27 juillet 1993 dont "les dispositions sont applicables aux faits commis avant son entrée en vigueur" d'après l'article 68-3. En refusant de se dessaisir au profit de celle-ci, Eva Joly et Laurence Vichnievsky relèvent des sanctions disciplinaires concernant les magistrats du parquet, lesquelles peuvent être prescrites par le Conseil Supérieur de la Magistrature, alors présidé par le procureur général près la Cour de Cassation suivant l'article 65.

Il appartient au Président de la République, qui préside le Conseil Supérieur de la Magistrature, de le saisir des illégalités d'Eva Joly et Laurence Vichnievsky afin que la Constitution soit respectée. Les sanctions méritées devraient être maximales pour la perquisition ordonnée par ces juges d'instruction dans les locaux du Conseil Constitutionnel pour des faits sans aucun rapport avec l'activité de celui-ci. Son président étant la cinquième autorité de l'Etat, les violations du droit le concernant sont extrêmement graves. Elles pourraient justifier la révocation de leurs responsables. Tous les citoyens sont d'ailleurs mis en cause par les interventions des magistrats qui décident des poursuites et des incarcérations négligeant le respect des libertés individuelles ou les principes fondamentaux de la République.

MAURICE DUVERGER

		RELEVÉ DES DÉNONCIATIONS ANONYMES ET DE LEUR CONTENU
1.	D.8. 07 5/8/97	Lettre anonyme visant "la société étrangère propriétaire du 19, rue de Lille où vit Madame Deviers" permettant de "trouver le trou suisse de Elf qui appartient à la Mafia des voleurs".
2.	D.10 D.11 5/8/97	Lettre anonyme manuscrite sur page de garde de l'Express "demandez-lui donc des comptes sur la maitresse de Roland Dumas Madame Christine Deviers-Joncour 19, rue de Lille salariée à vie de loïk Le Floch-Prigent. Madame Deviers-Joncour n'a jamais travaillé pour Elf si ce n'est pour choisir son PDG ce qui a permis d'enrichir la parvenue, le trou suisse c'est Madame Joncour-Deviers. Visitez son palais... Le scanner de Sarlat acheté par Dumas à Joncour ex-mari de Christine payé par Elf. Deviers = porteuse de valise. Dumas = escroc, voleur".
3.	D.278 D.279 10/11/97	Lettre anonyme manuscrite à Madame Eva Joly lui confirmant notamment "que de source sure, c'est en 1992 que Madame Deviers a touché beaucoup d'argent de la société Elf par des actions qui avaient été revendues à cette époque... C'est bien par l'influence de Roland Dumas qu'elle a pu prendre un duplex au 4, rue Robert Etienne comme simple employée d'Elf alors que Monsieur Sirven lui, plus important personnage d'Elf n'occupait qu'un plus petit apprtement au second étage et beaucoup moins cher comme loyer, ce qui est un peu étrange".
4.	D.281 8/11/97	Lettre anonyme du 8 Novembre 1997 à Madame le Juge Eva Joly : "une certaine Christine Deviers demeurant 4, rue Robert Etienne et à laquelle Monsieur Roland Dumas rendait visite très souvent, puis soudain à l'été 92 Madame Deviers a fait l'acquisition d'un hôtel particulier et devient riche du jour au lendemain... P.S. L'hôtel particulier en question si ma mémoire est bonne se trouvait rue de Lille dans le 7e arrondissement et ce Monsieur Gilbert avait un appartement rue de Bièvre donc aussi ami de Monsieur Dumas et autres"... (*)
5.	D.282 D.283 14/11/97	Madame Eva Joly : lettre dactylographiée fournissant "quelques renseignements concernant l'affaire Elf/Dumas/Deviers-Joncour que vous instruisez..." en 12 points indiquant notamment que "RD s'est rendu souvent (dans la propriété de Dordogne appartenant à la mère d'AMDJ) et y a entreposé de nombreux objets d'art qu'il avait obtenus de par sa fonction ministérielle.

		Les œuvres d'art qui sont exposées chez AMDJ rue de Lille proviendraient elles de liquidités douteuses reconverties par RD. AMDJ a longtemps hébergéchez elle une de ses amies intimes Natacha. Cette dernière mérite d'être entendue car elle doit connaître beaucoup de choses.Quand AMDJ en a eu assez de supporter la présence de Natacha, elle a demandé à RD de l'aider à s'en débarrasser en lui trouvant un logement ce qui fut fait par l'entremise de Jean Tibéri".
6.	D.2972 16/2/98	"Le rôle de Miara a été bien cerné. Me Cornet n'a eu qu'un rôle technique, reste à déterminer celui de l'amant de Madame Cornet".
7.	D.3224 11/3/98	Lettre anonyme dactylographiée à l'attention de Madame Joly l'informant que "le titulaire du compte n° 212761010 Verwal Tungs Und Privat Bank Vaduz Liechtenstein est R. Dumas".
8.		Lettre concernant le soit-disant compte de Monsieur Dumas à Valduz (11 Mars 1998)
9.	D.3225 D.3226 27/3/98 arrivée le 3/4/98	Deuxième lettre dactylographiée Madame Joly du 27 Mars 1998 indiquant : "concernant l'affaire Elf/Deviers-Joncour les coordonnées bancaires VPB compte n° 212761010 sont celles du compte de Monsieur Roland Dumas".
10.		Lettre anonyme à propos du garde-meubles Odoul (*)
11.	D.4301 12/3/98	Lettre anonyme du 12 Mars 1998 à Madame Eva Joly l'informant que : une secrétaire de l'Elysée Laurence Soudet "aurait hérité d'une forteresse de 39 MF pour se taire de la part de Monsieur Dumas. Documents à votre disposition. Ce château de 7 appartements neufs, piscines, vue imprenable".
12.	D.4302 6/2/98	Lettre anonyme dactylographiée à Madame Eva Joly : "je porte à votre connaissance l'existence d'une tierce personne maîtresse durant de nombreuses années de Dumas. elle a servi et sert encore les intérêts de cet individu par de nombreux voyages à l'étranger notamment en Angleterre et au Luxembourg. Josselyne Gaurat chef de cabinet à Air France aujoourd'hui en retraite a profité de sa position pour effectuer des voyages éclairs durant une bonne dizaine d'années.

		Femme très avisée, elle n'a surement pas de documents chez elle, mais si toutefois Dumas lui a demandé de mettre à l'abri des pièces compromettantes, elles sont chez la mère de Gaurat à 91 Villabe 10, rue des Ecoles. La France profonde, celle qui paie des impôts est derrière vous, nous sommes fatigués de subir ces politiciens véreux".
13.	D.2140 20/2/98	Lettre anonyme (non au dossier) à Monsieur Ben Makhlouf, (Procureur Général près la Cour de Paris).
14.	D.495 D.496 25/11/97	Liste anonyme envoyée au Juge de bénéficiaires d'Elf
15.	D.713 D.712 21/1/98	Téléphone anonyme objet du PV de Madame Joly (21 Janvier 1998) concernant le compte de Roland Dumas au Crédit Lyonnais
16.	D.4223 20/7/98 D.4224 D.4225	Déclarations faites à La PJ par une certain Monsieur Hervé Gillouin où on lui donne connaissance d'une lettre anonyme dactylographiée adressée à Monsieur Ben Makhlouf, Procureur Général à Paris (Mars 1998)
17.	D.5326 à 5329	Dénonciation anonyme pour permettre au Juge de saisir les autorités fiscales contre Roland Dumas.
		(*) ne figure pas dans les reproductions.

L'une des quinze dénonciations anonymes reçues par la juge d'instruction a fait l'objet d'un procès-verbal de la part de cette juge d'instruction, laquelle procédera quelques jours après cette dénonciation à la perquisition qui marquera le début de la procédure judiciaire.

D713

TRIBUNAL DE GRANDE
INSTANCE
DE PARIS

CABINET DE Mme Eva JOLY
JUGE D'INSTRUCTION

REF PARQUET
P973086901/0
REF GREFFE : 16/97

PROCES VERBAL DE CONSTATATIONS

Nous Eva JOLY, juge d'instruction au Tribunal de Grande Instance de PARIS,

Assisté de Serge RONGERE, greffier

étant en notre cabinet le 21 janvier 1998 à 12 h 15

Constatons que nous recevons une communication téléphonique d'une personne qui souhaite conserver l'anonymat ; devant l'importance de ses déclarations, le greffier a branché l'amplificateur et nous avons entendus la relation des faits suivants.

Le correspondant nous déclare que M. Roland DUMAS était titulaire d'un compte 64050 P à l'agence 420 Maubert du CREDIT LYONNAIS ; qu'un prêt relais avait été consenti d'environ 2,5 MF destiné à l'achat d'un appartement pour une amie ; qu'il avait l'intention de rembourser ce prêt par la vente d'une oeuvre de GIACOMETTI, artiste dont il était l'avocat.

En réalité, l'oeuvre d'art n'a jamais été vendue, par contre, le compte a été alimenté régulièrement par des versements en espèces importants mensuels ou effectués plusieurs fois par mois.

Le total des montants versés en espèces sur plusieurs années notamment entre 1991 et 1992 est largement supérieur au montant total du prêt et ne pouvait pas

D712

constituer un remboursement.

Le directeur de l'agence, M. CASAGRANDE, avait signalé les anomalies de ce compte, en application de la loi de lutte contre le blanchiment à la direction du groupe - Direction Centrale des Agences France - au siège du CREDIT LYONNAIS, boulevard des Italiens.

C'était un nommé Christian BONNARD qui était en charge de ce service.

Le personnel de l'agence était au courant de ces versements en espèces inexpliqués et en était choqué.

Nous annexons au présent procès verbal les notes manuscrites prises par le greffier lors de l'entretien téléphonique.

Fait en notre cabinet le 21 janvier 1998

le greffier, le juge d'instruction,

L'ordonnance des juges Joly et Vichnievsky du 22 novembre 1999.

Les juges, pour motiver leur refus d'une expertise comptable, sont obligées de reconnaître que les sommes détournées n'ont pas grossi mon patrimoine, mettant ainsi fin à une campagne de seize mois.

TRIBUNAL
DE GRANDE INSTANCE
DE PARIS

CABINET
de Mme Eva JOLY
Premier juge d'instruction

PARQUET N° .9730869010.
CABINET N° .2039/97/16.

ORDONNANCE DE REFUS
DE DEMANDE DE MESURE D'INSTRUCTION

Nous, Mme Eva JOLY et Mme Laurence VICHNIEVSKY, Premier juge d'instruction au Tribunal de Grande Instance de Paris,

Vu l'information suivie contre :

- Mme DEVIERS Anne Marie ép. JONCOUR **sous C.J.**
Mandat de dépôt : 07/11/97, libérée le 09/04/98, placement sous C.J.: 09/04/98
ayant pour avocats : Me Gilbert COLLARD et Me Jacques BARILLON

- M. LE FLOCH PRIGENT Loïck **Libre**
ayant pour avocats : Me Olivier METZNER et Me Pierre françois VEIL

- M. RAILLARD Laurent **sous C.J.**
placement sous C.J.: 23/04/98
ayant pour avocats : Me Monique PELLETIER et Me JEAN-MARIE BURGUBURU

- M. DUMAS Roland Louis Léon **sous C.J.**
placement sous C.J.: 29/04/98
ayant pour avocats : Me Jean-René FARTHOUAT et Me François TOSI

- M. TARALLO André **sous C.J.**
placement sous C.J.: 20/11/97
ayant pour avocats : Me Mario STASI et Me GUILLAUME LE FOYER DE COSTIL

- M. VAUCHEZ Jean-Claude **sous C.J.**
placement sous C.J.: 21/11/97
ayant pour avocat : Me Francis CHOURAQUI

- M. MIARA Gilbert **sous C.J.**
Mandat de dépôt (durée déterminée) : 28/11/97 au 04/12/97, placement sous C.J.: 04/12/97
ayant pour avocats : Me Jean-Yves LIENARD et Me Alain GRASSAUD

- M. ANTONA François **sous C.J.**
placement sous C.J.: 01/10/99
ayant pour avocat : Me Stéphane GAUTIER

- M. VERWAERDE Yves **sous C.J.**
placement sous C.J.: 13/10/99
ayant pour avocat : Me ROLAND SANVITI

- M. DE PERETTI Jean-Jacques **sous C.J.**
placement sous C.J.: 20/10/99
ayant pour avocat : Me Jean-Yves LE BORGNE

- M. DELPIT Jean **sous C.J.**
placement sous C.J.: 09/11/99
ayant pour avocat : Me Jean VEIL

- Personnes mises en examen -

Copie certifiée conforme
à l'original
Le Greffier

- Sté ELF IMPEX
VERGNE Jean-Luc
ayant pour avocat : Me EMMANUEL ROSENFELD

- ELF AQUITAINE INTERNATIONAL
VERGNE Jean-Luc
ayant pour avocat : Me EMMANUEL ROSENFELD

- Sté ELF AQUITAINE
JAFFRE Philippe
ayant pour avocat : Me EMMANUEL ROSENFELD

- Parties Civiles -

Vu les articles 81 al.9, 82-1, 156 al.1, 173 al.3 du Code de procédure pénale ;

Vu la demande présentée par Me FARTHOUAT et Me TOSI le 15 novembre 1999, aux fins de nouvelles mesures d'instruction ;

Vu la précédente demande présentée par Me FARTHOUAT et Me TOSI le 12 janvier 1999,

Vu notre ordonnance du 21 janvier 1999 et l'ordonnance de Monsieur le Président de la Chambre d'accusation du 19 février 1999 ;

Attendu que Roland DUMAS a sollicité, par l'intermédiaire de ses conseils, d'une part une expertise comptable sur l'ensemble des comptes de Christine DEVIERS JONCOUR et de Gilbert MIARA, d'autre part, la communication du dossier des vedettes de Taïwan par Monsieur le Ministre de la Défense et la levée du secret défense tant en ce qui concerne les ventes que les commissions.

Attendu sur la demande d'expertise que celle ci n'apparaît pas justifiée compte tenu des pièces figurant d'ores et déjà au dossier lesquelles permettent de façon précise et détaillée de connaître tant l'origine que le cheminement et la destination finale des fonds provenant du groupe ELF et ayant transité ou abouti sur les comptes de Christine DEVIERS JONCOUR et de Gilbert MIARA.

Copie certifiée conforme à l'originale.
Le Greffier.

Attendu à cet égard que l'ensemble des pièces bancaires est repris sous la forme d'un tableau complet à la cote D6735.

Attendu dans ces conditions qu'une expertise comptable n'apporterait aucun élément complémentaire utile à la présente information.

Attendu sur la demande de communication du dossier des vedettes de Taïwan et de levée du secret défense que celle-ci porte sur des faits étrangers à la présente information et doit donc être rejetée.

PAR CES MOTIFS :

REJETONS la demande visée ci-dessus.

Fait à Paris, le 22 novembre 1999
Les Juges d'Instruction,

TRIBUNAL DE GRANDE INSTANCE DE PARIS
JUGE D'INSTRUCTION

Copie de la présente ordonnance a été donnée par lettre recommandée le 22 novembre 1999 au mis en examen et à ses avocats ;

Copie certifiée conforme
à l'original.
Le Greffier

3

Lettre de Christine Deviers-Joncour, écrite le 9 février 1998 et sortie illégalement de la prison de Fleury-Mérogis.

Dans cette lettre, Christine Deviers-Joncour écrit : « Je jure devant Dieu que cet homme n'a rien à se reprocher dans cette affaire. Je ne lui ai jamais remis d'argent, même pas un franc symbolique. » L'homme en question, c'est moi.

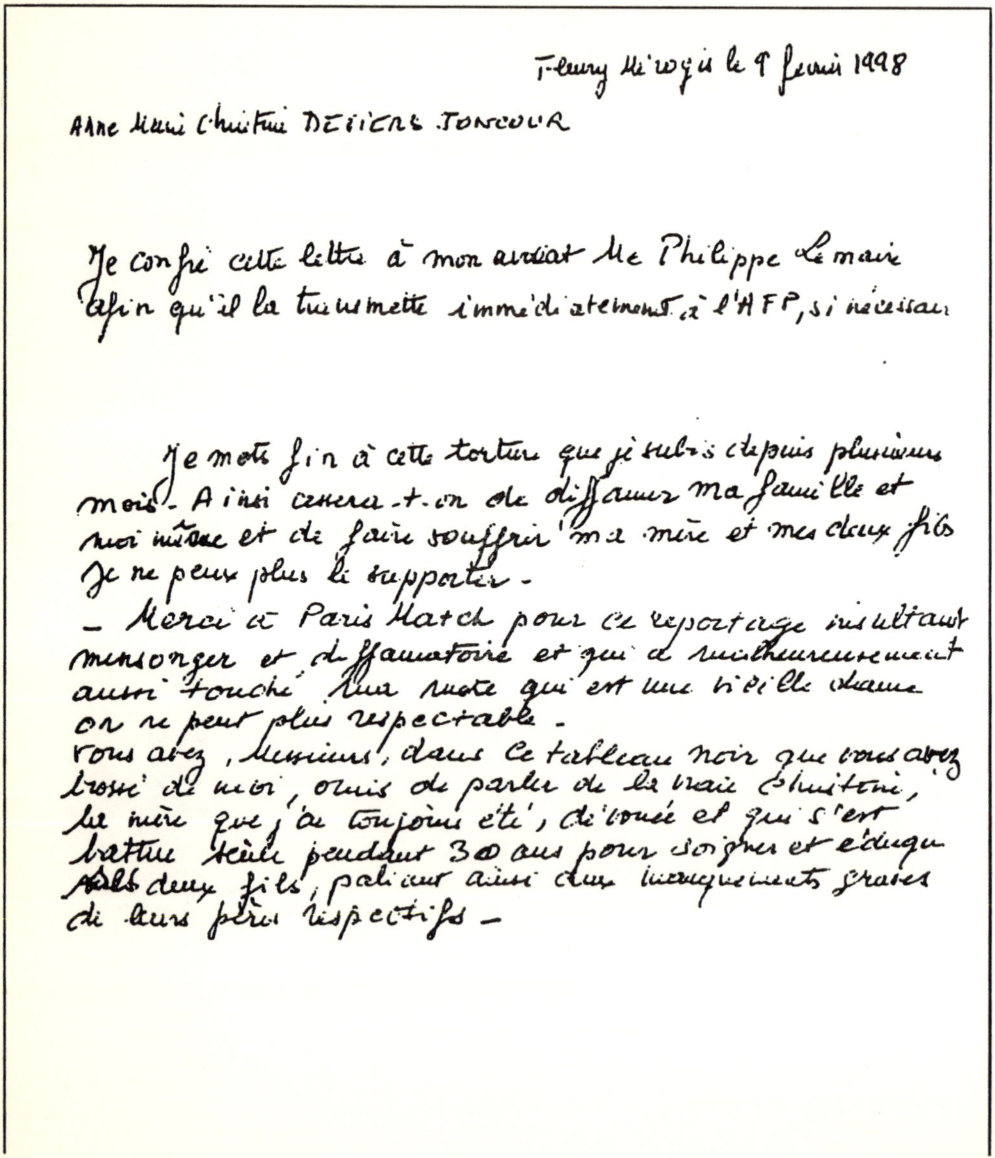

Fleury Mérogis le 9 février 1998

Anne Marie Christine DEVIERS JONCOUR

Je confie cette lettre à mon avocat Me Philippe Lemaire afin qu'il la transmette immédiatement à l'AFP, si nécessaire

Je mets fin à cette torture que je subis depuis plusieurs mois. Ainsi cessera-t-on de diffamer ma famille et moi même et de faire souffrir ma mère et mes deux fils. Je ne peux plus le supporter.

– Merci à Paris Match pour ce reportage insultant mensonger et diffamatoire et qui a malheureusement aussi touché ma mère qui est une vieille dame on ne peut plus respectable.

Vous avez, Messieurs, dans ce tableau noir que vous avez brossé de moi, omis de parler de la vraie Christine, la mère que j'ai toujours été, dévouée et qui s'est battue seule pendant 30 ans pour soigner et éduquer ses deux fils, palliant ainsi aux manquements graves de leurs pères respectifs –

- Merci à mes deux juges E Joly et L Vichnievsky qui ont exercé une pression quotidienne inhumaine sur ma personne depuis des mois -
Elles ont voulu par ce biais atteindre et démolir Roland Dumas
Je jure devant Dieu et vous tous que cet homme n'a rien à se reprocher dans cette affaire - Je ne lui jamais remis d'argent, même pas une prime symbolique - Je désire que cet homme soit disculpé et réhabilité comme il se doit !
Honte et malheur à ceux qui l'ont sali gratuitement et sans aucune preuve -

- Mes deux juges sont des monstres à sang froid, déterminées, jalouses et hystériques. Ce sont deux malades mentales, dangereuses pour ce pays qu'elles ne cessent de mettre en péril le Président Bongo, le chancelier Kohl, et maintenant Roland Dumas peuvent en témoigner -
Le Président Bongo parlait de "morne filandrie" je parlerai de deux teignes malfaisantes et manipulées dont la France, qu'elles ne cessent de pervertir doit se débarrasser au plus vite -
Je demande pardon à ma mère et à mes deux fils pour tout le mal que je leur fais -
Il faut qu'il continue à se battre et à vivre -
Je les aime tant.

[illegible]

CONCERNANT LES FRÉGATES

Le 29 Novembre 1989

Voir R. Dumas
FM

Al Lanxade
KV
LH

…ident de la République

…guerre" à TAIWAN.

R. Dumas est hésitant
Il voudrait être sûr
qu'il n'y aurait pas d'effet
sur le caractère non-offensif

6/XII/89

…t le maintien d'une
…els dits "de guerre" à
…lus souple dans
…notamment approuvé
…ments de surveillance
au caractère non-offensif clairement établi, mais à l'importance économique considérable (un contrat de plus de 12 milliards de francs).

Les services concernés du Quai d'Orsay semblent maintenant trés réticents. Il se pourrait que le Ministre des Affaires Etrangères vous entretienne de ce sujet.

Le Vice-Amiral d'Escadre LANXADE

J. Lanxade

Je suis en effet réticent...

DIFFUSION RESTREINTE

Le Directeur du Cabinet
du Premier Ministre

Paris, le 9 JANV 1990

000 65 /CAB.II.3 /DR

NOTE

pour le Secrétaire général de la défense nationale

OBJET : Vente de coques de frégates de surveillance non armées à TAIWAN.

REFERENCE : Note n° 2416/CAB.II.3/CD du 20 décembre 1989.

Vous voudrez bien faire savoir aux membres de la CIEEMG que la décision du Premier Ministre concernant l'autorisation de vente à TAIWAN de six coques de frégates de surveillance non armées est annulée.

En conséquence l'arbitrage qui vous a été communiqué par note en référence est à modifier en avis défavorable.

Jean-Paul HUCHON

Janvier 1990. Tout semble rentré dans l'ordre...

PRÉSIDENCE
DE LA
RÉPUBLIQUE

Le Vice Amiral d'Escadre
Chef de l'Etat-Major Particulier

Le 29 Mars 1990

Que Dumas me fournisse ses raisons par écrit

FM

\- N O T E -

à l'attention de Monsieur le Président de la République

OBJET : Vente d'équipements électroniques à TAIWAN.

La Commission interministérielle pour l'étude des exportations de matériels de guerre a été saisie de deux demandes d'exportations de matériels électroniques destinés à équiper les frégates de surveillance que les Taïwanais ont l'intention de fabriquer avec un partenaire étranger.

Le problème se pose aujourd'hui car si l'affaire des frégates taïwanaises n'avait pas fait l'objet d'un débat que vous avez tranché, ces matériels auraient été autorisés car il s'agit d'équipements non destructifs acceptés à l'exportation pour TAIWAN, jusque là.

Il y a actuellement des appréciations différentes entre le Ministère des Affaires Etrangères et le Ministère de la Défense.

Le Premier Ministre, à qui était soumis l'arbitrage, souhaite recueillir votre avis.

J'ai demandé au préalable l'avis personnel de Monsieur DUMAS qui m'a indiqué qu'il ne fallait pas donner cette autorisation.

Dois-je confirmer cette position au Premier Ministre ?

J. Lanxade

Vice-Amiral d'Escadre LANXADE

Je continue à lutter... mais c'est Mitterrand qui décide.

MINISTÈRE
DES
AFFAIRES ÉTRANGÈRES

LE DIRECTEUR-ADJOINT DE CABINET
DU MINISTRE D'ÉTAT

PARIS, LE 13 juillet 1990

On nous refait le coup du fait accompli - les nouvelles négociations violent délibérément l'entendu du Président.

NOTE

POUR LE MINISTRE D'ETAT seul

RF. (13.07)

A/S. Taiwan. Frégates.

A la réunion mensuelle des cabinets organisée à Matignon par Philippe PETIT sur les exportations d'armes, Marc de BRICHAMBAUT a donné les indications suivantes :

Avec l'assentiment du Ministère de la Défense, Alain GOMEZ, de Thomson-CSF, cherchait depuis un certain temps de "nouvelles solutions" à la question des frégates taïwanaises. Il avait mis au point, avec le client taïwanais, un projet de vente, par tranches, de blocs préfabriqués en France qui devraient être assemblés dans un chantier naval taïwanais. A cette différence près, le contrat serait le même que celui négocié en décembre 1989, et porterait sur 6 coques, plus 10 devant être construites localement sous licence. Les spécifications seraient exactement les mêmes.

.../...

Thomson-CSF avait signé un "memorandum of understandings" (ci-joint). Les Taïwanais prétendaient que ce "M.O.U" devait être rapidement transformé en accord définitif, car il existait une forte concurrence.

Le voyage du député LE DRIAN s'insère dans le cadre des efforts de Thomson : l'élu de Lorient avait du reste appelé au téléphone, dans son bureau, le délégué général à l'armement, M. SILLARD, depuis Taïwan...

Il a été convenu par les participants à la réunion que, plutôt que de risquer de relancer les difficultés d'il y a six mois, vous-même et le Ministre de la Défense feriez connaître vos points de vue respectifs - éventuellement par l'intermédiaire de Matignon - avant que le Président de la République ne soit saisi./.

V

J'avais eu Le Drian au téléphone, à la suite de ce que vous m'aviez dit, il avait interdiction de parler frégates -

Dominique GIRARD

La trahison...

Lettre dictée par mes soins après que j'eus appris la signature du *Memorandum of understanding* entre Thomson et Taïwan.
Cette lettre est restée sans réponse...

MINISTÈRE
DES
AFFAIRES ÉTRANGÈRES

LE MINISTRE D'ÉTAT

RÉPUBLIQUE FRANÇAISE

PARIS, LE

NOTE
POUR MONSIEUR JEAN-PIERRE CHEVENEMENT
MINISTRE DE LA DEFENSE

J'apprends que les Industriels ont, en dépit de la décision prise par le Chef de l'Etat, repris leurs négociations avec Taïwan sur la vente de coques de Frégates et l'assemblage sur place de 10 coques supplémentaires. On me dit que ces négociations auraient été conduites avec l'aval du Ministère de la Défense.

Ce dossier revient donc sous les feux de la rampe, avec les mêmes fuites dans la presse, et leurs dommages pour la parole et l'image de la France.

Dans ces conditions, je refuse de me prononcer sur ce dossier que je considère comme clos. J'ai fait valoir auprès du Président de la République et du Premier Ministre, en temps opportun, tous les éléments qui motivaient ma position.

Roland DUMAS

La convocation.

DIFFUSION RESTREINTE

Le Premier Ministre Paris, le 3 JUIN 1991

N° 00678 /CAB.II.3/DR

NOTE

à

destinataires in fine

OBJET :Vente de bâtiments de surveillance à Taïwan.

J'ai décidé de tenir à l'hôtel Matignon, le mercredi 05 juin 1991 à 12 heures, une réunion consacrée à la vente à Taïwan d'une licence de construction de bâtiments de surveillance maritime, non armés, avec fournitures et équipements associés.

Je vous demande de bien vouloir y assister personnellement.

Edith Cresson

Edith CRESSON

DIFFUSION RESTREINTE

DESTINATAIRES :

- Monsieur le Ministre d'Etat,
  ministre de l'économie, des finances et du budget
- Monsieur le Ministre d'Etat
  ministre des affaires étrangères
- Monsieur le Ministre de la défense
- Monsieur le Ministre délégué à
  l'industrie et au commerce extérieur
- Monsieur le Secrétaire d'Etat
  au commerce extérieur

COPIE A :

- Monsieur le Secrétaire général de la Présidence de la République.

Communiqué « d'apaisement » soumis aux Chinois de Pékin, en 1991, et publié par le Quai d'Orsay seul.

Communiqué français - Juillet

Le gouvernement français a décidé d'autoriser les industriels français à entreprendre des négociations avec Taïwan sur la vente de coques de frégates sans armement.

Il s'agit d'une affaire purement commerciale qui n'implique aucune relation officielle avec les autorités de Taïwan.

En prenant cette décision le gouvernement français a tenu compte des préoccupations de la Chine concernant sa sécurité et l'intégrité du territoire chinois. La France réaffirme les termes de la déclaration conjointe franco-chinoise de janvier 1964 selon laquelle le gouvernement de la République Populaire de Chine est le seul gouvernement légal de la Chine.

La France continuera à oeuvrer au développement de relations amicales avec le gouvernement de la République Populaire de Chine dans tous les domaines.

CONFIDENTIEL DÉFENSE

Le Premier Ministre

N - 2 1 0 6 /CAB.XXI.3/CD

Paris, le - 2 DEC. 1992

Le Dir. Cab. Confie -

Le Premier Ministre

à

- Monsieur le ministre des Affaires Étrangères
- Monsieur le ministre de la Défense
- Monsieur le ministre de l'Économie et des Finances

O B J E T : Assemblage des coques de frégates pour TAÏWAN.

RÉFÉRENCES:
- Compte-rendu n°18/SGDN/CAB/DC/SD.91 du 10 juin 1991.
- Lettre du ministre de la Défense n°4132/DEF/CAB/CD du 20 novembre 1992.

L'autorisation d'exporter à TAIWAN une licence de fabrication de six frégates non armées, avec fournitures et équipements associés, a été délivrée le 10 juin 1991.

Sur proposition du ministre de la Défense, j'autorise l'assemblage sur le territoire national, des éléments de coques correspondants.

Pierre BÉRÉGOVOY

Copies à :

- **Présidence de la République (Etat-major particulier)**
- **SGDN**

CONFIDENTIEL DÉFENSE

Le Conseil des ministres donne lieu à un échange de « billets » qui circulent d'un membre du gouvernement à l'autre pendant que se déroulent les exposés. En voici quelques-uns, qui prennent avec le temps un relief particulier.

(voir p. 53 et chapitre XIV)

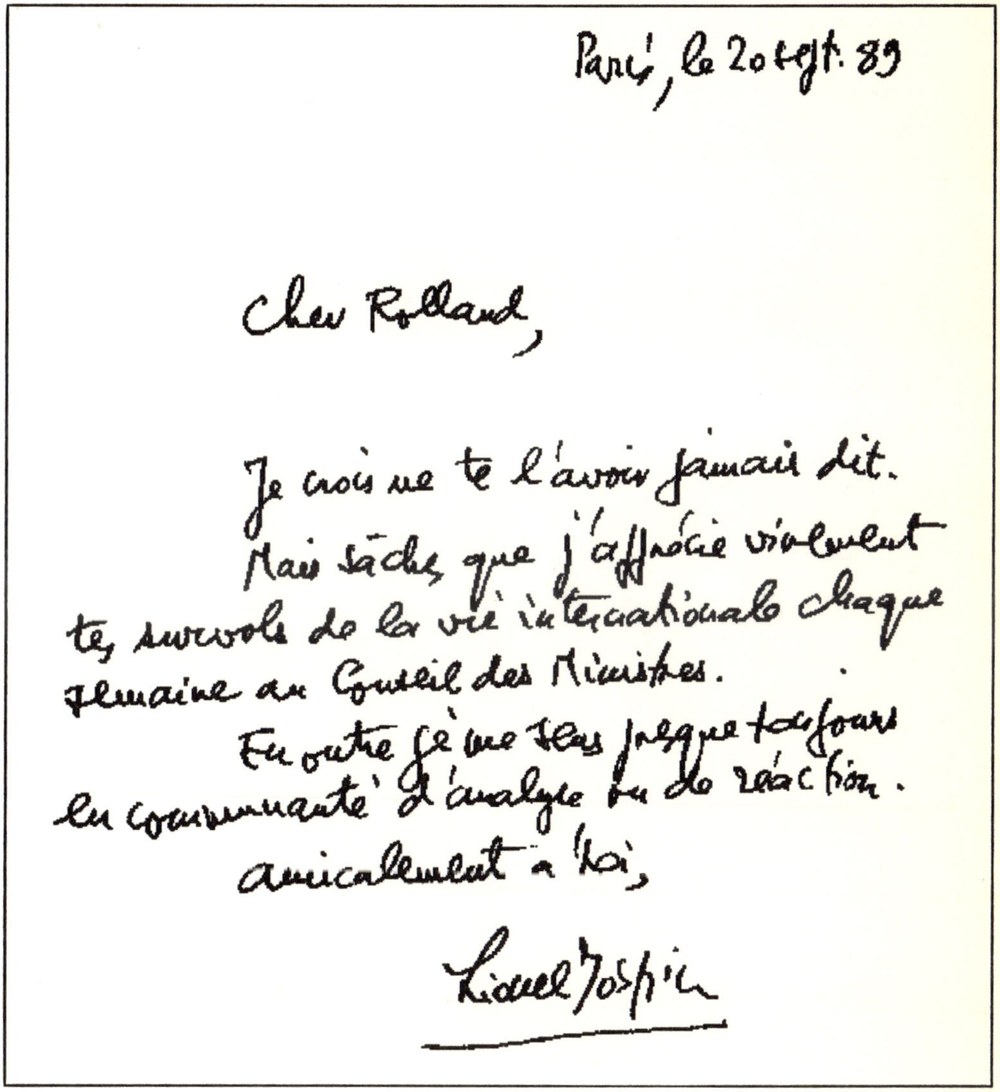

Paris, le 20 sept. 89

Cher Rolland,

Je crois ne te l'avoir jamais dit. Mais sache que j'apprécie vivement tes survols de la vie internationale chaque semaine au Conseil des Ministres.

En outre je me sens presque toujours en communauté d'analyse ou de réaction.

Amicalement à toi,

Lionel Jospin

Sans commentaire...

Roland

Chine. Le Président – il te le dira – est favorable au maintien d'un gel des relations politiques : pas de visites ministérielles, discours public de désaccord etc...

Mais il n'est pas favorable au gel des relations économiques ni à toute attitude qui laisserait de la place à nos concurrents. La discrétion s'impose mais le pushing ne saurait être exclu.

Amitiés.

MR

1991 : Michel Rocard me fait part des instructions présidentielles concernant l'attitude à adopter avec la Chine de Pékin.

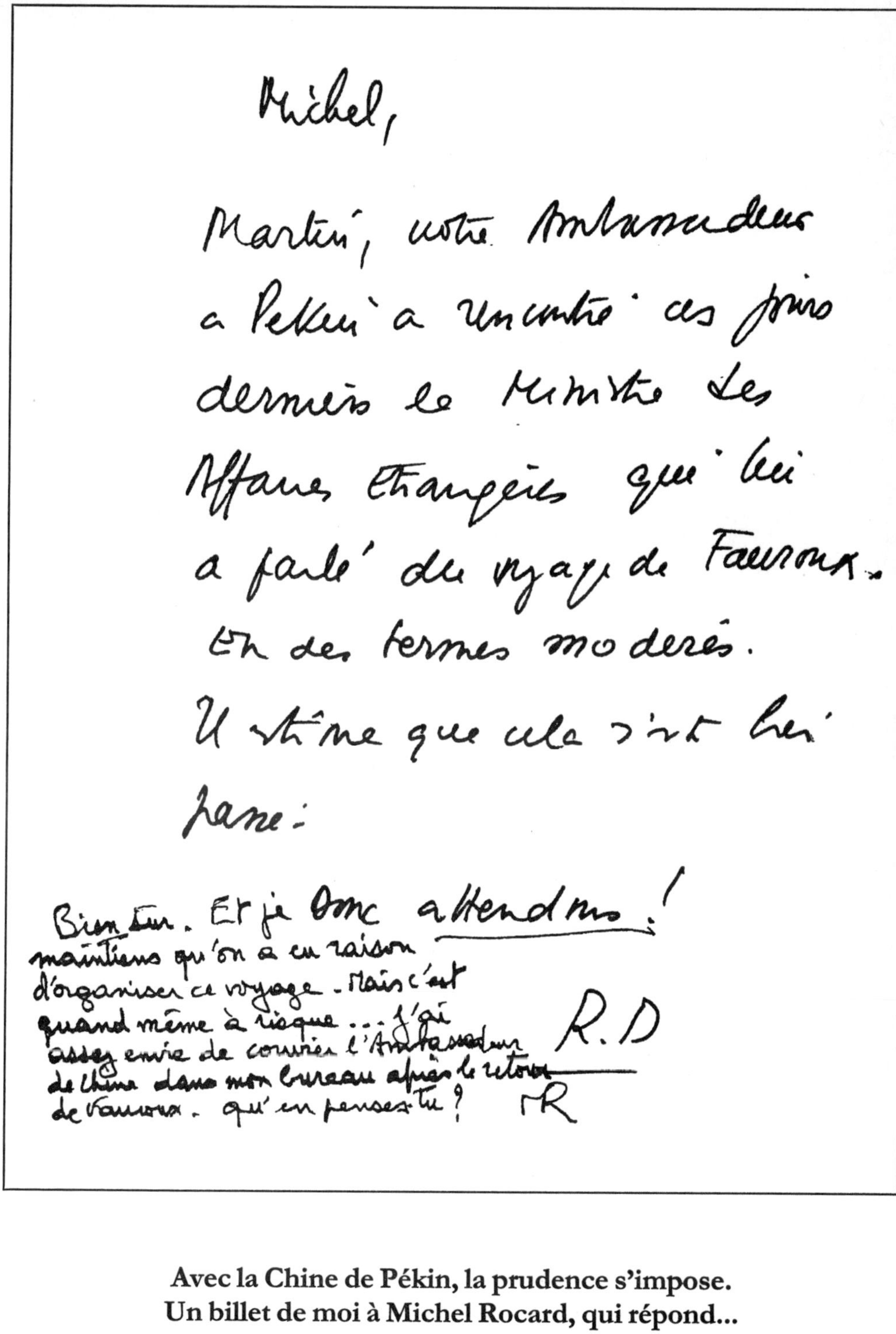

Michel,

Martin, votre Ambassadeur à Pékin a rencontré ces jours derniers le Ministre des Affaires Étrangères qui lui a parlé du voyage de Fauroux. En des termes modérés. Il estime que cela s'est bien passé.

Bien sûr. Et je maintiens qu'on a eu raison d'organiser ce voyage. Mais c'est quand même à risque... J'ai assez envie de convier l'Ambassadeur de Chine dans mon bureau après le retour de Fauroux. Qu'en penses-tu ? MR

Donc attendons ! R.D

Avec la Chine de Pékin, la prudence s'impose.
Un billet de moi à Michel Rocard, qui répond...

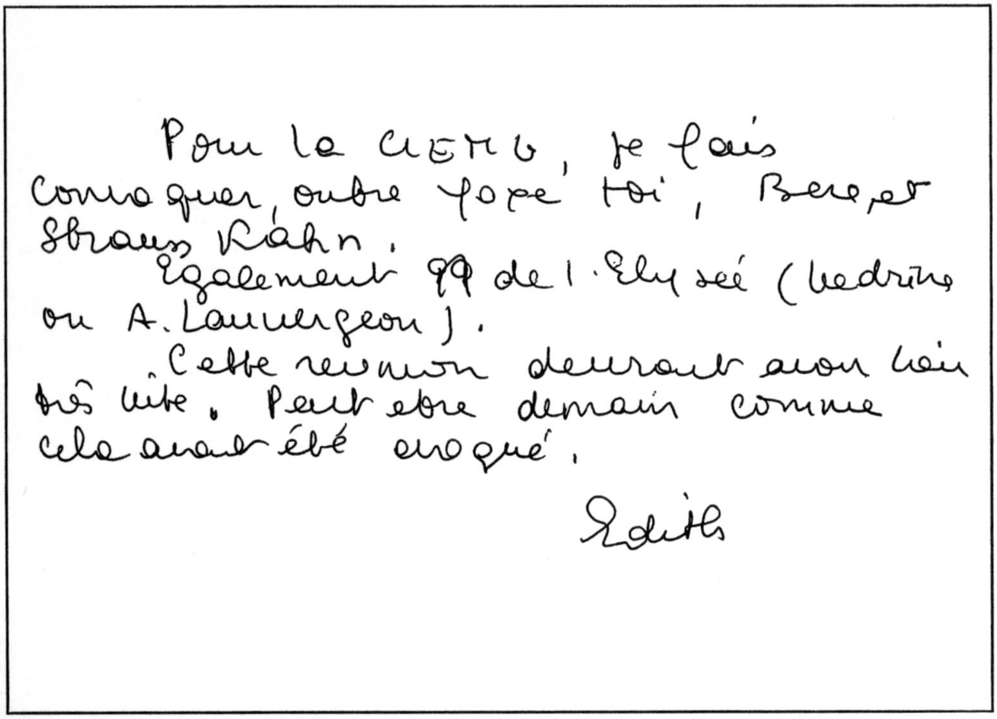
Pour le CIEEMG, je fais
convoquer, outre Joxe, toi, Béré, et
Strauss Kahn.
Également qq de l'Élysée (Védrine
ou A. Lauvergeon).
Cette réunion devrait avoir lieu
très vite. Peut être demain comme
cela avait été évoqué.

Edith

Juin 1991 : Édith Cresson m'avertit de la « convocation » concernant la vente des frégates.

CONCERNANT MA PROPRE ENQUÊTE

Ma lettre à Jean-Pierre Chevènement, en date du 4 février, réclamant au ministre de l'Intérieur de faire toute la lumière à partir des documents en sa possession.

Personnelle

ROLAND DUMAS

4.02.1999.

Cher Jean Pierre

Avant que tu ne sois ministre de nouveau, tu as souffert d'une injustice flagrante qui prenait sa source dans la justice précisément.

Je subis, à mon tour, la même épreuve depuis un an. Je te redis (à toi personnellement) que je n'ai rien à me reprocher dans l'affaire "Elf". Hier encore Philippe Jaffré l'a confirmé publiquement et toi, tu es mieux placé que quiconque pour le vérifier.

Malgré l'ampleur inaccoutumée des moyens déployés et des résonnances médiatiques, aucune démonstration contraire n'a été faite

Mais cela n'est pas suffisant à mes yeux.
Je veux connaître l'origine de la cabale. Qui?

Où ? Comment ?

De bonne source, il me revient que les services du Ministère de l'Intérieur (DST ?) et ceux de la Défense (DGSE ?) disposent d'éléments sur les questions que je me pose. Ces éléments seraient de nature à y répondre

Je te demande instamment, cher Jean-Pierre, de pousser les feux pour que les investigations entreprises aboutissent et que je sois autorisé (moi ou le Bâtonnier) à prendre connaissance de leur résultat.

J'entre dans ma 78e année !

Rien ne compte plus aujourd'hui pour moi que cette découverte de la vérité

D'avance je te remercie et te prie de croire à mes sentiments amicaux, au delà de toutes choses

Roland Dumas

PS. As-tu su qu'un membre de ton cabinet a été entendu récemment par la Juge d'Instruction ? Une déposition spontanée mais sans PV !...

Réponse négative du ministre de l'Intérieur, Jean-Pierre Chevènement, le 12 novembre 1999, à la demande de communication des dossiers de la DST et des Renseignements généraux.

REPUBLIQUE FRANÇAISE

Liberté Égalité Fraternité

MINISTERE DE L'INTERIEUR

LE MINISTRE
Enr [illegible] 12 NOV 1999

Vendredi 12 novembre 1999

Monsieur le Président,

Le Premier ministre vient de me faire parvenir copie de la lettre que vous lui avez adressée en date du 13 octobre et de la réponse qu'il vous a faite le 26 octobre.

Je regrette de vous confirmer une nouvelle fois que je ne dispose d'aucun élément probant venant à l'appui des faits que vous invoquez et qui auraient généré les ennuis judiciaires dont vous avez été victime. Si tel avait été le cas, je n'aurais pas manqué [illegible] alerter l'autorité judiciaire, conformément à l'article 40 du Code de Procédure Pénale.

J'ai certes été informé de l'intention qui vous est prêtée de publier un livre pour étayer votre défense mais, encore une fois, je ne dispose d'aucun élément me permettant d'établir le bien-fondé de rumeurs déjà rapportées par la presse (Journal du Dimanche du 25 octobre 1998 – Le Monde du Renseignement du 12 novembre 1998 – Le Parisien des 19-20 décembre 1998).

Quant à l'activité d'officines privées auxquelles auraient été mêlés des fonctionnaires en service ou en retraite, je tiens à vous dire combien je partage sur un plan général les préoccupations que vous exprimez dans l'affaire qui vous concerne. A ma connaissance aucun fonctionnaire en service relevant de mon autorité ne fait l'objet d'une quelconque mise en cause. Quant aux fonctionnaires en retraite recrutés par des sociétés privées agissant dans le domaine de la sécurité, je compte présenter à un prochain Conseil des Ministres un projet de loi visant à réglementer ou à interdire cette pratique pendant une période de cinq ans suivant leur départ à la retraite.

.../

J'ajoute que les notes des renseignements généraux destinées à informer le gouvernement n'ont jamais eu d'autre destination ayant mon aval que le gouvernement lui-même.

Vous comprendrez, j'en suis sûr, que je ne puis vous faire une autre réponse.

Je vous prie de croire, Monsieur le Président, en l'assurance de mes meilleurs sentiments.

Jean-Pierre Chevènement

Carte accompagnant la lettre de refus.

12.11.99

Cher Roland,

JEAN-PIERRE CHEVÈNEMENT

Ministre de l'Intérieur

Crois bien que je suis désolé de ne pouvoir te faire une meilleure réponse.

Certes les RG ont été informés d'un certain nombre d'allégations qui seraient contenues dans ton livre.

Mais je n'ai aucun élément autre pour étayer

... /...

ces rumeurs. Seul le juge peut débrouiller cet écheveau et je crois savoir que le parquet ne s'opposera pas à une levée du secret défense sur l'affaire des frégates (déclaration d'A. Richard)

J'ai dit ce que j'avais à dire sur la "loi du pilori" à quoi aboutit le viol permanent de la présomption d'innocence. Tu le sais, mais je ne peux guère faire plus pour t'aider dans cette affaire, pour moi très opaque.

Amitiés

Jean-Pierre Chevènement

Note blanche des Renseignements généraux du 1er septembre 1999 concernant l'affaire Elf et l'affaire des frégates dont la communication avait été refusée par le ministre de l'Intérieur de l'époque, Jean-Pierre Chevènement.

Mercredi 1er Septembre 1999

L'AFFAIRE DES FREGATES DE TAIWAN, PRETEXTE A UNE CONTRE-OFFENSIVE DE M. ROLAND DUMAS

Selon certaines sources, M. Roland DUMAS laisserait à présent entendre que l'affaire DEVIERS JONCOUR a été montée pour dissimuler certains aspects de la vente de frégates par le groupe THOMSON à l'Etat taïwanais en 1991. Selon M. DUMAS, il s'agissait de protéger quelques personnalités de la mouvance ELF qui ont bénéficié de ce contrat particulièrement juteux. A ce sujet, il se dit que plus de 2 milliards de francs ont été distribués aux différents intervenants.

Les spéculations de l'ex-président du Conseil Constitutionnel seraient étayées par plusieurs pistes, en cours d'exploitation, qui pourraient révéler le véritable montage du contrat ainsi que la présence de certaines personnes.

Dans ce contexte, M. DUMAS s'intéresserait plus particulièrement à une filiale de THOMSON qui aurait été créée spécialement à Pretoria (Afrique du Sud) pour la finalisation de ce marché. Plusieurs personnalités politiques américaines et françaises seraient concernées par ce volet. Il s'agirait, notamment de MM. Jeb BUSH (fils de Georges BUSH alors Président des Etats-Unis) CARLUCCI (ex-Secrétaire d'Etat à la Défense des Etats-Unis) et Jean-Christophe MITTERRAND, alors personnage incontournable de la politique française sur le continent africain.

De plus, selon ces mêmes sources, le groupe THOMSON aurait eu recours à deux ex-fonctionnaires de police (en activité au moment des faits) pour constituer cette filiale.

Il serait question de MM. Pierre MARTINEZ (ancien patron de la Brigade Financière jusqu'en 1991), ex-responsable du service de sécurité du Crédit Lyonnais, actuellement responsable de la sécurité du groupe THOMSON et gérant de la Sarl PMZ CONSEIL, et Robert MAERTENS (commandant à la retraite), ancien responsable, à l'époque de l'affaire, à la DST des entreprises d'armement dont THOMSON, et actuellement adjoint de M. Pierre MARTINEZ chez THOMSON.

Par ailleurs, M. Roland DUMAS aurait eu récemment connaissance de l'existence d'un rapport d'audit commandé par Philippe JAFFRE sur les activités de son prédécesseur M. Loïk LE FLOCH PRIGENT et sur celles de M. Alfred SIRVEN. Ce rapport a été rédigé par la société INTELYNX, à Genève, dirigée par MM. Jean-Yves BAEUMLIN (ancien inspecteur à la DST) et Jean-Claude CHALUMEAU, responsables de l'agence parisienne du cabinet KROLL jusqu'en 1996. A ce sujet, dans les milieux de la sécurité privée, on s'étonne de la saisine de ce cabinet par le groupe ELF, dans la mesure où cette officine entretient des liens très étroits avec l'ancienne mouvance du groupe pétrolier et en particulier avec l'insaisissable M. SIRVEN.

Enfin, on peut signaler qu'un certain nombre de ces informations pourraient être reprises dans l'ouvrage que termine actuellement M. DUMAS et qui s'intitule provisoirement "L'affaire".

Note adressée par le vice-amiral d'escadre Jacques Lanxade au président de la République concernant le pré-contrat des frégates, signé malgré le refus explicite du chef de l'État.

La position de Jean-Pierre Chevènement est clairement indiquée.
Est joint à cette note le fameux pré-contrat *(Memorandum of understanding)*, dont nous publions les pp. 1 et 18, qui indiquent les noms des contractants et des signataires.

Vice-Amiral d'Escadre J. LANXADE

TAIWAN

1. M. Chevènement m'a confirmé qu'il avait donné son accord à la vente de 6 frégates non armées par un contrat avec un chantier de Taiwan. Il ne remet pas en cause cet accord.
Néanmoins, il semble que la DGA soit allée un peu plus loin dans les conversations avec

les Taiwanais et notamment ait signé un document avec la Marine taiwanaise en contradiction avec les instructions répétées de ne pas traiter directement avec les autorités de Taiwan. Ce point va être réglé entre le Ministre et M. Sillard. Il serait gênant s'il devenait public.

2. C. Martin recherche le texte établi à l'occasion de la reconnaissance de la RPC. Il lui semble se souvenir que ce texte ne fait pas mention de ventes d'armes mais simplement de relations avec d'autres pays se prétendant "état chinois".

3. les E.U en reconnaissant la RPC ont explicitement déclaré qu'il continueraient de livrer des armements à Taiwan dans la mesure des besoins défensifs. Ceci a été inclus dans la déclaration commune EU/RPC avec mention du regret de la RPC pour cette position.

SECRET

Très Signalé

MINISTERE
DES
AFFAIRES ÉTRANGERES

Responsable du dossier :
M. Dominique GIRARD

Date : 13 juillet 1990

NOTE

POUR LE MINISTRE D'ETAT

-=-=-=-=-=-=-

A/S. Taïwan - Frégates.

Visa du Directeur de Cabinet :

BK

m'en parler

(DGA) 1.

MEMORANDUM OF UNDERSTANDING

This Memorandum of Understanding is entered into this 28th day of June 1990,

BETWEEN

THOMSON-CSF, a French Corporation with its registered office at 51 Esplanade du Général de Gaulle, La Défense 10, 92800 PUTEAUX - FRANCE, acting through its Systems Defense and Control Division.

(hereinafter called "the CONTRACTOR"),

AND

China Shipbuilding Corporation, a Corporation organized under the Laws of the Republic of China, with its registered office at 6th Floor, 20 Pa Teh Road. 3rd Section -

TAIPEI, TAIWAN, REPUBLIC OF CHINA (hereinafter called "CSBC").

The CONTRACTOR and CSBC being collectively referred to as "the Parties" and individually as "a Party".

28.06.90 / 1

10.6. The foregoing articles and 3 Exhibits hereto comprise the entire agreement between the Parties hereto and supersede any prior oral or written agreement, commitments, understandings, or communications with respect to the subject matter of this M.O.U. it being however precised that documents incorporated by reference in Exhibit 2 attached hereto make part of this M.O.U. as if they were attached. This M.O.U. shall not be amended unless agreed to in writing by the Parties hereto.

EXECUTED in the English language and in ~~duplicate as~~ four originals of the date first written.

CSBC

By : M. S. Yeh

CONTRACTOR

By : J C PUJOL

28.06.90 / 1

La photo ci-dessous représente vus de face, et de gauche à droite :

- Mlle Lily Liu,
- L'amiral Liu Huaging, ancien chef d'état-major de la marine et vice-président de la commission militaire du Comité central du Parti communiste chinois (véritable pouvoir politique chinois),
- M. Jean-François Briand, directeur général de Thomson pour les affaires internationales (président de Thomson : Alain Gomez),
- M. He Pengfei, directeur de l'Institut de recherche de l'armement, fils du maréchal He Long, ancien compagnon de route de Mao Tsé-Toung.

Le déjeuner eut lieu en octobre 1990 à la « résidence des hôtes d'État » de Diaoyutai (la terrasse des pêcheurs) à Pékin.

Ce document est extrait du film *Les Frégates de la République*, de MM. Gilles du Jonchay et Francis Déron, journaliste au *Monde*, film dont la production a été interrompue par France 2 à l'été 2002.

NOTE DE L'ÉDITEUR

L'arrêt de la cour exonérant totalement Roland Dumas a été rendu en audience publique dans la salle d'audience de la 9e chambre de la cour d'appel de Paris le 29 janvier 2003 à 14 h 40 et est disponible au greffe de ladite chambre.

BIBLIOGRAPHIE

Ouvrages consultés ou cités

ALBERT Pierre, *La Presse française*, La Documentation française, 1998.

BONNET Yves, *Contre-espionnage, Mémoires d'un patron de la DST*, éditions Calmann-Lévy, 2000.

BREDIN Jean-Denis, *L'Affaire*, éditions Fayard-Julliard, 1983, réédition 1993.

DASQUIÉ Guillaume, *Secrètes affaires : les services secrets infiltrent les entreprises,* éditions Flammarion, 1999.

FAVIER Pierre et MARTIN-ROLAND Michel, *La Décennie Mitterrand : les défis, 1988-1991* (tome 3), éditions du Seuil, 1996, et *La Décennie Mitterrand : les déchirements, 1991-1995* (tome 4), éditions du Seuil, 1999.

FERENCZI Thomas, *Ils l'ont tué ! L'affaire Salengro*, éditions Plon, 1995.

GENET Jean, *Le Balcon*, éditions Gallimard, 1979, réédition 2002.

GREILSAMER Laurent, *Hubert Beuve-Méry, 1902-1989*, éditions Fayard, 1990.

HALPHEN Éric, *Sept ans de solitude*, éditions Denoël, 2002.

HARBULOT Christian et PICHOT-DUCLOS Jean, *La France doit dire non*, éditions Plon, 1999.

LACAN Jacques, *Écrits*, éditions du Seuil, 1966.

LECASBLE Valérie et ROUTIER Airy, *Forages en eau profonde : les secrets de l'affaire Elf*, éditions Grasset, 1998.

LEGRIS Michel, *« Le Monde » tel qu'il est*, éditions Plon, 1976.

MAFART Alain, *Carnets secrets d'un nageur de combat*, éditions Albin Michel, 1999.

MÉNAGE Gilles, *L'Œil du pouvoir : les affaires de l'État 1981-1986*, éditions Fayard, 2001.

MERLEN Éric et PLOQUIN Frédéric, *La Commissaire et le Corbeau*, éditions du Seuil, 1998.

PEYREFITTE Alain, *Quand la Chine s'éveillera... le monde tremblera*, éditions Fayard, 1980, réédition 1990.

PLENEL Edwy, *Les Mots volés*, éditions Stock, 1997.

POE Edgar Allan, *La Lettre volée*, traduit par Charles Baudelaire, éditions Gallimard, 1997.

PROUTEAU Christian, *Au service du Président*, éditions Michel Lafon, 1999.

THIEL Gilbert, *On ne réveille pas un juge qui dort* (entretiens avec Daniel Carton), éditions Fayard, 2002.

TOURNOUX Raymond, *Le Royaume d'Otto* : *France 1939-1945, Ceux qui ont choisi l'Allemagne*, éditions Flammarion, 1982.

Divers

Factum pour la Marquise de Brinvilliers, éditions Gilles Trompère, 1676.

« Le Scandale de Panama », *Le Monde*.

LCI, journal d'Edwy Plenel.
« L'affaire du Watergate » (pp. 1 à 10), *Revue Droit et Société.*
« Norway and the Second World War », *Torkens of Norway.*
Le Nouvel Observateur, 30/10/1997.
Le Nouvel Économiste, 5/1/1996.
« Alain Gomez », Collection du journal *Le Monde.*
L'année politique, économique et sociale 1991, éditions du Moniteur.
IHEDN : Rapport de fin de cycle, 49e session nationale, Comité n° 3 : *Les États-Unis, l'Europe et la Méditerranée.*

TABLE DES MATIÈRES

Direction littéraire
Huguette Maure

assistée de
Marie Dreyfuss
et
Maggy Noël

Composé par P.C.A.
44400 – Rezé

Impression réalisée sur CAMERON par

BRODARD & TAUPIN
GROUPE CPI

La Flèche

pour le compte des Éditions Michel Lafon
en février 2003

Imprimé en France
Dépôt légal : février 2003
N° d'impression : 17382
ISBN : 2-84098-531-4
LAF 092